U0750960

释心皓 著

佛教八宗教理行果

厦门大学出版社
XIAMEN UNIVERSITY PRESS
国家一级出版社
全国百佳图书出版单位

图书在版编目（CIP）数据

佛教八宗教理行果 / 释心皓著. -- 厦门：厦门大
学出版社，2016.4（2023.2 重印）
ISBN 978-7-5615-6001-3

Ⅰ．①佛… Ⅱ．①释… Ⅲ．①佛教教派－研究－中国
Ⅳ．①B946

中国版本图书馆CIP数据核字(2016)第066347号

出 版 人	郑文礼
责任编辑	薛鹏志

出版发行 厦门大学出版社

社　　址	厦门市软件园二期望海路 39 号
邮政编码	361008
总 编 办	0592-2182177　0592-2181253(传真)
营销中心	0592-2184458　0592-2181365
网　　址	http://www.xmupress.com
邮　　箱	xmupress@126.com
印　　刷	厦门集大印刷有限公司

开本	880mm×1230mm　1/32
印张	11.75
插页	2
字数	285 千字
版次	2016 年 4 月第 1 版
印次	2023 年 2 月第 3 次印刷
定价	48.00 元

本书如有印装质量问题请直接寄承印厂调换

厦门大学出版社
微信二维码

厦门大学出版社
微博二维码

目　录

目录

目
录

— 7 —

目
录

佛教八宗教理行果

从思潮学派到宗派

公历纪元前后，佛教由印度传入中国，经长期传播发展，形成具有民族特色的中国佛教。由于传入的时间、途径、地区和民族文化、社会历史背影的不同，中国佛教形成三大系，即汉地佛教（汉语系）、藏传佛教（藏语系）和云南地区上座部佛教（巴利语系）。

传入中国汉族地区的佛教，经过长期的经典传译、讲习、融化，与中国传统文化相结合，形成了具有民族特点的各种学派和宗派，流传至今的便是汉传佛教八大宗派。

八大宗派的成立是在隋唐时期，其形成大约经历了外来学术思想、主流思想学潮、经论学派到宗派等几个阶段。

一、视同方术的初传佛教

佛教初传时期，活动以祭祀斋忏为主，教义则被视为外来学术思想，如神仙方术等。

佛教传入时间，一般以东汉明帝永平年间（58—75）遣使西域取回《四十二章经》为佛法传入中国之始。传播的地区以长安、洛阳为中心，波及彭城（徐州）等地。桓帝将黄帝、老子和佛陀同祀，认为佛教是一种神仙方术，把沙门视同方士。初传时期的佛教基本上是作为一种外来学术思想乃至神秘道术，在宫廷和贵族上层

— 1 —

社会中小规模地传播。

另一方面,佛教在当时属异质文化。佛教有关生死轮回、因果报应的教说,落发出家、不婚不娶、乞食为生的制度,以及起居、衣着、礼仪等方面的规范,都与中国传统的思想习俗迥然异趣,因而在社会上引起了一些人的惊诧和议论,特别是儒家礼教恪守者的反感和指责。所以当时出家的人极少,至魏晋时期,虽有汉地僧人出家,但僧侣的数量不多,无法形成僧团。

而且,由于初传时期佛典传译不多,也没有传戒仪式,当时度人出家,仅为剃发、披服缦条,即无条相袈裟,现僧相而已。故从汉明帝永平年间到三国魏时的将近二百年时间,汉人的信佛者,只是以剃发来区别僧俗,在宗教行仪上的做法则实行一些类似中国人的斋忏。

因此,东汉和三国的初传时期,虽有佛教的流传,仅有少数外国僧人对经论作一些研究,在中土,并没有形成一定的气候和声势。当时的佛教布道者基本为外国僧人(印度及其他西域人),政府把佛教定为一种外国宗教,信众人数也非常稀少。

当时的义学也不兴盛,只是为所翻译的少量佛经做简单的注解。如支谦《了本生死经注》;康僧会《安般守意经注》、《法镜经注》、《道树经注》、《阴持入经注》等。

因此,无论是从学术思想还是僧团的规模上,早期的佛教连学派的雏形也尚未具备。

二、渐趋融合的般若思潮

魏晋时期,随玄学成长起来的般若学派——六家七宗,是中国最早兴起的佛学派别。

玄学的兴起是魏正始年间(240—249),当时的门阀士族地主大力推行玄学,并以此取代两汉的经学成为学术思想的主流。玄学家崇尚老庄自然无为思想,以老庄思想解释儒家经典,提出有无、本末、动静、体用等一系列重要哲学范畴,论证现象世界背后存在着真实的、永恒不变的、超言绝象的精神性本体——"道"或"无"。这与般若学的本体论有相似之处。因此,主张一切诸法(事物和现象)本性空寂的《般若经》受到了学人的关注。般若学以纯理论形式进入上层社会。

般若学和玄学同属本体论的哲学思维,它通过对有无、本末、色心等范畴的辨析,论证客观世界的虚妄不实,宣扬"诸法性空"思想,认为只有通过般若智慧证得永恒真实的"诸法实相"。由于二者的理论相似,般若学在魏晋时期得到迅速发展和广泛传播。在这一过程中,不仅佛学有玄学化的趋势,佛学也对老庄之学产生影响。

名僧与名士的交游,也往往以般若学为契机。王室贵族和奉佛的士族官僚,几乎没有不研习《般若》的,《般若》成为名士玄谈的重要资料。名僧也借老庄等传统文化的高度修养,于般若演示新义。东晋孙绰曾作《道贤论》,以七道人与七贤人相比拟,使名僧与名士、般若与玄学,相得益彰。所以在两晋,般若学始终是佛教中的显学。

这一显学以《般若经》的讲习和疏论为中心,结合中国盛行的《老子》、《庄子》等玄学思想观点、语言进行解读,为佛教的汉化奠定了基础,产生了我国最早的佛教学派——般若学派。

据后秦僧睿总结,在鸠摩罗什之前,般若学的发展经历了两个阶段,即"格义"和"六家"。

所谓"格义",是指援引中国传统儒、道概念来解释佛学概念,着重从义理上融会中印两种不同思想,消除在佛玄交流中的隔阂

和抵触。当时为理解般若思想,依据老庄玄学之义,理解及论释般若经义,产生"格义佛教"。

因受格义思想方法的影响,般若学者们不同程度上背离了《道行般若经》、《放光般若经》等般若经典的固有说法,把玄学的争论带入佛学,在般若学内部造成学派的分化。这就是所谓"六家"或"六家七宗"。"七宗"的"宗"与"六家"的"家"意义相等,都是指一类主张和学说,并非指宗派。

六家是:一、本无宗,包括道安、僧睿、慧远等的学说。二、即色宗,关内的即色义与支道林的即色游玄论。三、识含宗,为于法兰的弟子于法开之说。四、幻化宗,为竺法汰的弟子道壹的主张。五、心无宗,包括竺法温、道恒、支愍度等之说。六、缘会宗,有于道邃的缘会二谛论。

七宗,指的是在上述六家以外,加上本无宗的支派——本无异宗,其代表人物是竺法深。

七宗之中,就基本观点而言,一般以本无宗、即色宗、心无宗三家为当时般若学说主流。六家七宗之学,在译经大师鸠摩罗什来华之前,于关河一带尚很盛行,从而成为罗什门下批判的重要对象,认为这些学说不符合般若的原则。僧肇在《不真空论》中集中批判了其中本无、即色、心无三家。

但作为一种主流思想学潮,在般若学"六家七宗"的带动下,东晋佛教义学全面上扬,无论是在质的方面还是在量的方面都上了一个台阶。一批重要的印度佛教经典,如《法华经》、《维摩经》、《胜鬘经》、《十住经》等,一经译出,便迅速地在社会上得到流布,随后就产生了它们的注疏。这一研究风气持续到南北朝时期的佛教学派的形成。

同时,由于研究和交往谈说的需要,以一些才华杰出的佛教界人物为核心,组建了一定规模的佛教僧团。如道安的僧团、慧远的庐山僧团、竺僧朗的泰山僧团、竺潜的东峁山僧团、支遁的沃洲僧团等。名僧名士交往频繁,在寺院里共研佛典,同辩义理。当然,此时的僧团还不具备后世宗派根据地的意义,但已略微呈现讲经布道,聚众共修,传承思想的宗派功能。

三、宗派雏形的义学学派

南北朝时期,义学盛行,印度佛教各派学说已基本介绍到了中国。随着佛教学者对佛典研究的逐步深入,出现了许多专通某类经论的经师、论师,形成了诸多学派。但还没有具备宗派的某些基本特点,因为当时还没有出现形成宗派的客观条件。

南北朝的佛教兴盛与帝王的支持有关。南朝诸帝一般都崇奉佛教,他们鼓励译经,修筑寺庙,请高僧讲经说法,组织大型佛教类书、丛书、佛经目录等著作的编写等。至梁武帝时,南朝佛教达到了全盛。北朝佛教虽然曾出现两次法难,即在北魏太武帝和北周武帝在全国范围内禁毁佛教的法难。但嗣位的新皇帝一即位就改弦易辙,重兴佛教,因此,佛教迅速反弹,甚至超出了禁毁前的规模。

由于统治阶级的提倡,佛教学术交流和学术研究空前繁荣。南北朝时期,大批外国僧人到中国弘法,其中著名的有求那跋摩、求那跋陀罗、真谛、菩提流支、勒那摩提等。中国也有一批僧人去印度游学,如著名的法显、智猛、宋云、惠生等曾去北印度巡礼,携回大批佛经。

因此,南北朝的佛教义学十分发达。其中,因对某些经典进行专门的深入的研究,形成了一些新的佛教学派。主要有涅槃学派、成实学派、毗昙学派、地论学派和摄论学派等几个学派。

（一）涅槃学派：因研习《大般涅槃经》而得名。《大般涅槃经》是一部论述如来常住、一切众生皆有佛性的大乘经典。此派最初研习的是东晋义熙十三年（417）由法显、佛陀跋陀罗译出的《大般泥洹经》六卷。

北凉玄始十年（421）昙无谶译出《大般涅槃经》四十卷（又称大本《涅槃经》、北本《涅槃经》），宋文帝又令慧严、慧观等人，参酌法显的译本，对昙无谶译本加以删订，另成《大般涅槃经》三十六卷（又称《南本涅槃经》）。此后，北朝学者以研究《北本涅槃经》为主，南朝学者以研究《南本涅槃经》为主。

此派的代表人物有：刘宋的竺道生、慧观、宝林、慧静、法瑶、僧宗、齐代的法安、梁代的宝亮、北周的宝象、昙延等。其中，竺道生立顿悟成佛义，为顿悟派首领；慧观立渐悟成佛义，为渐悟派首领。

（二）成实学派：因研习《成实论》而得名。《成实论》有十六卷，是印度诃梨跋摩为批判小乘说一切有部理论，论述小乘空观而写的一部著作，其中也有一些大乘的见解。姚秦弘始十四年（412）由鸠摩罗什译出。

此派的代表人物，有刘宋的僧导、齐代的僧柔、慧次、梁代的法云、僧旻、智藏，陈代的宝琼、洪偃、智嚼，北魏的僧嵩、昙度、北齐的灵询等。其中，刘宋的僧导为南方寿春系的开创者，北魏的僧嵩为北方彭城系的开创者。

（三）毗昙学派：因研习《阿毗昙心论》、《杂阿毗昙心论》而得名。《阿毗昙心论》四卷，是印度法胜为阐释小乘佛教的基本概念（名数）而写的一部著作，东晋太元十六年（391）由僧伽提婆译出；《杂阿毗昙心论》十一卷，是印度法救为解释《阿毗昙心论》而写的著作，刘宋元嘉十年（433）由僧伽跋摩译出。它们都是小乘说一切有部的重要论书。

此派的代表人物,有刘宋的僧镜、齐代的智林、梁代的慧集、北齐的慧嵩等。

(四)地论学派:因研习《十地经论》而得名。《十地经论》有十二卷,是印度世亲为解释《十地经》而写的一部著作,其内容主要讲述菩萨修行的阶次和如来藏缘起。北魏永平元年(508),由菩提流支、勒那摩提译出。

地论学派分为两派:

一为南道派,因住在相州(今河北临漳县西南邺镇)进洛阳的南道而得名。此派主张佛性本有,第八识(阿梨耶识)为净识。创始人为北魏的慧光(勒那摩提的弟子),传承者有北齐的法上、僧范、惠顺,北周的慧远、灵裕等。

二为北道派,因住在相州进洛阳的北道而得名。此派主张第八识为妄识,第九识(庵摩罗识)才是净识。创始人为北魏的道宠(菩提流支的弟子),传承者有北魏的志念等。

至南北朝末年,北道派因在教义上与摄论学派相近而合并,唯南道派独步当时。

(五)摄论学派:因研习《摄大乘论》而得名。《摄大乘论》有三卷,是印度无著为解释《大乘阿毗达磨经·释大乘品》而写的一部著作。其内容主要是论述大乘瑜伽行派的境行果次第。陈天嘉四年(563),由真谛译出。

此派的代表人物,有梁代的慧恺(一作智恺),陈代的法泰、靖嵩、僧宗、昙迁等。

上述五个佛教学派中,《涅槃》、《成实》、《毗昙》、《摄论》之学初盛于南朝,尔后才传入北朝,只有《地论》之学是北朝的产物,并一直流传于北朝,在南朝研习《地论》的人非常稀少。

— 7 —

就其所据经典的性质而言,《涅槃》、《地论》、《摄论》均为印度大乘有宗的经典,《毗昙》为小乘有宗的经典,《成实》为小乘空宗的经典。以经典为思想依据作研究,是成立宗派的条件之一,但此时未能形成宗派,是因为这些经论师大多是以个人修行身份进行活动,没有一脉相承的传授系统,也没有统一的理论见解,仅停留在对经典进行具体疏解的阶段上。而且他们往往博通经藏,对其他佛经也有颇为深入的研究,只是相比之下,尤擅某一经典而已。因此未能形成后世宗派义理广博圆融的磅礴气势。

但佛教经过南北朝佛教义学的繁荣,特别是大乘学说及其经典在研究与传播上的绝对优势,使得无论在思想上和经济上,都为隋唐时期创立具有中国特色的佛教宗派创造了条件。

四、隋唐成立的佛教八宗

隋唐时期,随着寺院经济的发展和佛教巩固自己宗教势力的需要,由南北朝的佛教学派进而形成了佛教各大宗派。

隋朝统一全国后,南北两地社会的发展渐趋一致,各种思想文化相互沟通,佛教南北各家师说也逐渐出现了综合调和、融会贯通的趋势,这就为建立融摄各家之长的佛教宗派提供了条件。

同时,由于隋唐时期国家社会经济的高度发达,佛教经济也得到了空前的发展。有了强大的寺院经济为基础,也就具备了设立门庭、传授僧徒的条件,因而师徒传承,络绎不绝,逐渐形成宗派。中国佛教思想的成熟,正是以宗派的形式来表现的。

佛教宗派不同于学派。学派是尊崇某种经论的理论系统,呈松散结构的学说流派,只重讲说,不重师承。宗派则具有自己独特的宗教理论体系、宗教轨范制度,有独立的寺院经济,势力范围,每宗都有自己的传法世系,继承其学说和寺院财产。佛教宗派的形成,是佛教中国化的主要标志之一。汤用彤认为宗派的性质有三:一、教理阐明,独辟蹊径;二、门户见深,入主出奴;三、时味说教,自夸承继道统。但他提出的仅是一些罗列式的条件,没有精确地描述一个佛教宗派的必备条件,而且对宗派的排他性描述过于夸张,没有注意到宗派教理的融摄性。

根据八宗的发展趋势来看,成为宗派的主要标志有以下几个方面:一是高度发展的寺院经济,以确保宗派独立的经济来源,使僧众安住于某一固定场所学修;二是系统的学说体系,以保证自宗在思想理论上的独立地位,形成一定的特色,并由此而与其他宗派区别开来;三是相对固定的传教区域,即以某祖庭或大型寺院为中心,造成一定的势力范围,以利于自宗学说的区域性流传;四是严格的法嗣制度和寺院生活规范,以行政手段保障自宗的传承延续。

这四个条件使得佛教宗派不再如原先学派那样,仅仅通过学说的传承而形成松散的师徒、师友关系,而是具有严密的、全方位联系的强大体系。宗派成为代表不同教派学说、不同哲学观点和不同修学制度,乃至不同经济利益的组织和团体。

此外,中国传统的封建宗法制度也在一定程度上促成了佛教宗派的形成。佛教宗派的一整套组织管理体制、传授学僧制度、权益分配系统等,都可以从宗法制度中找出某种历史依据。

就八宗产生的朝代来看,创立于隋代的有天台宗和三论宗。东晋时受玄学影响的六家七宗,经过僧肇的批判评述,对以龙树为代表的大乘中观学派的思想作了通俗、准确的阐发。这一学派发展到隋代,形成了以吉藏为代表的三论宗,它基本上继承了印度大乘中观学(空宗)的思想。天台宗形成于陈隋之际,是最早成立的一个宗派。除了依据大乘经典发挥学说外,也吸收了大乘各

学派的说法，成为具有中国特色的佛教宗派。

唐代的佛教宗派有唯识宗、华严宗、禅宗、律宗、净土宗、密宗（汉密）和藏传佛教。唐初著名义学僧玄奘创立的唯识宗基本上继承了印度大乘瑜伽行派（有宗）的思想。在唐代中期形成的华严宗、禅宗、净土宗等宗派，为印度佛教所未有，而完全是由中国佛教徒独创的大乘佛教宗派，其理论与修持方法在中国具有深远的影响。大乘密教也在中唐时期传入中国，以后主要在西藏、内蒙古等地区得到发展，流传至今。

隋唐佛教宗派的创立，标志着中国佛教走上了完全独立化的道路。隋唐佛学的宗派创始人打破了南北朝学派之间的理论局限，广泛综合各派学说，调和各种教理教义，不断创新理论学说，形成一宗的思想体系，互竞其美，使佛教真正成为了本土化的中国佛教。

综上所述，在佛教中国化的过程中，从学潮、学派到形成宗派是一个必然的发展过程。分宗立派并不是哪位祖师有意为之，一般来讲，宗派之创立是到集大成者的三祖才正式确立。初祖二祖本人提出一些有创造性的理论思想，并无意要创宗立派。只是后面的道统继承者为了追本溯源，上推尊崇前面的师父为初祖二祖。三祖之后的法徒因为感念祖师之德，而正式使用该宗派名称。

所有的宗派主张，最后的修行目的是相同的，那就是成就佛道。如《法华经·化城喻品》所言，如来为了度生而施设化城，分宗立派可以看成是达到如来一切种智的一座化城，是会归一佛乘的方便权立，其中并无分裂佛法之意。

第一章

以空宗著称的三论宗

公元 6 世纪,印度佛教流行的宗派为"中观宗"、"空宗"、"龙树宗"或"龙树学派",与后起的"瑜伽宗"、"有宗"或"无著、世亲学派",构成佛教两大教系。此二派由印度直接传入中国,成为三论、唯识二大宗派。

在佛教各流派中,一般立宗都依经而立,只有三论立宗是依论典立,即依凭龙树、提婆的《中论》、《十二门论》、《百论》三论,这是因为龙树、提婆的理论是直接以佛说大乘经典,尤其是般若部诸经为根据来发挥空义的。三论宗对"空"义的解释不同于他宗,就在于它是承"般若"深义,而以"性空"的原理来形成自宗的思想体系的。

姚秦时期的鸠摩罗什三藏法师是中国三论宗的开山祖师,他翻译了三论宗的诸多经论,精通三论宗教义的是罗什弟子僧肇等人。此宗弘通于僧朗、僧诠,大成于法朗、吉藏。三论宗经过历代祖师代代相传,具有一个完整的思想体系和传承文献,是中国佛教文化体系的重要组成部分,是吉藏大师对龙树中观思想的升华,是大乘佛教空义思想的代表。

第一章　以空宗著称的三论宗

第一节　中观学派，龙树创始

三论宗起源于释迦牟尼佛，称文殊菩萨为高祖，始创于龙树、提婆，相传于罗睺罗、沙车王子等。在印度不称三论宗而称中观学派，其特点是弘扬空义。中观理论最早的阐述者和奠基人是2—3世纪的龙树和他的弟子提婆，并于6世纪的大乘佛教末期，形成了一个著名的学派，发挥大乘初期《大般若经》中空的思想。

龙树的《中论》、《十二门论》和提婆的《百论》在5世纪经鸠摩罗什传译后，在中国汉族地区形成了三论宗。

一、八宗共祖龙树菩萨

在佛教的经师、律师、论师、禅师、法师当中，集"千部论师"、"八宗共祖"之美誉于一身者，唯龙树一人。虽然八宗皆尊龙树为祖师，但由于龙树的突出贡献在般若中观这一方面，所以一般还是将他视为中观学派的创始人、三论宗的初祖。

龙树菩萨，生于佛灭七八百年左右（4世纪）的南印度维达婆国婆罗门家，从小天资聪颖，精通四吠陀，天文、地理、图纬秘藏等无不通晓，自幼名闻一方。

他的入佛因缘可以称得上因祸得福。据传龙树年轻时曾和三个好友一起修学隐身术，常夜入王宫，侵凌宫女。后来，事情败露，三个好友都被国王所斩，龙树侥幸逃脱。通过这一劫，龙树深深感悟到"欲为苦本"的道理，于是发心出家修行。于说一切有部出家受戒，通达小乘三藏及大乘教。

后来至雪山参学，遇一年老比丘授予摩诃衍经典。又有大龙菩萨，引龙树入南印度龙族之宫殿，授以无量大乘妙法。九十日中通达明了,悟得无生法忍。龙树从龙宫取回《华严经》,从此弘扬大乘佛法,摧伏诸多外道。

龙树菩萨一生的弘化功绩主要有四个方面:

(一)建立大乘修学体系。在以前马鸣菩萨广弘大乘的基础上,龙树菩萨将大乘秘密法义整理成完整系统的大乘修法体系,使无量众生皆得闻思修行大乘妙法,入如来正果。他吸收综合了初期大乘佛教经典的相关理论,又广造大乘经典的注释,对佛教"性空"的观念给以完整的论述,"缘起性空"思想成为大乘佛教的基础,使大乘般若性空学说传播到全印度。

他的著作《中论》、《十二门论》、《七十空性论》等,是成立般若性空思想的理论基础。随此理论基础,成立了中观学说的论证法,如《回诤论》、《广破论》。《中论颂》阐述缘起性空的深义,畅演中道,摧破执空执有的异端邪说,使大乘不再依傍于小乘部派中,而能卓然自立,自成一格。《大智度论》解释《般若经》,《十住毗婆沙论》论释《华严经》的《十地品》,以深密的见解阐释菩萨的大行。

(二)引度外道、国王入佛。龙树离开龙宫后,随缘行化,曾经几次与外道斗法,终于引度外道入佛。又为度化中印度憍萨罗国的引正王,曾经应征从军作战,前后七年,"不食廪,不取钱",从军作义工。以勇猛多谋,国王终于召见,展开热烈辩论,终至"王乃稽首,伏其法化",成为佛教的护法仁王。

《劝诫王颂》是龙树劝诫引正王信仰三宝,护持佛教的书信。龙树以诗代信,其中许多偈颂正如《法句经》一样,不但文字优美,而且义理幽微,普为当时民间所传诵。据《南海寄归内法传》载,义净大师游行印度时,曾见儿童背诵这部作品,成人也作为终身学习要典。又如《宝行王正论》,也是专为国王宣讲如何治理国家,如何信仰佛教的著作,是龙树表达大乘佛教政治观的重要

论书。

（三）对密宗学说的影响。龙树菩萨参拜南天竺黑峰山铁塔时，曾以七粒白芥子打开铁塔，进入塔中。在塔中，龙树菩萨有幸见到金刚萨埵显净相，自金刚萨埵处得《金刚顶经》等秘密教授。因此龙树也被密宗奉为祖师，密宗的教理中采用了不少大乘中观学说。

（四）菩萨道的实践。龙树曾住持过那烂陀寺，并在这一印度最高学府担任校长。在校长任内，值逢恒河泛滥，于是亲自在恒河两岸担任设计并建筑堤岸，使人民免遭水难。他也曾经开辟运河，直通埃而斯瓦蓝，打开了远近各国的贸易往来，可见他也是一个伟大的工程师，更是一位入世的菩萨道行者。

经载，龙树菩萨是现生证得初地欢喜地的菩萨，其出世本怀，是为他人宣说"大乘无上法"，度化众生。对于龙树菩萨的出世，释尊早有预言。《楞伽经》卷九释尊悬记之文曰："大慧汝谛听，有人持此法，于南天国中，有大德比丘，名龙树菩萨，能破有无见，为人说我乘，大乘无上法，证得欢喜地，往生安乐国。"这是说，释尊在世时就曾在楞伽山向大众宣告，当来南印度有龙树菩萨出世，继承其大乘教法，催破外道邪见。

龙树菩萨一生弘化，使南憍萨罗国王皈依佛教，又使无数外道皈依佛教，因此引起了小乘行者及诸外道的嫉妒。度生缘尽，龙树菩萨自行入寂。

龙树菩萨开创的中观学说，是中国三论宗的义理支柱，也是天台宗的重要思想根源，亦为西藏佛学的重要支流，其他各宗学说源于龙树思想者甚多，故被尊为"八宗之祖"。

二、印度中观学派传播

中观学派因龙树菩萨所造的《中观论颂》而得名。《中观论颂》简称《中论》，是中观学派最根本的抉择深理的论典之一。印度佛教中观学派的历史，可分为初、中、后三个时期。

初期以中观学说的建立为主，并未正式成立任何学派。龙树、提婆是初期中观学的代表人物。罗睺罗跋陀罗是提婆的弟子，罗睺罗跋陀罗著作虽不多，但对以后佛学思想的发展仍具影响。青目是 4 世纪时印度人，为注释龙树《中论》的著名论师。青目以后，中观学的系统不明。

中期因注释各家在解说空性上的方法不同而有了学派的论争。主要是以佛护为首的归谬论证派，和以清辨为首的自立论证派。公元 6 世纪佛护作《中论注》，清辨作《般若灯论释》，佛护和清辨虽然都标榜弘扬龙树、提婆的中观，但他们对空性的认识和论证方法都各自不同。因之中观派分成应成派（归谬论证派）和自续派（自立论证派）两派。

以佛护为代表的应成派继承了龙树、提婆破而不立的传统，认为龙树的空"是遮非表"。所谓"是遮"，指从各个方面指摘论敌所说的矛盾性，证明其不能成立，从而否定一切实有自性。"非表"是不提出自己正面的、积极的主张，不肯定任何规定性的存在。在他们看来，不但对空有，而且对空的认识本身也要加以排除（"非唯空有，亦复空空"）。因佛护采取破而不立的论辩立场，不提自己的意见，只从对方的主张中，找出他的矛盾与错误，而加以瓦解，所以称佛护一派为"归谬论证派"。

以清辨为代表的自续派，认为对空性要用因明的推论形式（比量）积极地加以表述，空不是意味着否定一切，而是修持者在禅思中能够达到的一种最高境界。清辨的论义法，是建立了自己独特的论式，进而论破对方的立论，所以称为"自意立宗派"或"依自起派"。

后期中观学派指公元 8 世纪以后，瑜伽与中观融合的时期。佛护的后继者是月称和寂护，月称著《入中论》成为应成派的代表著作。但月称以后应成派就衰微了。反而是寂护及其弟子莲华戒，继承清辨的学风，进一步在世俗谛上，与瑜伽行派的唯识说合流，主张"世俗唯识，胜义皆空"，而有更长远的影响。后人称寂护这一学派，为"随瑜伽行中观派"或"中观瑜伽行派"，指大乘两个学派融合的一个学派。

寂护是这个学派的代表者，著有《中观庄严论》。他坚持自续派的独立论证路线，并受到法称因明学中认识论和方法论的影响，认为外界的一切存在虽然都是识的流转和显现，但从终极意义（胜义）上看则不过是"寂灭戏论"或"毕竟空"。寂护与其弟子莲华戒，后来进入西藏弘法，论破早先由中国唐朝传入的佛教系统，成为西藏佛教教学的正统。

三、中国新旧三论法脉

三论宗传承，自龙树后有二支派，一是龙智，一是提婆，两大论师并肩弘化。龙智下传清辨，清辨传智光，智光传师子光。提婆下传罗睺罗多，罗睺罗多传须利耶苏摩，须利耶苏摩传鸠摩罗什。罗什将中观派思想传到中国，它在中国的传承是罗什——僧肇——僧朗——僧诠——法朗——吉藏。此宗传入我国，分为古三论和新三论两派。

三论宗的新旧之分，主要是因为它们在传承时间上有间隔，故在思想上有一定差异。

（一）古三论

古三论是指罗什、僧肇继承龙树一脉传承下来的中观般若学。罗什及其弟子僧肇、道融等是南朝时人,当时中国盛传以《周易》、《老子》、《庄子》思想为主的玄学,所以龙树中观的般若思想传来,就在玄学的文化背景下兴盛起来。这时的三论学就被称为"古三论",又称"北三论"。因罗什住在关中,古三论又被称为"关河旧说"。它传播龙树正统的思想,并纠正了当时过于玄学化而走调的般若学——六家七宗,而使佛教正统的般若学流传下来。

旧三论传承纯粹的中观般若思想,并以此批判当时玄学化的般若学——六家七宗。佛教开始传入中国时,依附于老庄哲学,学者用老庄思想阐述佛教般若教义,这就产生了玄学化的般若学——六家七宗。罗什传入龙树中观学之后,僧肇就用佛教正统的般若学批判了六家七宗,说他们是"偏而不即"。僧肇虽也受到了老庄思想的影响,但他用般若学从中超脱出来,并将老庄作为一个侧面阐述佛教的般若学说。僧肇用正统的般若批判了六家七宗后,佛教就摆脱了老庄思想,而走上了独立发展的道路。

(二)新三论

新三论是指僧朗以下以吉藏等人为主传持的三论学。罗什、僧肇之后,南朝时成实学、涅槃学兴盛,因而当时社会上就多讲说成实、涅槃,而很少讲般若三论。三论学一时无人传播,一直到梁朝时才有高丽僧朗出来讲说。僧朗在摄山(今栖霞山)讲说三论,梁武帝派人跟他学习,唯有僧诠得其旨,这就是新三论的两个大家。僧诠传法于法朗,法朗又传法于吉藏,到吉藏创立了三论宗。

吉藏的学说渊源于摄山学派,又博采众家之长,自成体系,为三论宗集大成者,因此时的三论思想与罗什所传的三论思想有所不同,而且又有传承时间上的间隔,所以吉藏的三论学说被称为"新三论"。吉藏弟子中,慧远、智凯、硕法师等皆学有成就,对三

论宗的传播各有贡献。另有高丽慧灌,将三论宗传入日本,建立日本三论宗。

僧朗、僧诠流传下来的文章很少,法朗的思想也只是保留在吉藏的论著中,而吉藏的著述丰富,因此从僧朗到吉藏的新三论思想就充分体现在吉藏的学说中了。

新三论受到后来传入的《涅槃经》佛性思想影响,是一种结合般若学和佛性思想带有中国化倾向的佛教学说。吉藏创立三论宗时吸收了佛性和如来藏思想,成为一种带有中国化倾向的学说,而与罗什所传的印度正统的龙树中观学有所不同。

如果将古三论看成是扫除一切名言概念的中观般若学,那么新三论就是将佛性作为不二中道予以确立的中道般若学。

三论宗由于社会历史和文化背景的不同,虽有新旧之别,但所传的都是大乘佛教般若思想,追求的都是佛教的中道解脱义。古三论的影响主要是纠正了玄学化的般若学的偏差,而使中国佛教承接印度佛教的正统教义发展下去,使佛教有了自己的理论构架,不再依附于老庄哲学。新三论的影响则是创立了三论宗宗派,以前三论思想只是一种学说,吉藏在以前三论学的基础上创立了宗派,他所阐述的般若思想对后来的各家都产生了重要影响。

四、僧肇吉藏中观著称

(一)解空第一僧肇大师

僧肇是东晋时代著名的佛教学者,为鸠摩罗什门下最杰出、最有影响的弟子,他在罗什门下十余年,被称为什门"四圣"或"十哲"之一。后世的三论宗人很推尊僧肇,常常把他和鸠摩罗什并

佛教八宗教理行果

称，有"什肇山门"之语，以他的学说为三论宗的正系。后世讲到关河传承的，都是什、肇并称。僧肇远承印度高僧龙树中观之论，吸纳老、庄玄学，精阐大乘中观般若学之旨，成为印度佛学中国化的关键人物。

僧肇本姓张，京兆长安（今陕西西安）人，生于晋孝武帝太元九年（384），卒于晋安帝义熙十年（414），死时年仅三十一岁。他的寿命虽短，但对佛教的贡献很大，曾亲自参与其师鸠摩罗什主持的大规模译经活动，在佛教史上有着重要影响。

僧肇虽生于玄学盛行之后，早年又曾受老庄的影响，但他的学问实得之于鸠摩罗什。他学有所成，以《维摩》、《般若》、三论为宗，主张体用一如、非无非有、即静即动之说，对于《般若》、三论的中道思想大大地发展了一步。

由于鸠摩罗什全面系统地译出了大乘佛教空宗的理论经典，僧肇得以完整地吸取关于般若性空的佛教思想，并进行深入细致的研究，写下了一系列的佛教论著，对魏晋以来流行的佛教般若学各派学说进行总结性的评价，系统地阐述了大乘佛教般若性空的教义学说。由于他在般若学研究方面所取得的巨大成就，被誉为"东土解空第一"。僧肇的著作甚多，而以《肇论》最为著名。

（二）三论宗创始人吉藏大师

吉藏大师是三论宗的集大成者，他继承罗什、僧肇、僧朗、僧诠、法朗的三论思想，完善了三论宗的理论体系，成为三论宗的实际创始人。

吉藏大师（549—623），祖籍西域安西人（今伊朗），本姓安，为安世高王族之后代，故又称之为"胡吉藏"。其祖先为了避难移居交东（今广西一带），后迁于金陵（今南京）。吉藏出生于金陵，幼

年时期,父亲带他去见真谛三藏(499—569),遂为他取名为吉藏。

吉藏十三岁时从兴皇寺法朗(507—581)出家(一说七岁出家),十四岁时听法朗讲三论,十九岁时能复述法朗讲义,一字不遗。三十三岁时,法朗圆寂,吉藏已声望转高,受陈桂阳王敬重。

隋文帝开皇十年(590),吉藏四十二岁来到会稽(今浙江绍兴)嘉祥寺讲经七八年,听众常千余人,故后人称为"嘉祥大师"。

开皇十九年(599)晋王杨广请吉藏大师住扬州慧日道场。期间著《三论玄义》一卷和《胜鬘宝窟》六卷。不久又应召进住京城长安之日岩寺,并在此寺住了十九年,他的大部分著作,如《维摩经义疏》六卷,《维摩经略疏》五卷,《中观论疏》十卷,《百论疏》三卷,《十二门疏》三卷等,都是吉藏大师住日岩寺的十九年所撰。唐高祖李渊继位后,吉藏成为"京城十大德",声望显著。

唐武德六年(623)六月五日,吉藏大师以七十五岁高龄圆寂于长安实际寺。圆寂前还写了《死不怖论》,然后投笔而化。

吉藏大师一生讲《三论》一百多遍,《法华经》三百多遍,《大品般若经》、《大智度论》、《华严经》、《维摩诘经》各数十遍。他善于文章,享有"吉祥文海"、"嘉祥文海"的美誉。其著述非常博大,对当时流通的众经论大部分做了注疏,现存著作有二十六部,已佚的著作不下数十部。

吉藏大师之后有智凯、知命、智实、寂师、慧远高足弘扬此宗。后来,因缺乏卓越大师及无具体的行证,又受法相宗的排斥和思潮的变迁,禅宗的盛行等因素影响,唐代中叶以后,三论宗渐趋衰落。会昌法难后,章疏几乎殆尽,此宗几成绝学,后从日本、高丽运回部分。清末杨文会从日本取回典籍,故近代有此宗的弘扬和研究。

第二节　依据典籍，四论三经

三论宗所依经论有"四经三论"或"四论三经"之说。四经指四部大乘经典:《般若经》、《法华经》、《华严经》和《涅槃经》。《涅槃经》系法朗时加入。四经中,以《般若经》为主。四论指《中论》、《百论》、《十二门论》和《大智度论》等四论。

一、大般若经大智度论

(一)大般若经

《般若经》是阐说般若波罗蜜的理论与实践的经典总称。《般若经》有《大品般若》(其译本有西晋竺法护译的《光赞般若经》、无罗叉等译的《放光般若经》、姚秦鸠摩罗什译的《摩诃般若波罗蜜经》)和《小品般若》(其译本有后汉支谶译的《道行般若经》、吴支谦译的《大明度无极经》、姚秦鸠摩罗什译的《小品般若波罗蜜经》)之分。般若经典的集大成是玄奘所译的六百卷《大般若经》,此经包括了般若系十六种经典(即十六会)。

全经分四处(指佛陀在王舍城的鹫峰山、给孤独园、他化自在天王宫、王舍城竹林精舍说法的四个处所)十六会(十六次集会)。前五会文异义同,均为对般若教义全面系统的叙述。第六会至第九会,撮取大部般若之精要,说无所得空的法门义理。第十会为佛对金刚手菩萨等说一切法甚深微妙般若理趣清净法门等。最后六会,依次谈六波罗蜜多。其中第二会(《二万五千颂般若》)、第四会(《八千颂般若》)和第九会(《金刚般若》)为《般若经》的基本思想。

《般若经》的根本思想，是阐说宇宙万事万物的本质皆空不可得，但又从空起有，强调救济众生的利他精神。空性与慈悲双运的思想，是《般若经》思想的两大支柱。

般若思想是大乘佛教的基础理论，被称为诸佛之智母，菩萨之慧父。其中心思想在于说明诸法"性空幻有"的道理。性空，指一切现象都没有实在的自性；幻有，指一切法虽然自性空，但并非虚无，假有的现象仍是存在的。唯有通过"般若"对世俗认识的否定，才能把握空性真理，达到觉悟解脱。

《般若经》的注释书，在印度、西藏以弥勒所著的《现观庄严论》最受重视，中国、日本则以龙树所著《大智度论》百卷最为流行。《现观庄严论》阐述此经所示实践行证之道，《大智度论》阐述此经所显性空实相之理。

在中国，自《道行般若》、《大品般若》译出之后，般若之学就逐渐流行。在当时玄学的影响下，形成所谓般若学的六家七宗。

（二）大智度论

《大智度论》系诠释《大品般若经》（即《放光般若》、《光赞般若》和后来唐玄奘译的《大般若经》第二分）之论著，是龙树晚年的著作。"大智度"为"摩诃般若波罗蜜"的意译。

《大智度论》对佛教学说、思想、用例、传说、历史、地理、实践规定和僧伽之解说甚为详细。所引用的经典、论书包含原始佛教圣典、部派佛教诸论书，大乘《法华》、《华严》等诸经典。也提到胜论派及其他印度一般的思想，可谓为当时的佛教百科全书。

本论所讲的空，是般若波罗蜜的中道实相，以二谛相即来解释实相，从真谛来看是空，从俗谛来看是有，既看到空，也看到非空，同时又不着两边，于是便成为非有（空）非非有（非空）的中道，即般若波罗蜜。同时,立足于诸法实相的积极肯定立场,龙树在论中极力阐明大乘菩萨思想及六波罗蜜等宗教之实践,《大智度论》对般若学的重要于此可见。

龙树的《大智度论》、《中论》、《十二门论》和提婆的《百论》这四部论,构成一个完整的修学体系。僧叡在《中论序》中说:"《百论》治外以闲邪,斯文袪内以流滞,《大智》释论之渊博,《十二门》观之精诣。寻斯四者,真若日月入怀,无不朗然鉴彻矣!"这是说,每部论都是智慧的化身,足可以化导众生。

四论中,《中论》、《百论》、《十二门论》因吉藏的弘扬,被称为关河三论。吉藏不把百卷的《大智度论》列入弘扬体系,是因为"秦人好简",尽管《大智度论》没有列入三论宗的学说体系,却成为佛教各宗派共同尊崇的论典。

二、龙树提婆关河三论

龙树、提婆所撰《中论》、《百论》、《十二门论》等论书,也都是发挥《般若经》义旨,弘扬大乘般若性空教义之作。

(一)《中论》:又称《中观论》、《正观论》,共四卷。《中论》是龙树菩萨的初期作品,蕴含着空、二谛、缘起、中道、涅槃等基本理论,其核心思想在于"空"。此论以"否定之否定"的论证法来宣扬中道。先破"空"、次破"假",进而并破执中之见,否定众生的各种主客观执着,破除众生的诸多颠倒妄想,主张八不中道,明大乘观行。《中论》不仅是印度中观学派思想的根本立据,也是三论宗开宗立法的根本论典之一,其中"八不"以及"众因缘生法,我说即是空;亦为是假名,亦是中道义"的三是偈思想,是本论最主要的思想。

(二)《十二门论》:龙树菩萨作,全一卷。为《中论》的纲要书,

立十二观门。主要目的是矫正大乘佛教徒自身的错误见解,以发挥大乘空观。

本论通过十二个角度,即十二种门径阐述龙树菩萨大乘空观的思想,主要内容是正显大乘空义,兼破小乘外道,为使有情止息邪见,辩明真理。"大分深义所谓空也"是本论的宗要之体。由般若导修六度万行,趣入万德圆满的果,是本论的宗要之宗。

(三)《百论》:提婆菩萨作,共二卷。本论继承龙树《中论》之说,以大乘佛教"空"、"无我"等义理,破斥数论、胜论等外道的执见。在破外道的同时,兼破小乘及大乘有所得者,对定性的生灭、来去、断常、一异等执着给予批破,申明缘起性空的教理观行。

《百论》是提婆与诸外道正面辩论的实况整编,辩论的内容不出因果的范畴。对于因与果的关系,在破因中有果论和破因中无果论中,辩论得较激烈,批破的也比《中论》更明确。因果的问题在《百论》每品都有不同方面的具体批破,体现了提婆对龙树中观学因果思想的继承与发挥。

三、祖师论疏般若性空

(一)肇 论

《肇论》是后秦僧人僧肇所著,是较全面系统发挥佛教般若思想的论文集。《肇论》主要由四篇论文组成,即《物不迁论》、《不真空论》、《般若无知论》和《涅槃无名论》。《肇论》是个完整的体系,以般若为中心,对当时佛教所讨论的一些主要问题,也是佛教思想的基本问题,作了总结性的回答和阐发。

《肇论》卷首《宗本义》是篇简述性的文章,对全书的大意进行概括。就五篇论文主旨来说,《宗本义》从缘生无性谈实相,《不真空论》从立处皆真谈本体,《物不迁论》依即动即静谈体用一如,《般若无知论》谈体用的关系,都是有所发挥而互相联系之作。四论的主要内容如下:

(1)《物不迁论》论述世界有无变化、生灭、运动的问题。"动"只是与"静"相对的一种假象,若站在纯哲学的高度上,透过假象看本质,撇开动静的相互关系,就无所谓动与不动了。本论目的在于论证佛教提出的因果不灭和修行能够成佛的思想观念。

(2)《不真空论》着重阐述般若性空思想,认为万事万物是由因缘和合而成,所以虽无而有,虽有而无,非有非无,总之为"空"。也就是如何以般若的观点去认识世界。

(3)《般若无知论》论述佛教智慧的无知无相,而又无所不知,洞彻万物。由修行而获致的智慧(般若)是超越凡夫的认识,故称"无知"。此一部分大多采用旧译经典,并多借用老庄的语句来彰明般若的真义。

(4)《涅槃无名论》阐述涅槃境界是超越言语思想的表现,既无生灭,也无名相,决非言语所能表现,故称"无名"。此论有九折十演,前者难(有名),后者答(无名),以显无名的义理。九折谓:覈体、征出、搜玄、难差、责异、诘渐、讥动、穷源、考得。十演谓:开宗、位体、超境、妙存、辨差、会异、明渐、动寂、通古、玄得。本论主要讨论了五个问题:如何看待涅槃之分为"有余"、"无余";涅槃之有无;涅槃作为法身而存在;涅槃与众生的关系;涅槃的悟得及其渐、顿。该论涉及范围很广,可看作是对整部《肇论》的归纳,也是僧肇一生学术思想的总结。

僧肇的《肇论》以非有非无、即有即无、有无双遣的般若中道观,完整地阐释并发挥了大乘佛教般若性空的思想,将魏晋以来般若学的发展推向一个新高峰。

（二）三论玄义

《三论玄义》是三论宗集大成者吉藏大师所撰,成书于仁寿二年(602)四月,是他居扬州慧日道场时应杨广之请而作。本书是三论宗最简明的纲要书,概述《中论》、《百论》、《十二门论》的大义要旨。

全书内容分两大部分:一、通序大归,二、别释众品。在通序大归中,说三论的立义,不出破邪、显正二辙。总括性地叙述了三论宗旨,破斥各种错误见解而归于中道。在别释众品中,有十三科,阐述经论的思想与中道的宗旨。

《三论玄义》在论述"诸法性空"与"非空非有"中道的同时,对外道及其他佛教派别都进行了批判。它批判的外道包括印度的婆罗门教、耆那教和古印度哲学流派,顺世论、胜论、数论等;也批判中国的老子、庄子、周易等;还批判了佛教的毗昙师、成实师、摄论师、地论师等。

此外,吉藏大师还撰有《中观论疏》、《百论疏》、《十二门论疏》、《大乘玄论》、《法华玄论》、《净名玄论》、《二谛章》等书,分别就论中文句及其意义详加解释,这些书也是三论宗的重要典籍。

第三节　吉藏判教,二藏三轮

一、智光论师三时判教

印度智光论师是与那兰陀寺戒贤论师同时代的大乘空宗论师。智光论师远承文殊、龙树,近禀提婆、清辨,依《般若》等经,《中观》等论,判如来一代时教为三时:

初时心境俱有：佛陀初时于鹿野苑，为诸小根说四谛等小乘法，明心境俱有的义旨。如《阿含经》，唯摄二乘人机。

第二时境空心有：佛陀为中根人，说法相大乘，明境空心有的唯识道理。如《解深密经》，通摄大小二乘。

第三时心境俱空：佛陀为上根人，说无相大乘法，明心境俱空的深义。如《般若经》，唯摄菩萨。

其中，前二时为有所得方便未了教，第三时为无所得真实了义教。"心境俱空"的教法，主要是指大乘空宗的思想，认为只有《般若》、《中观》等经论才是终极的了义教。

不过，智光论师的判教是吉藏之后才传入中国的。唐高宗仪凤初年，日照三藏来到中土，介绍印度中观派的新学说，并传来智光论师所立的三时教相。

二、二藏三转法轮判教

吉藏大师的判教是在智光论师的三时判教传来之前，因此没受三时教判影响而是自成体系的。他依据般若思想提出"二藏三轮"的判教，对如来所说经教不作高下优劣之区分。判一代佛教为声闻、菩萨二藏，于二藏中又别开根本、枝末、摄末归本三法轮，称为二藏三转法轮判。

（一）二　藏

吉藏大师依《涅槃经》及《智度》、《地持》、《正观》等论立二藏教。二藏就是声闻藏和菩萨藏，也就是小乘藏和大乘藏，或名半字教与满字教。

吉藏《大涅槃经疏》根据字形，梵文的"咤"，其梵字形如半月，故借此形喻小乘"半字之教"。"佗"，梵字形为圆团，犹如满月，故

借此形释大乘"满字之教"。此中的半字教是指小乘教,满字教是指大乘教。佛法虽广,不出此大小二藏。

吉藏大师虽然在教相上区别大、小乘,称小乘为半字教、不了义教,称大乘为满字教、了义教,但认为佛说大说小都是为对治烦恼,令人断惑证道。如果执着于大小,则堕于二见,背离了"无所得"宗旨,也就偏离了佛教的基本精神。因此至道无二,非大非小,大小都是应病与药的方便法门。为了对症下药,息患得悟,大小乘只有功用上的机缘之别,而没有本质上的高低优劣。

(二)三 轮

吉藏大师将一代佛说的教法判为声闻、菩萨二藏,这是从横的方面而言。若从竖的方面说,根据释迦牟尼佛在不同的时间,针对不同的对象,说法各有侧重,而建立三种法轮。

所谓三种法轮即根本法轮、枝末法轮和摄末归本法轮。什么叫法轮?轮是指转轮圣王的轮宝,法即是佛法。法轮比喻佛法象转轮圣王的轮宝一样能摧破众生的错误见解,能辗转众生的烦恼,是至善圆满的妙法。三种法轮即指佛陀在不同时间、不同场合对于不同的众生,所做的三种不同的说法,这三种法轮概括了佛陀一生说法的所有法门。

第一根本法轮,即佛乘教化,此种法轮以《华严经》为代表,华严大教纯为法身大士开演一因一果的不二法门,任道平直,无所斥夺,直趣佛果,究竟圆满,称佛本怀,没有方便权巧,此是佛陀教法的根本,故称根本法轮。如此微妙的佛法,凡夫二乘都不能理解,只有那些证得清净法身的大士,才能不同程度地获得殊胜的利益。

第二枝末法轮,根本法轮虽然圆满精妙,却只有法身大士获益,难以让二乘、六道钝根众生沾上法雨,所以佛陀慈悲,依本起末,在一佛乘外分别说阿含、方等、般若等三乘教法。这三乘是由一乘(佛乘、根本)而生起,所以称为"枝末"。

第三摄末归本法轮,即"会三乘归于一乘"的《法华经》。佛陀四十九年说法,都是三乘教。至法华会上,机缘已熟,将声闻、缘觉、菩萨等三乘同归于一乘——佛乘(本)。

这三种法轮将佛的任何言教都收摄在内,任何佛教义理无不含摄其中。

因为吉藏判教的用意不是要分高下,所以若据三轮判教,三论宗所依据的《般若经》等应属枝末法轮,实则仍属于大乘。之所以说《法华经》之前"般若"诸大乘经为枝末,是说他们不废三乘权教故名枝末,非谓"般若"等明理不究竟被判为枝末。

三论宗的判教不同于天台、华严等各宗的判教思想,于大乘诸经中,评定高下,分别了义、不了义的差别。本宗主张,诸大乘经就理而言,悉皆平等,无有高下、深浅,如《三论玄义》说:"大乘正明正观,故诸大乘经同以不二正观为宗,但约方便用异,故有诸部差别。"认为诸大乘经典所明的理性是相同的,即真如法性之理、菩提涅槃之道是相同的,只是由于众生的根机不同,施设的方便教用有异,因此而有诸部大乘经的不同。

第四节 三论义旨,破邪显正

三论宗之前的中观学在发展早期之所以能在印度形成一个大的学派,是有其背景的。释尊灭度后七百年,天竺小乘分裂成二十部派,诸种外道此时又猖獗于世,龙树菩萨就是在这种部派佛教纷争、各种外道惑乱正法的时期出世并建立起中观学派的。

龙树不满当时部派佛教的各种偏见，欲申如来设教的本怀，根据大品般若等诸大乘经破斥旧说，树立新义，遂造《中论》、《十二门论》、《大智度论》等建立了中观学派。因此三论宗的主要宗旨就是破邪显正。

一、破邪显正

　　三论的义旨，不出破邪、显正二途。破邪是破有所得见解，显正是显无所得空理。但此宗的宗旨是破而不立，即只破斥颠倒虚妄，别无所有，所以破邪也就是显正。破邪是总破一切"有所得"的邪计邪执。

　　所破的邪见，在吉藏大师的《三论玄义》中，可概括为四种：第一是外道，不明了人法二空道理而执着有实我实法，起种种邪见。第二是毗昙，虽已了达人空，而执着诸法实有。第三是成实，虽然了达人法二空，但仍没有除去偏空的情见。第四是堕于有所得见的大乘，虽除偏空，仍执涅槃有得。

　　就《中论》、《百论》、《十二门论》三论来说，《中论》通破大小乘迷，显大小两教实义；《百论》通破大小的邪见，申如来大小二正；《十二门论》破大乘迷，显大乘深义。

　　吉藏大师在《百论疏》中，归结破除邪执方式有二：

　　1.就缘破：是从对方的主张中，导出其矛盾的方法。例如，对方主张"有"，就从这一"有"的主张，证明"有"的不成立，"求有无从"。就缘破在印度的中观学派当中，被称为"应成法"，这是龙树菩萨最常用的方法。

　　2.对缘破：利用一个主张来批判另外一个不同的主张。例如"借无破有，借邪破邪"，用错误的"无"，来破斥错误的"有"。或"申正破邪"，用正确的"正理"，来批判错误的"邪"说。

这两种批判方法,有其差异性。"就缘破"只指出对方的内在矛盾和错误,并无另立主张;"对缘破"则有所立主张"无"或主张"正"理,以驳斥对方的矛盾和错误。

除了破邪外,为令众生体会无所得理,于无名相中强立名相,用真、俗二谛言教,来诠显它,目的仍为显明无所得空义。显正是显四句、绝百非、言亡虑绝的无所得中道。"有所得"的迷见既尽,言虑泯绝,则"无所得"的至道彰显。

关于所显的正,《三论玄义》中提到二正:一、体正:不可言诠的中道实义,离于真、俗二谛。二、用正:"体正"既不可言诠,为令学人解理得悟,故立真、俗二谛。此真、俗二谛不偏不邪,故名用正。

三论宗是由破邪显正的妙门,成就下拯上弘的妙用。

二、破而不立

破邪显正是中观学的家风,龙树的中观思想由其弟子提婆发扬光大,在破邪显正的基础上又提出破而不立的主张。

提婆是印度初期的中观派论师,出身于南天竺的婆罗门种姓,生于公元 3 世纪,最初在犊子部出家,后师承龙树菩萨,将龙树菩萨的大乘学说进一步发扬光大。他生性聪敏,博识渊览,才辩绝伦,一生专以摧破外道为能事,非至折服不止。

提婆与外道辩难前,必先立约:"我若不胜汝,则任汝等斩我首;汝若不胜我,不须斩首,但当剃须发以为弟子。"当时的九十六师一时云集,为显自家,各持所计。提婆听其先立,随义析破,立无不破,难无不通,终获全胜,恢复了佛法的声望。所以提婆以破外道著称。由于提婆全面性的破斥外道邪说,重兴佛教,人们为纪念他的智勇事迹,特建造一座"重建犍椎塔"。犍椎是佛教钟磬

之类的法器，代表集众说法。此塔在玄奘大师去印时，依然存在。

提婆晚年隐居闲林，把辩论的过程整理下来，并编写成为《百论》二十品，又造《四百论》以破诸见，还有《百字论》等。他的主要论书都以《百论》为总题，"百"的梵文字根 sta，含有破坏之意，即谓论破当时流行的主要学派，如数论、胜论等。

提婆以"破"为立场，提出"不立自宗"的主张，对当时流行的学说异派，提出比龙树更积极更彻底的批判。他破有破无，最后连亦有亦无也破。

龙树主张"破邪即显正"，而提婆则一破到底，"破而不立"，提出"不立自宗"的主张。在《四百论》最后一颂还讲到一切宗都破，自己也无所保留，因而再有什么反驳也是不可能的了。

另一方面，提婆是破外道，龙树是破教内邪见。龙树的《中论》讲破，但各品都冠以"观"字，是比较客气含有商讨的意味，这与所破对象都属佛教内部的偏见有关。提婆的《百论》就不然，各品都以"破"字当头，一点不客气，这也与所批判的对象主要是异派有关。特别是当时势力较大的数论、声论、胜论以及正理论等。

由于提婆在破的方面比龙树过于激烈、彻底，若不解其意，会使龙树的一部分学说堕恶趣空，走入"解空不善巧"的误区。当然，提婆对龙树空观方法仍然作了积极的解释，使龙树《中论》精神得到了更好地展现。他的以破为观，破而不立成为三论宗破邪显正的一个重要风格。

第五节　中心理论，缘起性空

三论宗的中心理论，是诸法性空的中道实相论。其原理是用真俗二谛的言教来阐明法性实相的道理，以此来指导般若中道的实践,达到无相涅槃的寂灭境界。此宗是以《中论》为中心,阐明缘起性空的无所得中道实相义,主张世间、出世间、有为、无为等一切万有只是众多的因缘和合而生,所以无自性,无自性即毕竟空无所得。但为引导众生而用假名来说有,这就是中道。

三论宗的学说主要包括缘起性空二谛论、法性实相论、般若中道论及涅槃无相论。这几个方面都是相互联系、相互贯通的。

一、缘起性空

缘起性空是龙树菩萨的根本思想,即《中论》偈所说的"众因缘生法,我说即是空,亦为是假名,亦是中道义"。龙树菩萨从缘起和合的现象中,直指"缘起"与"性空"不是对立的,缘起就是性空,性空就是缘起;真空不碍妙有,妙有体现真空,这是一种中道实相论。

缘起性空的主要宗旨在于说明人生宇宙的万事万物皆是众因缘所生,凡是众缘和合所生之法,皆是仗缘而生,空无自性。既然是众缘和合的缘起法,也就空无自性,本体当空故,这是因果规律的普遍法则。广泛地说,大如世界,小如微尘,一花一草,一树一木等,无不是缘起。

缘起是事物之间互为条件的一种关系。"缘"即事物的条件关系,"起"为决定,生起之义。一切法的存在与生起,是依于因缘和合而存的,在宇宙人生中,首先要观察因缘,看他们是怎样地生起一切法,才能更好地了知万事万物皆是从众缘所生的,不是单从一因缘生的,亦不是什么也没有的顽空断灭。简言之,即观察依缘生起和依缘灭无。只有这样才能否定自性有的因缘生,才能深刻通达诸法无自性空。

性空是由缘起体现的。宇宙万有的事物,无论有情的和非情

的都是由内外缘和合而生,离开众多因素和条件就没有任何事物会发生和存在。既由众多因素组成一切事物,其事物的本身也就没有永恒、独立不变的事物本体。缘起性空否认定见和宿命论,因为因和缘是变化不停的,因此事物也是刹那生灭不住的,这叫自性空。这说明缘起的事物存在本身,是没有自性而本性空的,并不是除去缘起的事物而后说空,缘起无自性就是毕竟空。不论宏观世界,还是微观世界,皆由条件关系和合而生起,没有独立的自体,亦无自性,这就是性空。

缘起是无自性,无自性所以是空,所以说,缘起与性空不是对立的,缘起就是性空,性空就是缘起。《中论》说:"以有空义故,一切法得成;若无空义者,一切则不成。"空,是成立世、出世间一切法的法则。缘起与性空不是对立,而是相成相生的。如此不偏"顽空",不偏"有执",即名"中道实相"义。

二、二谛中道

(一)真俗二谛

以缘起性空为基的二谛论也是三论宗的根本思想理论之一。二谛是指一切事物所具有的两种不同真实。俗谛所谈的是世间的相对真实,真谛所说的是超世间的绝对真实。但这两种真实并不是截然分开和对立的,而是相互依赖,互相发明的。《大智度论》卷三十八说:"佛法有二谛,一者世谛,二者第一义谛。为世谛故说有众生,为第一义谛故说众生无所有。"这说明真谛说空,俗谛谈有。俗谛谈有是谈缘起有,又叫假有;真谛说空是说本性空,也叫无自性空。

二谛是一切事物的两个方面,缘起性空统一起来就叫做二谛中道。所以说不离性空而有缘起的诸法,虽有缘生的诸法并不碍于无自性的性空。本宗为了阐明中道实相这种理论,特别重视二谛的应用。

《中论·观四谛品》关于二谛有一个著名的偈颂:"诸佛依二谛,为众生说法,一以世俗谛,二第一义谛。"阐述二谛的目的,是以真俗二谛之理,破除众生执法实有或执法顽空断灭的迷执而因机施教。并进一步指出二谛的空有是相对的,亦是相依相待的缘起空有。基于此,菩萨道的修习才能不离世间又超出世间。

(二)四重二谛

将二谛中道思想更彻底地表现出来的是四重二谛的主张。四重二谛是以相待缘起假名为基础而构建的理论体系。

二谛主张非空非有是中道,就依言相待的角度来分析,二谛也是假名。三论宗是即俗而真,重在超越而远离一切见的执着,因此主张连非空非有也不能执着。《大乘玄论》说:"不有有则非有,不无无则非无,非有非无,假说有无,此是中假义也。"因此,三论宗以因缘假义开四重二谛。

第一重,以"有"为俗谛,以"空"为真谛。说明俗谛的有是缘起有,缘起有即没有自性,是自性空的假有即假生假灭,所以,假生假灭名为俗谛。对世谛的假生假灭,而说真谛假也不生假也不灭,所以,不生不灭为真谛。此空有二谛意在从有入空。

第二重,说空说有皆是俗谛;非空非有方为真谛。说明有与空本来是相待的,对有说空,对空说有,空与有无非都是相待的假名。所以有与空都是俗谛,非有非空才是真谛。

第三重,空有为二,非空非有为不二,二与不二皆是俗谛;非二非不二才是真谛。

第四重，前三重二谛皆不离言说，皆是教门，是为俗谛；言语道断，心行处灭，无名无相，才是真谛。这是对前三重的超越，也是一个离言绝相的总结。明确综括前三重二谛都是俗谛，是设教的方便；只有诸法实相，言语道断，心行处灭，无依无得方是究竟了义的第一义谛。

三论宗为什么要建立这四重二谛呢？这是因众生的根机不同而设立。若是上根人，听到第一重二谛，便能悟得诸法实相。若下根之人，虽然听闻了后二重二谛，也未必能悟达诸法实相。

因此，由于众生的根性不同，对治各种偏执邪见的方法则非一。三论宗建立这四重二谛，内外大小分别接引，利钝全收，凡所有执，尽皆破之，破的目的为显无依无得的中道实相。

三、八不中道

三论宗以二谛总摄一切佛法，但是不悟八不，即不识二谛，所以八不中道是三论宗理论与观行的中心。龙树菩萨依缘起的诸法其当体性空不可得，发扬性空而无碍于缘起的中道妙理，为彰显此无所得中道实相的妙义，他把《般若》等经中散说的不生不灭等理，归纳作此八不偈颂，阐扬八不中道义。

八不中道的著名偈颂是《中论·观因缘品第一》所说："不生亦不灭，不常亦不断，不一亦不异，不来亦不去，能说是因缘，善灭诸戏论，我稽首礼佛，诸说中第一。"这是龙树菩萨用八不的四对相反词，来显示一切诸法现象悉无自性的道理。

凡夫二乘有种种偏执偏见，概括起来有生灭、断常、一异、来去等四双八类，其中生、灭、常、断是时间的计执，一、异、来、出是空间的计执。这些偏见，是人们正确认识宇宙万有的障碍，是虚妄分别的戏论，所以对它们一一皆用"不"字来否定它，否定这些实在论的见解,令诸众生离此八偏,以悟入空有不二的中道。

1.不生、不灭:这是龙树菩萨从法体上来阐明诸法实相。一切诸法,包括山河大地之依报,五蕴色身之正报,悉皆因缘所生,当体即空,非灭后方空,故曰不生。诸法虽是因缘会遇而生,因缘离散而灭,不无幻象。但此幻象是依真性而现起,观相原妄,观性则真,一一清净本然,周遍法界,故是不灭。

2.不常、不断:中道实相理体即是常住真心,是不落断常的。说不常不断是对其中一类众生执万事万物常恒不变,彻底断灭者而说。

3.不一、不异:这是从事物的空间上,去破斥外道所说的事物有一个绝对的一,或异。一和异,截然相反。异则不一,一则不异。一切诸法,就其事相而言,则有千差万别,故曰不一。但事相虽别,却是依性而起,约性而言,则其体无殊,故曰不异。

4.不来、不出:这是从事物的运动性,去破斥数论派认为的诸法具有第一性,万事万物皆由神我二元论生出来的邪见。实相理体,其大无外,包容十法界,没有一法能自实相理体以外之处可来至此,故曰不来。也没有一法能超出实相理体之外而去至任何处所,故曰不出。

三论宗特别尊崇"八不中道",认为它是"至极之宗旨",能够"定佛法之偏正,示得失之根源。"即用此八不中道,可衡量、判定所说的佛法属于偏渐之法,还是圆顿之法。《八宗纲要》对八不中道有一总结:"八不妙理之风,拂妄想戏论之尘。无得正观之月,浮一实中道之水。"意思是说,八不中道之妙理,犹如一阵清风,能拂去妄想和无知戏论之灰尘,则实无所得的正观皓月,自然浮现于一乘实相中道理水之中矣。

四、四句百非

　　三论宗主张空不可得，所以连极果涅槃也是不可执着的。为了泯除众生有无对待的迷执、邪见来说明真空无相，说涅槃也是离四句，绝百非，并无实法可得。

　　所谓"四句"，是指两个关系项作逻辑组合时所得的四个句子，如"有、无、亦有亦无、非有亦非无"及"常、无常、常亦无常、非常亦非无常"等皆言四句。

　　所谓"百非"，即百种否定之意，亦即否定所有的执着。"百"，泛指多数；"非"，否定，"百非"即种种否定。意谓一切语言文字均非实在。如北本《大般涅槃经》说如来的涅槃乃非有、非无、非有为、非无为、非有漏、非无漏，乃至非过去、非未来、非现在等种种之否定。这是因为，佛法之理，一切执取，皆在否定之列，故有"百非"之理趣。

　　因此，四句百非是基于一切判断、论议的立场，而设立的假名概念。佛教究极的宗旨是超越这些假名概念，达到言亡虑绝的境界。如《三论玄义》所说："牟尼之道，道超四句"，"道为真谛，而体绝百非"，都是说明涅槃是超越名言的境界。

　　涅槃超四句绝百非，悟知"百非"本空，不执着"四句"，是正确认识宇宙万物真相的思想境界。破四句百非后，涅槃是有亦无、无亦无、有无亦无、非有非无亦无的诸法实相。《中论疏》云："涅槃者，超四句，绝百非，即是累无不寂，德无不圆。累无不寂，不可为有。德无不圆，不可为无。非有非无，则是中道。中道之法，名为涅槃。"所以真正圆满的涅槃境界是证得非有非无的中道。

　　由于三论宗提出来的思想都和中道实相的理论相关，涅槃本是修行成佛的最高境界，也被认为不可执着，所以对待成佛的问题上,主张迷悟成佛义。

迷悟成佛论是说,诸法寂灭无生,本来清净,无众生可度,亦无佛可成。但就世谛假名,说有迷有悟,有佛有众生,提出一切众生皆能成佛。因为一切众生本来是佛,只因一念迷故,为无明妄想所蒙蔽,虚妄分别无我谓有我,执外境为实有,所以成为众生而流转生死,如果能彻悟诸法毕竟空寂,顿歇无明烦恼,除去颠倒梦想,而本有的法身佛性,万德庄严自然显现,名为成佛。

然而众生根性有利钝,惑障有深浅,成佛就有迟速。利根众生,一念成就八不正观,深悟诸法无生,可以顿悟成佛。钝根众生,经历累劫修行,需经过十信、十住、十行、十向、十地,最终达到等觉、妙觉的果位,亦即五十二位次。成佛与否,关键在于迷悟。

三论宗的迷悟成佛义对后来的禅宗等佛教宗派的思想影响很大。禅宗曾以"四句百非"为公案,作为参禅办道的指南。

第六节　实践理念,悲智双运

一、空观成就,不畏生死

三论宗所依据的《百论》、《十二门论》及《中论》等三论,其内容完全是阐明缘起性空的般若智慧。修行必须从空观入手,才能不畏生死,安住当下。

人们往往听"有",则欢喜,说到"空",就以为"空"是什么都没有,心有畏惧。"空"有两个层次:第一是析空,分析到最后什么都没有的物质空,如东西拆开或毁灭时就是空了。第二是心空,这种空要用心里的眼睛——慧眼来看,看清楚没有任何东西可以执着,心就能放下诸行。

三论的空观是心空，就是摒弃物我相的种种对待，心中生出一种明了的智慧，这是空观成就的生活智慧。

心空包括我空与法空。对于我空观的修持，最基础的入门方法是依据四念处法门，也就是观身不净、观受是苦、观心无常、观法无我等四种法门。修学四念处，对于生命的妄执爱着，就会慢慢降伏减低，去除我爱、我慢、我见、我痴。

所谓法空观即观察诸因缘所生，不生不灭的空性。《法华经》说："诸法从本来，常自寂灭相。"具备此空性正见之后，再修"止"成就，破除一切妄执，然后进一步修"慧"，证得般若智慧。从此以后，止观双运，不必用心着意，自然以无分别观慧，能起无分别住心；最后，空相脱落，而证入胜义涅槃空寂法性之中，般若无分别智于是全体展现无遗。

我们平时所认识的空，并不是真正的空。法空的境界不但要空去一切有为对待，空去一切差别观念，甚至连这个"空"的概念也要空去，要空到最后"山穷水复疑无路"，才能"柳暗花明又一村"，证悟到了"空空"，把所有的差别、对待、虚妄的万法都空除了，"以无所得故"，才能享受到一个大解脱、大自在，空有不二的真实世界。

龙树菩萨临终的生死自在就是空观成就，悲智双运的表现。据玄奘大师《大唐西域记》说，龙树扶助南憍萨罗国引正王治国及弘法，引正王在黑峰山为他建造了一座豪华的五层伽蓝。由于龙树之力，引正王福寿无疆，长治久安，王子急于嗣位，听从母后建议，逼令龙树自刭。龙树菩萨观察因缘，就拿一根小小的吉祥草自刭了。

提婆也是空观成就之人。提婆一生以破邪为志愿，因此，得罪了不少外道。晚年即因论破一外道，而被此外道弟子以利刃刺杀,并说:"汝以口破我师,何如我以刀破汝腹!"提婆被刺,毫无瞋怨,反生怜悯,示其逃生之路。临终前,用自己的血写下《百字论》,以著述论说传播真理,唤醒世人舍弃邪见。并对赶来报仇的弟子殷殷垂示:"诸法之实,实无受者,亦无害者,谁亲谁怨,谁贼谁害?汝为痴毒所欺,妄生著见而大号叫,种不善业。彼人所害,害诸业报,非害我也。汝等思之,慎无以狂追狂,以哀止哀也!"言毕即入灭。

龙树、提婆两位大师不只是口头阐扬大乘性空之理,也都是以身殉教,不惜色身,不瞋怨敌的真理实践者。他们把性空之理实践于生命中,以无畏的威德,以无我的空慧,破邪显正,举扬圣教。

中国的三论宗创始人吉藏大师一生弘扬三论,临终前写下一生中最后的文字《死不怖论》,投笔从容而化。三论其他祖师如僧诠、法朗等皆是持戒清净,身体力行,时人敬仰的高僧。这些祖师都是现身成就般若,证得空性的圣贤僧,堪为千古楷模。

二、菩萨大行,悲智双运

三论宗强调菩萨行的修持。菩萨行代表了佛陀的救世本怀,名为菩萨行大乘。除了《般若经》外,龙树的《中论》、《大智度论》等论典奠定了大乘行悲智双运的实践理念。

"悲"是度生的菩提悲愿。具体来讲即是成就众生,净佛国土。如何成就众生,净佛国土?龙树菩萨在《菩提资粮论》里举出十波罗蜜、四无量心等为菩提资粮。十波罗蜜,是般若、布施、持戒、忍辱、精进、禅定等六波罗蜜,及般若波罗蜜所摄的方便善巧波罗蜜、愿波罗蜜、力波罗蜜、智波罗蜜等。

一切众生的身心、自他,都是相依相待的存在,因此,基于同

体大悲，大乘行者悲心内发，从菩提愿中涌出真诚、深切的人世关怀，为一切众生广行菩萨道，而不急求解脱，是菩萨行。如《大般若经》说："妙愿波罗蜜多，是诸菩萨多愿自身恒处秽国，不生净土。"因此，发菩提心，具足大悲信愿，在生死海中锻炼身手，从头出头没中自利利人，在烦恼滚滚的红尘世间，能为一切众生而修学，为一切众生而忍苦。渐学渐深，从人间正行而渐入佛乘，这是三论行者的波罗蜜。

智是指般若慧。菩萨行大乘以缘起论的根本精神为指导，昭示行菩萨道的津要，《大般若经》说："以一切智智相应作意，而修般若波罗蜜多。持此善根，以无所得而为方便，与一切有情同共回向一切智智。"一切智智就是智慧与福德究竟圆满的无上菩提，无所得就是不执着，也是《般若经》中所说菩萨行意义上的"空"。

菩萨初以般若慧观一切法空，如通达一切法空性，即能引发无边的方便善巧。《大般若经》中处处宣说以"无所得"为方便；假使脱离了性空慧，方便也就不成其为方便了。般若，侧重于"法空"的体证，由般若空慧超越一切而不取相；方便，侧重于利济众生，成就"庄严佛土，成熟众生"的广大行愿。

释迦佛的本生、历劫的行迹，如实地践行了大智大悲的大乘法门，就是一部活生生的缘起标本。无量劫来，为求法为救护众生而不惜施舍头目脑髓，其智慧和慈悲不是重自利的声闻、缘觉乘所能比拟的。

悲智双运是菩萨大行的体现。大乘的根基建立在互相作用的缘起关系上，大智就是对重重无尽的生命网络的如实了知。《般若经·无尽品》云："菩萨坐道场时，观十二因缘如虚空不可尽。"观无始以来，无量众生都做过自己的父母、兄弟、姊妹，于己有莫大的恩惠，而今他们仍沉沦于生死苦海，于是就生起了救一切众生出苦海的大愿大行。如此的大智大悲，岂能一个"空"字了得！

菩萨以大智慧照见五蕴皆空，彻悟诸法空性，不生染着爱想，住于实相。但由于慈悲，不忍舍弃众生，而且为了满其本愿，往往还来世间行化，奔走于三界之中。虽明知诸法实空，没有能度的我，也没有可度的众生，但仍然热心地去"启建水月道场，大作空华佛事，降伏镜里魔军，求证梦中佛果"。

因此，大乘菩萨道的伟大，是从入世的坚忍与精进中表现出来的。菩萨深入人间，以出世的精神，作入世的事业。

总而言之，菩萨大行，以无上菩提为方向，以大智大悲为动力。菩萨的大智是为了实践大悲，大悲是为了完成大智，二者运用自如，则可以圆满成就无上菩提。

三、中观正见，指导修行

三论宗的思想理论对佛法的修学极为重要，特别是般若空性思想，是佛教教理的重点，三论宗是以"般若"立宗，强调空性见对修行的重要性。

佛陀二十二年说般若法，主要在说明如何世世常行菩萨道，阐述了三乘共法的特点，特明空义，着重以弘扬大乘般若思想为核心。至三论宗，更强调由般若空慧引发的中道思想，及由此树立的中观正见。

菩萨的空慧，是指菩萨知善知恶、行善去恶而不住善恶，对六度万行不起执着。内在无执即心无所得，心无所得即无所滞碍，不致落入三界因果和出世小果，这符契佛陀的缘起中道的教法。

中道是来自舍离二边。二边是什么？一边是对乐的执取，另一边是对苦的执取。凡夫对身心快乐的感受，生起强烈的欲求，

希望乐受能增多而长存，这就是一种贪爱的心。此时生起了无明，偏离了实相，因为乐受本身是无常而不能长存的。由此可知，对乐执取就会偏离中道。同样，对苦执取也是忘记了苦受是无常的。反之，圣贤之行便是对快乐及痛苦都不执着，能够舍离二边，处于中道，生起慧眼、寂静、证智，走向觉悟、涅槃。

如何实践中道？苦受乐受不断地在众生的日常生活中出现，由于习性反应，众生对苦受生起瞋斥的心理，对乐受生起贪爱的心理；一旦生起贪瞋，心中便不能平静。为了实践中道，便要在日常生活当中，警觉到苦受及乐受的生起，对乐受不生起"增多一点"的心理，对苦受不生起"快点消去"的心理，要对苦乐如实地知道其无常、无我的性质。在实践中道时，并不是对苦受、乐受都麻木无知，而是要时时刻刻地觉知到苦乐在身心上的呈现，同时体会其变化的特性。通过智慧的觉照来体悟缘起性空，这就是中观正见的运用。

中观正见不落两边，超乎一切对待。获得这一正见，要以学习中观论典为前提。众生由学习经教而认识中道之理，经体悟中道之理而发生般若智慧之观。三论宗的修行，主张以正确的理论指导，引发正确的智解；以正确的观点去理解中道，才能体会或发现正确的理论，这种是相辅相成的关系，叫境智互发。所以中观正见并不是纯粹的理性思考，也需要相关的行持为辅。为了证得涅槃，获得解脱，救度众生，在"因"的阶段就必须累积福德资粮与智慧资粮，而后，在"果"的阶段自然就会达到这些标的。在这整个实践的过程上，步步都必须踩在"中道"的路上，脱离常见与断见的边执，才能成就无所得正观。

第二章

以有宗著称的唯识宗

佛教八宗之中,天台、华严及禅宗的经论,往往侧重于法性的探究,深奥玄妙。而唯识侧重法相的分析,关注现象的研究,论证繁琐细致。相对于三论的谈空,唯识宗则以有宗著称,主要是指唯识法相对宇宙人生的开展,心物现象的透视,认识与存在的关系,都有着较为深刻的认识。

唯识宗前身瑜伽行派,在印度经过弥勒菩萨、无著、世亲、无性及护法、德慧、安慧等几位著名大论师的弘扬,在玄奘西行求法之前,瑜伽宗风就已经风靡全印度了,因此唯识宗又称为法相宗、瑜伽宗。

唯识宗传到中国后,玄奘弟子对玄奘的唯识学著作做了大量的注疏,并在此基础上形成了中国唐代第一大佛教宗派——法相唯识宗,建构了中国唯识学的基本模式和理论体系。在玄奘、窥基师徒的推展下,唯识宗盛极一时。但唯识之学,义理繁琐,不易被人接受,在晚唐以后,就逐渐趋于衰微。直到近代,有太虚大师和杨仁山、欧阳竟无、熊十力等在家居士推弘。

此宗所传唯识因明之学对后世影响很大。在古代,道宣律师专事《四分律》的宣扬,在理论上也吸收了玄奘新译唯识学的观点,以阿赖耶识所含藏的种子(功能)思心所为戒体,称为心法戒体论。在当代,唯识成为修正身心、净化身心的佛教心理学。

第一节　唯识传承，源自弥勒

唯识学出现于佛陀灭度后八百余年，即公元 4—5 世纪期间。唯识宗的出现和形成，有三个关键人物，即：弥勒菩萨、无著菩萨和世亲菩萨。弥勒是瑜伽行派的开祖。无著菩萨与其弟世亲两人并为瑜伽行派的两大核心人物。无著是印度法相唯识学的奠基者与主要弘扬者。世亲一生尽全力于瑜伽、唯识之学的弘扬，有"千部论师"的雅誉。

一、唯识始祖弥勒

弥勒菩萨是唯识宗的初祖。唯识宗的典籍，如《瑜伽师地论》、《辨中边论》等，是无著菩萨到兜率内院请弥勒菩萨到人间说的。

依《无著传》记载：无著因不满于自己所证的小乘空观，入定上升兜率天，从弥勒处学习大乘空观，终于大悟，冰释多年的疑窦。此后无著决心弘扬大乘。为了取信于人，又请弥勒下降于印度阿踰陀国，演说《瑜伽师地论》，每夜开讲，连续讲演四个月。在讲说时，唯无著可以见到菩萨，他人只能听到声音。弥勒菩萨应无著所请，相继演说了《瑜伽师地论》等五部大论，并由无著菩萨记录成文，成为流传至今的"弥勒五论"，即《瑜伽师地论》、《分别瑜伽论》、《辨中边论》、《大乘庄严经论》、《金刚般若论》。因为这一渊源，唯识宗尊弥勒菩萨为初祖。由于弥勒菩萨的亲自演说，瑜伽思想在印度很快地流传开了。

弥勒的学说主要有两个方面：一是实践如来藏缘起的大乘教义，如《庄严经论》、《辨中边论》所述。二是确立了阿赖耶识缘起，这是以《瑜伽师地论》为主的论述。

弥勒菩萨亦称慈尊，也就是"当来下生弥勒尊佛"，为娑婆世界下一任佛陀，目前居住于兜率内院。据《弥勒上生经》、《弥勒下生经》记载：弥勒出生于婆罗门家庭，先佛入灭后，以菩萨身为天人说法，住于兜率天内院。

弥勒的因行以"慈"为显著特征。据传此菩萨欲成熟诸众生，由初发心即不食肉，以此因缘而名慈氏。因四无量心中，慈为首，此慈从如来种姓中生，所以弥勒的化身布袋和尚即以慈相与众生结欢喜缘。弥勒于修习菩萨行期间，有"不修禅定，不断烦恼"的不共特性。他在菩萨道中特别重布施持戒，慈悲与智慧，而不像声闻汲汲断烦恼证涅槃。他是有意"留惑润生"，以从事济度众生的利他事业，是大乘菩萨的典型代表。《华严经·入法界品》中，弥勒为善财童子所参的第五十二位善知识。

弥勒的果德是他将继释迦牟尼佛之后，在娑婆世界成佛。释尊曾预言授记，人间五十六亿七千万年时，弥勒菩萨将降兜率下生人间，出家学道，于华林园中龙华树下成等正觉，前后说法三次，称为龙华三会。过去在释尊教法下未曾得道的人，至此法会时以上、中、下三根之别皆可得道。第一会说法度众九十六亿，是受释尊五戒之人。第二会说法度众九十四亿，是受三皈依之人。第三会说法度众九十二亿，乃一称南无佛者。

二、无著志弘瑜伽

印度后期的大乘佛学主要有两大流派，龙树、提婆将中观理论发扬光大，此后的无著、世亲兄弟让唯识思想大放异彩。

无著是首先弘扬唯识思想的人，是古代印度大乘佛教瑜伽行派创始者。唯识宗最初称为瑜伽行派，瑜伽学，是指以弥勒为代

表的学说,在汉译典籍中是指以《瑜伽师地论》为核心的佛教。这些论典的弘传,首先归功于无著菩萨。

无著菩萨,生于公元4世纪。北印度犍驮逻国人。其父名憍尸迦,为国师。无著最早是在小乘佛教的教派中出家修行的,后来因为不满意该派的教义,决定要广泛地学习大、小乘诸派的教理;有一段时间,他因想亲自聆听弥勒菩萨的教导,曾把自己关在鸡足山里苦修,但并没有见到弥勒菩萨出现,因此心中生起很大的挫折感;不过,经历了千般磨难和考验后,弥勒菩萨终于现身,并带他到兜率天宫的弥勒内院受教。

无著从弥勒菩萨受大乘空观,归来如理思惟,因而通达大乘空观。后来又数往兜率天修学《瑜伽师地论》等大乘深义,并集众宣说,由是大乘瑜伽法门广为传播。

无著所撰大乘论疏有《显扬圣教论颂》、《大乘庄严经论》、《摄大乘论》、《大乘阿毗达磨杂集论》、《金刚般若论》、《顺中论》、《六门教授习定论颂》等数十种重要作品,尤以《摄大乘论》为代表。他还以《现观庄严论》、《金刚般若论》传授《般若经》的修行次第。

三、世亲光大唯识

无著为古代印度大乘佛教瑜伽行派的创始人,为唯识宗二祖,世亲则集其大成而光大之,为唯识宗三祖。无著一生专志于弘传大乘佛教,其胞弟世亲不仅在小乘佛法上有辉煌卓越的成就,对于大乘佛法的弘扬,也有千古不朽的伟业,所造论著千余部,遂有"千部论主"的美称。无著度化世亲回小向大的史事,更传为千百年来佛教史上的佳话。

世亲又称"天亲",最初于小乘萨婆多部出家,后无著受教于弥勒直入大乘,世亲却入小乘经量部,并立志改善小乘有部教义,到迦湿弥罗国研究小乘说一切有部所正依的论藏《大毗婆沙论》。四年后归国,为大众宣讲《毗婆沙》,并作《阿毗达磨俱舍论》,表示对小乘很有自信。所以那时他的立场是反对大乘的,认为大乘非佛说。后来由于无著的善巧规劝,始悟大乘之理,昆仲两人就共同弘扬弥勒学说,世亲竭力举扬大乘教义。

世亲的论著与注释的典籍甚多,有小乘论五百部、大乘论五百部,而以大乘论著影响更著。其中,对弥勒学说发挥较多的有《大乘庄严经论释》、《辩中边论释》、《金刚经论释》。解释无著著作的有《摄大乘论释》、《习定论释》。阐述自己观点的有《成业论》、《二十唯识论》等。另外,他对大乘经还作了很多注释,例如《十地经论》对《华严经》的《十地品》进行系统的解释。他对《无量寿经》所作的注,汉译之后,成为我国净土宗的根本典据。其他还有注释《法华经》、《缘起法门经》、《无尽意经》、《宝髻经》等的著作,在佛学史上都占重要的一页。他的《俱舍论》,虽属小乘著作,但影响很大。

世亲晚年所著《唯识三十颂》一书,轰动印度唯识学界,成为印度唯识思想史上最脍炙人口的一部论典,也成为后世研究唯识学的重要著作。虽然此论只有短短三十个偈颂,但内含的法义万千,可惜这部论典完成之后,尚未写下长行注释,世亲就以八十高龄圆寂于阿逾阇国。

无著与世亲思想上的不同点在于,世亲对阿赖耶识思想及如来藏思想都有涉及,二者之间更重阿赖耶。无著的论书中则未发现如来藏、本有佛性、常乐我净等意趣,而世亲的《十地经论》、《佛性论》却明白地宣扬这些教义。因此,无著是阿赖耶识说的倡导者,然而成立阿赖耶识思想体系的,则应归功于世亲。

无著与世亲奠定大乘唯识教学的稳固基业,为印度佛教历史

开创新纪元,其成就与地位足与中观派祖师龙树相媲美,成为大乘佛教的开路先锋。

瑜伽行派理论的奠基人是无著和世亲。瑜伽行派发展到后来,因阐述方法的不同,分为无相唯识派和有相唯识派。

世亲的继承者亲胜论师曾为世亲的《唯识三十颂》作略释,妙契作者之意,是后代论师研究唯识思想的重要依据。较亲胜稍后并发挥亲胜学说的有德慧和安慧等,史家称为"前期瑜伽行派"或"无相唯识派"。

世亲的另一继承者是陈那,他特别注意用因明的方法阐发瑜伽学说,是"后期瑜伽行派"或"有相唯识派"的先驱。

陈那的后继者有无性、护法、戒贤、法称等。他们中出现了十位著名的论师,即护法、德慧、安慧、亲胜、难陀、净月、火辩、胜友、最胜子、智月等十人,称为"十大论师",相继制论以注释世亲的《唯识三十颂》,瑜伽宗风因而披靡全印度。

四、玄奘开宗法相

中国的法相宗是从有相唯识派传承过来的。其传承关系为:弥勒——无著——世亲——陈那——无性——护法——戒贤——玄奘——窥基——慧沼——智周。

唐朝贞观年间,玄奘大师远去印度求法,亲谒戒贤论师,由于戒贤是护法菩萨的门人,所以玄奘回国,专传护法的唯识学,玄奘大师遂成为中国唯识宗的第一代祖师,也即天竺相承第六代祖师。

唯识宗真正在中国的流布,始于玄奘及其弟子。玄奘(600—664)全面地翻译并融汇介绍了印度唯识学的理论著作,是中国的法相唯识宗初祖。

玄奘就是《西游记》中所说的唐僧，因学问广博，被人们称为"三藏法师"。玄奘是洛州缑氏（今河南偃师）人，十三岁在洛阳出家，二十岁在成都受具足戒。曾游历各地，参访名师。先后从慧休、道深、道岳、法常、僧辩、玄会等学《摄大乘论》、《杂阿毗昙心论》、《成实论》、《俱舍论》以及《大般涅槃经》等经论，造诣日深。

　　因为感到当时佛教各宗派的说教不一，于是决心到印度取经，寻根究底。特别是当时摄论、地论两家关于法相之说各异，遂产生去印度求《瑜伽师地论》以会通一切的念头。

　　唐贞观三年（629），玄奘只身渡过八百里的流沙，历经重重的艰难困苦，冒着生命的危险，到印度那烂陀寺亲近当时的唯识学泰斗戒贤论师。玄奘在那烂陀寺历时五年，备受优遇，并被选为通晓三藏的十德之一。前后听戒贤讲《瑜伽师地论》、《顺正理论》及《显扬圣教论》、《对法论》、《集量论》、《中论》、《百论》以及因明、声明等学，深究护法唯识学的奥义，在印度有"大乘天"的极高声誉。

　　贞观十九年（645），玄奘携带大小乘经论 657 部回到唐都长安。其中最主要的部分为唯识宗的宝典，如《唯识三十论》、《唯识二十论》、《摄大乘论》、《瑜伽师地论》等。

　　玄奘大师回到长安之后，二十多年间，从事译经的工作，一共译有 76 部 1347 卷经典。在译经过程中，他采取随译随讲的方式，不但将法相唯识学的义理传播开来，并培育了一批优秀门人。

　　玄奘糅合护法、难陀、安慧、亲胜、火辨、德慧、净月、胜友、最胜子、智月等十大论师所造的《唯识三十颂》的释论，综合各家见解，编译为《成唯识论》十卷，成为法相唯识宗所依据的重要论书之一。

　　在唯识的创新方面，玄奘大师进一步发挥了印度戒贤一系五

种姓说,即把一切众生划分为声闻种姓、缘觉种姓、如来种姓、不定种姓、无种姓,认为根据人的先天素质可以决定修道的结果。玄奘在此总赅印度诸家的学说,对五种姓说做了系统的阐述。

在因明学方面,除翻译了因明的主要著作外,并对因明辩论、论证的性质作了精细的发挥,深化了因明立量的方法,曾在陈那和护法因明学的基础上,提出了"真唯识量"。

玄奘作为法相唯识宗的开宗大师,上承印度无著、世亲以至护法、戒贤一派的宗教哲学,下启弟子窥基、圆测,融合南朝摄论学派和北方地论学派,成为初唐盛极一时的佛教宗派。作为佛教文化的集大成者,玄奘对印度最新的佛教理论的翻译和传播,为世界佛教文化中心由印度向中国的迁移奠定了坚实的基础。

玄奘弟子中最著名的是窥基、神昉、嘉尚、普光四人,有"玄门四神足"之称,其中窥基大师立论注疏,如《瑜伽论略纂》、《杂集论述记》、《大乘法苑义林章》、《法华经玄赞》等,大成此宗学说。故当时有"大乘菩萨"美誉、"百部疏主"或"百部论师"之称。因他驻锡慈恩寺释论,世称"慈恩大师",为直绍玄奘大师的法统者。

玄奘所传的唯识学,首先由他的高足窥基继承,作疏百本,大倡唯识义理。特别对《成唯识论》一书,作有《述记》及《枢要》二种注解,嘉惠后学。继承窥基大师的弟子慧沼,依《述记》作了《义灯》,发挥唯识精义。复有慧沼大师的弟子智周,亦依《述记》作《演秘》。如此师资相承,使得唯识教义灿若日月,唯识宗在初唐盛极一时。

智周后,有弟子如理。如理以后,唯识宗逐渐衰微。晚唐以后,由于遭遇到唐武宗的法难,以及五代的祸乱,唯识疏记失传,唯识学的弘扬渐渐式微。以后数百年间,乏人研究。宋代稍有弘扬。明代有明昱、通润、广承等人弘扬唯识。但因没有窥基大师的疏记为依据，因此研究的结果，多有失其正义之处。一直到清光绪年间，杨仁山居士从日本请回失传近千年的唯识疏记，唯识学在中国才渐渐又发扬起来。

民国时期，欧阳竟无居士力倡唯识宗，创办支那内学院、法相大学，分本宗为无著法相学与世亲唯识学，太虚与之论争最多。此外，熊十力著《新唯识论》，印顺尝与之论争。

第二节　唯识经论，一本十支

每个宗派都有所依据的经典。窥基大师把唯识宗所依的经典归纳为"六经十一论"。

六经是《华严经》、《解深密经》、《如来出现功德庄严经》、《阿毗达磨经》、《楞伽经》、《密严经》。在六部经中，《解深密经》更受重视。玄奘所译《解深密经》为第四次重译。

十一论是《瑜伽师地论》、《显扬圣教论》、《大乘庄严经论》、《集量论》、《摄大乘论》、《十地经论》、《分别瑜伽论》、《唯识二十论》、《观所缘缘论》、《辨中边论》、《大乘阿毗达磨杂集论》。在十一部论中，《瑜伽师地论》为"一本"，其余十部论为"十支"。这些论多为玄奘所译。

其他如《唯识三十颂》、《俱舍论》等也是唯识学派的根本典籍。

唯识经论的哲学思想主要表现在唐玄奘于显庆四年(659)纂译的《成唯识论》中。《成唯识论》把瑜伽行派的唯识学说精炼成新的系统。它集中阐述"外境非有"、"内识非无"的思想，成立"三界唯心"、"万法唯识"的基本原理，并以此作为宗教实践的主要理论依据。

一、解深密经

《解深密经》，北魏菩提流支译，是唯识宗的根本经典，以解释佛陀自内证的甚深秘密妙义，故名。此经以阐述大乘境行果为中心，分《序》、《胜义谛相》、《心意识相》、《一切法相》、《无自性相》、《分别瑜伽》、《地波罗蜜》、《如来成所作事》等八品。《序品》为序分；其余七品为正宗分。正宗分前四品讲所观境，次二品明能观行，后一品显所得果。所以，境、行、果是全经的大纲。

经中的《无自性相品》是判释迦一代教法为有、空、中道三时教的依据。《心意识相品》和《一切法相品》，则是三性说和唯识说，阿赖耶识和缘起说的教义依据。综观《解深密经》的思想主要有两个方面：

第一，《解深密经》对阿赖耶识作了更为切实的补充，它在阿赖耶之外，在本经《心意识相品》提出一切种子心识即"阿陀那识"的概念，"阿陀那"是"执持"义，除了执持根身，也有执持种子的作用，经中以之作为有情生命主体出现。它轮回生死，来往于五趣四生之中，执受根身、器界、种子，成为诸法生起所依。经末用一个颂来总结阿陀那识说："阿陀那识甚深细，一切种子如瀑流。我于凡夫不开演，恐彼分别执为我。"因为它是众生精神领域的依赖，所以很多人把它执着为固定不变的灵魂。

第二，对于空、有的意义，《解深密经》立三性、三无性来说明。三性是：遍计所执自性、依他起自性、圆成实自性。三无性是相对于三性而言：遍计执性，体相都无，为"相无自性"。依他起性，从众缘生，非自然有，为"生无自性"。圆成实性，无有凡夫所妄执的"我"（主体世界）、"法"（客观世界）二性，为"胜义无性"。这种空性，瑜伽学者解说为"空所显性"。

因此，大乘经所说的"一切诸法皆无自性"，不是说一切都没有自性。圆成实是胜义有；依他起相是世俗因果杂染法，也不能说没有自性。真正无自性（也就是空）的，是于一切法所起的遍计所执性。

第三，五性各别，无性不能成佛。在中国佛教史上，曾经有过阐提能否成佛之争，最后以大本《涅槃经》译来而宣告诤论结束。因此，在隋唐之前的教界，一切众生都有佛性，都能成佛，几乎已成了定论，没想到唯识佛教的传来，把一切有情分为五种性，即声闻种性、菩萨种性、缘觉种性、不定种性、无种性。其中定性声闻不能回小向大，无性有情不能成佛，这与中国传统佛教的主张形成了两种截然不同说法。唯识家的五性各别思想仅详见于《瑜伽师地论》，但还是来源于本经《无自性相品》。

二、十七地论

十七地论即《瑜伽师地论》。在弥勒的五大部论中，以玄奘于贞观二十二年（648）在东都弘福寺翻译的《瑜伽师地论》最为重要，是研究小乘与大乘佛教思想的一大宝库。

"瑜伽"是梵文的音译，意译作相应，有一致、和合、相称等义。相应有三种：境相应（所观境）、行相应（所修行）、果相应（所证果）。"师"指教授师、阿阇梨，"瑜伽师"就是瑜伽行者，自己能与境、行、果相应，并以之教导他人境、行、果相应，通常是指三乘的修行者。"地"有依止的意思，就是瑜伽师所依止的境界、所行的境界。"瑜伽师地论"就是说明三乘行人修习"境、行、果"相应的境界。本论有次第地说明十七种境界，即五识身相应地、意地、有寻有伺地、无寻唯伺地、无寻无伺地、三摩呬多地、非三摩呬多地、有心地、无心地、闻所成地、思所成地、修所成地、声闻地、独觉地、

菩萨地、有余依地、无余依地,所以称为"十七地论"。在十七地之中,尤以"菩萨地"为重要。

本论内容记录作者闻弥勒自兜率天降至中天竺阿踰陀国的讲堂说法的经过,其中详述瑜伽行观法,主张客观对象乃人类根本心识的阿赖耶识所假现的现象,须远离有与无、存在与非存在等对立的观念,始能悟入中道。

全书分为五分:一、本地分,广说瑜伽禅观境界十七地之义,为百卷中的前五十卷,乃本论的主体。二、摄决择分,显扬十七地的深义,为其次的三十卷。三、摄释分,解释诸经的仪则,为卷八十一、卷八十二。四、摄异门分,阐释经中所有诸法的名义差别,为卷八十三、卷八十四。五、摄事分,明释三藏的要义,为最后的十六卷。

总的来看,《瑜伽师地论》是集阿赖耶识说、三性三无性说、唯识说、阿毗达磨学说、菩萨教义等种种问题的一部庞大论书;是构成瑜伽行派学说发展基础的重要论典。

三、成唯识论

《成唯识论》十卷,又名《净唯识论》,玄奘糅译印度亲胜、火辨、难陀、德慧、安慧、净月、护法、胜友、胜子、智月等十大论师分别对《唯识三十颂》所作的注释而成,是一部属于集注性质解释《唯识三十论(颂)》的唯识宗纲领性典籍。玄奘留学印度时,曾广收十家注释(每家各10卷),并独得玄鉴居士珍藏的护法注释的传本。回国后,原拟将十家注释全文分别译出,并已决定由神昉、嘉尚、普光、窥基四人相助。后采纳窥基建议,改以护法注本为主,糅译十家学说,由窥基笔受,集成一部。

《成唯识论》的内容论证三界的本源是阿赖耶识,万法都是

"唯识所变","实无外境,唯有内识"。全论按相、性、位分为三大部分:

1.明唯识相(释第一至二十四颂)。先释破异教和小乘的实我实法之执,次释能变识相和所变识相。能变识相即初能变阿赖耶识相、第二能变末那识相、第三能变六识(眼识、耳识、鼻识、舌识、身识、意识)之相。所变识相即三类能变现的见分、相分等。又释种子、现行、诸业习气等相,以明生死相续之理。最后,释三性、三无性等相,以明一切唯识。

2.明唯识性(释第二十五颂)。阐明具胜义谛的真如。于一切位常如其性,名为真如,亦即"唯识"的实性。指出诸法实相由远离遍计所执的实我实法所显。

3.明唯识位(释第二十六至三十颂)。为辨有能力悟入唯识相、唯识性的人,在悟入过程中经历的阶段及渐次悟入的方便。依践行所证次第分为资粮、加行、通达、修习和究竟五位等。

在翻译《成唯识论》的过程中,玄奘三藏边译边讲,其门人弟子借此撰写了多部疏记,一时大大弘扬了唯识思想。本论的注解,最重要的是窥基所撰的《述记》二十卷。

第三节　唯识判教,三时八宗

玄奘大师奠定了唯识的基础,窥基大师则是唯识宗思想体系的实际建立者,同样地,唯识宗判教思想也是由窥基论述的。玄奘大师根据《金光明经》曾经提出过"转、照、持"三时的判教说法,但是未留下记载其判教思想具体展开的文献。故唯识的判教体系由窥基得知。依据窥基大师的《法华玄赞》、《法苑义林章》等,唯识宗的判教思想可以概括为"三时八宗"。

一、三时判教

唯识宗依《解深密经》、《瑜伽师地论》等相关经论,将佛陀一代时教,判为有、空、中道三时,称为三时判教。初时是有教,第二时是空教,第三时是中道教。三时教法的区分,涵盖了佛陀一代时教的不同思想时期。对照佛教在印度发展演变,同样也经历了三个不同的阶段。

在佛教发展的早期,主要依佛陀开示的阿含法门而有原始佛教及部派佛教的建立。其后,大乘佛教逐渐兴起,初期大乘的弘扬者龙树菩萨针对部派佛教有部的自性见而说无自性空。但在般若性空思想的弘扬过程中,有些行者因听闻诸法皆空,觉得心性无处依托,不能信受;有些行者则不善解空,乃至错会空义,堕于拨无因果的恶趣空中。于是,弥勒、无著菩萨又依《解深密经》弘扬唯识中道思想,使瑜伽唯识成为中期大乘佛教的主流思想。三时判教即依此脉络而来。

初时有教:佛陀最早在鹿野苑初转法轮,为发心趣向解脱的声闻众,开示四谛法门。这一时期的代表经典为《阿含经》,主要依五蕴、十二处、十八界,深刻揭示其中的因缘因果性,从而提出无常及无我的真理。声闻众依此无常无我之见,沿着四谛法门的修证原理,最终趣向解脱涅槃。这一思想在佛陀之前的任何宗教哲学都不曾揭示过,是"甚奇希有"的,但还是具有针对性的说法,并非究竟了义之见。

第二时空教:这一时期的教法为般若教,说法对象是初发大乘心的行者,宣说诸法本空的义理,令彼舍小趣大。代表经典为《般若经》。此经皇皇六百卷之巨,在佛教典籍中分量最大,主要开示了诸法缘起无自性、空、无相、无所得的真理。但《般若经》所揭示的一切法无自性空的思想，仍属于有针对性的说法，是针对着人们的自性见，即针对"有"的执着而方便宣说。所以，《解深密经》认为这也还是佛陀隐密相的说法。

第三时中道教：这一时期教法的代表经典是《解深密经》和《华严经》。前二时宣说有、空，尚未契入中道，《解深密经》的主要思想为三性三无性，依此显示中道的真理。三性三无性既讲有，也讲空，既不偏谈有，也不偏谈空。因为一切法都包含着有和空两个层面，如遍计所执性是空的，依他起性、圆成实性则是有的。《解深密经》如实显示了法的有与空，断除小乘偏有、大乘偏空的执着，为佛陀的究竟显了义之说。所以，唯有这第三时的唯识中道教，才是世尊普为一切发心趣向无上菩提的人而说。

此三时教判，以前二时为佛陀的方便教说，属不了义；以第三时为佛陀所说的真实教法，是真了义，因为它以宣说三性、三无性等中道妙义为主。唯识宗即以第三时教为其教说宗义。

三论宗和唯识宗虽各判三时教，但中国流行却是唯识宗的三时判教，因为玄奘去印度留学，回国后大量翻译弘传瑜伽学派，唯识思想蔚成大宗，所以盛行于世。

二、慈恩八宗

慈恩八宗的判教方法是窥基大师提出来的。窥基除了提出三时判教之说外，还对大小乘作了判释，称为慈恩八宗。依窥基《法华玄赞》卷一所述，八宗名义如下：

1.我法俱有宗，指犊子部等所立，认为我、法俱有实体。

2.有法无我宗，指萨婆多有部等所立，认为一切法通于三世，其体恒有，但"我"却没有实体。

3.法无去来宗，指大众部等所立，认为三世中过去与未来诸

法体、用皆无,只有现在的有为法与无为法有体。

4.现通假实宗,指说假部、经部、成实论等所立,认为不但过去、未来诸法无体,而且现在诸有为法也有假有实。

5.俗妄真实宗,指说出世部等所立,认为世俗之法皆假,出世法为实。

6.诸法但名宗,指一说部等所立,认为世间与出世间诸法都无实体,只有假名。

以上六宗属小乘。

7.胜义皆空宗,指《般若经》及《中论》、《百论》、《十二门论》等所立。

8.应理圆实宗,指《深密》、《法华》、《华严》等经及无著菩萨等所立。

第七胜义皆空宗与第八应理圆实宗由窥基所创,前者指阐明诸法皆空的经典,后者指阐明中道实相的经典。也即三论空宗和唯识中道宗。

此八宗判与华严的十宗判相比,前六宗名称稍异,但意义则完全相同。后二是指三论空宗和唯识有宗,并突显唯识中道的殊胜。而华严比他多二宗也是为了突出自宗的特点和圆教的殊性。

第四节 万法唯识,种子生现

法相唯识宗继承印度大乘有宗瑜伽行派理论,在"万法唯识"上展开一宗学说,把精神实体的"识"看成众生轮回或解脱的最终根源,认为一切性相,都离不开心识,突出"识"作为世界本体的意义。万法唯识的根本含义有两个方面,一是否定外境,二是肯定内识;把这两方面结合起来,才是中道认识。

一、五位百法赅万有

法,在佛经中是指包括物质和精神在内的所有事物的总称概念。一切法无量无边,为使学佛者对万法有一具体概念,成实宗立"八十四法",俱舍宗立"七十五法",唯识宗对诸法的分类概括为"五位百法"。

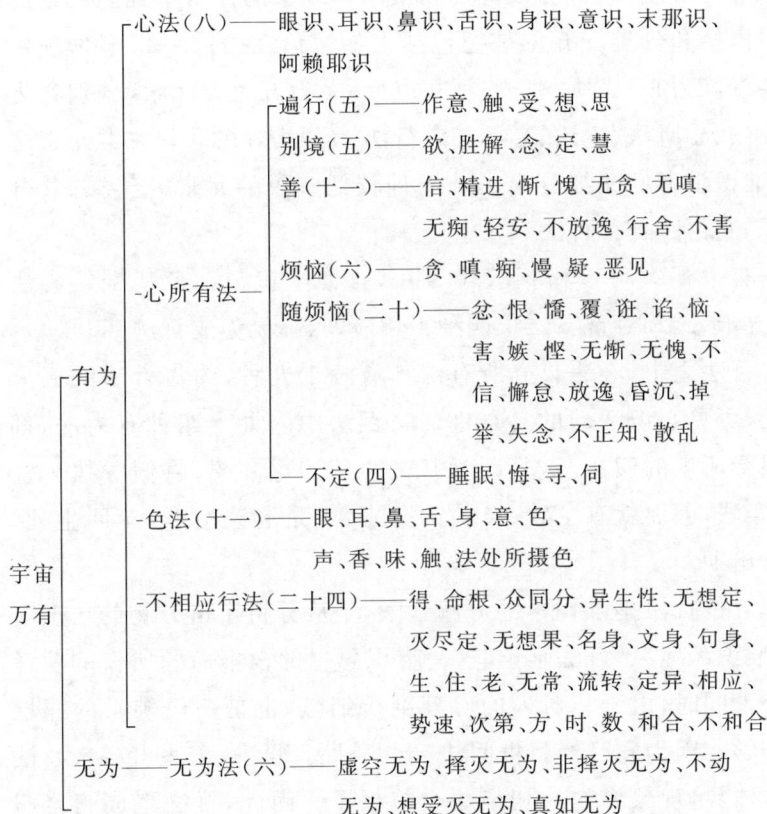

```
宇宙万有 ┬ 有为 ┬ 心法(八)——眼识、耳识、鼻识、舌识、身识、意识、末那识、
        │     │              阿赖耶识
        │     │
        │     ├ 心所有法 ┬ 遍行(五)——作意、触、受、想、思
        │     │          ├ 别境(五)——欲、胜解、念、定、慧
        │     │          ├ 善(十一)——信、精进、惭、愧、无贪、无嗔、
        │     │          │              无痴、轻安、不放逸、行舍、不害
        │     │          ├ 烦恼(六)——贪、嗔、痴、慢、疑、恶见
        │     │          ├ 随烦恼(二十)——忿、恨、憍、覆、诳、谄、恼、
        │     │          │                  害、嫉、悭、无惭、无愧、不
        │     │          │                  信、懈怠、放逸、昏沉、掉
        │     │          │                  举、失念、不正知、散乱
        │     │          └ 不定(四)——睡眠、悔、寻、伺
        │     │
        │     ├ 色法(十一)——眼、耳、鼻、舌、身、意、色、
        │     │                声、香、味、触、法处所摄色
        │     │
        │     └ 不相应行法(二十四)——得、命根、众同分、异生性、无想定、
        │                            灭尽定、无想果、名身、文身、句身、
        │                            生、住、老、无常、流转、定异、相应、
        │                            势速、次第、方、时、数、和合、不和合
        │
        └ 无为——无为法(六)——虚空无为、择灭无为、非择灭无为、不动
                              无为、想受灭无为、真如无为
```

五位百法名称

　　五位百法的分类源于弥勒菩萨。弥勒菩萨在他所说的《瑜伽师地论》本地分中,将世尊所说的万法唯识的道理,分为"六百六十法"。世尊灭后,世亲菩萨为使后人易知易从,容易入门,所以再将六百六十法浓缩为百法,而作《百法明门论》。世亲认为宇宙的万法虽多,但总不出这分成五种的一百个法。而于其中又重点论述了"八识"的理论。

　　五位百法,是对构成一切物质精神现象的性质单纯的元素所作的概括和分类。五位是把包括人的生命在内的一切事物现象高度凝炼为心、心所、色、心不相应行、无为五大类元素,分别称之为心法、心所法、色法、心不相应行法、无为法;在每一大类元素之下,唯识学者们又细分出了若干种较低一级的元素,五类总共分出了一百种,合称百法。

　　有一偈颂可以概括五位百法,且便于识记:"色法十一心法八,五十一个心所法;二十四种不相应,六个无为成百法。"

　　百法之中,心法及心所有法计有五十九种,约占百法的五分之三,可见心识活动的复杂性。又百法中的九十四种有为法,都是因缘所生的假法,这是因为凡夫由于迷惑妄想,将假法执为实我、实法,因而就有主客、自他的分别,于是起惑造业,轮回生死,无有出期。

　　五位百法是唯识学的分解哲学,是从分析宇宙万物的角度对于"唯识无境"、"万法唯识"这一唯识思想的根本命题所作的演绎论证。同时,由于它对人的心理剖析细腻,也是一门佛教的深层心理学。因为它已经将世间法、出世间法、假法、实法、色法、心法等本体界,现象界的一切诸法全包括了。因此,百法也成为修习唯识观之前最基本的理论。修证的目的,就是要将虚妄的心识,转为如实的智慧,以泯除二执,达到百法中真如无为的境界。

二、万法唯识三能变

唯识宗主张万法唯识所变,它不像一般的唯心论,仅涉及唯识哲学的第六意识。佛教所说的识,除了第六意识外,还有第七识、第八识等非常微细的心识活动。

万法唯识是说,宇宙的一切,山河大地也好,日月星辰也好,乃至我们的知、情、意等的一切心灵活动,都是我们各人的唯识所变现而产生各种千差万别的现象。其中能变识有八种,所变的法有森罗万象。

人们的心识力量非常强大,杯弓蛇影、草木皆兵等的典故,都是说明宇宙万法皆心识动摇所变现的影像的著名例子。唯识家为立"万法唯识"的理论,把能变的八识分作三种类别:

(一)异熟能变

第一能变,又称异熟能变,指第八阿赖耶识,因是善恶,果唯无记,异类而熟,故名异熟。此识是能引三界五趣四生总善恶业的异熟果,也即有情众生的总报。

阿赖耶识除了异熟义外,常见的还有藏义,具有能藏、所藏、执藏三义。能藏,是指阿赖耶识具有含藏的功能,可以像仓库一样储藏物品。所藏,指储藏的物品。阿赖耶识储藏的,是无始以来生命活动熏习的种子。执藏,是指在无尽轮回中,第八阿赖耶识始终被第七末那识执以为我。

阿赖耶识具有变现世界的能力,是现象界的本体。所谓变现,指意识的变现,即在意识中生起万法的表象,也就是认识的对象,而不是实体性的创生。阿赖耶识含藏万物种子,一方面变现出"我"这一根身,即有情个体的生命,另一方面又变现出"器世

间"，即山河大地。所变的根身器界，同为阿赖耶识之所执持，所以能不失不坏，相似相续，从而形成众生一期的正报依报。

（二）思量能变

第二能变，又称思量能变，指第七识末那识。"末那"是对古梵语的音译，译过来的意思就是思量，唯识学对它所下的定义是：恒审思量。因为第七识相续不间审细分别第八识，故取此名。总的意思是无时无刻不对自己的这个存在——包括生命的、精神的，进行监督和管理。

第七末那识也被称为意根，他的特点是时刻追随并执着阿赖耶识。并把阿赖耶识的一切执着为它的"自我"形相和内容，执着为它的自我个体。它对阿赖耶识的爱和执着，一直要持续到八地菩萨才彻底放弃。事实上，阿赖耶识并不是"我"，但末那识却以"它"为"我"，导致无尽的生死流转。

末那识具有两重身份，作为意根，它是意识生起的俱有依；作为染污意，它是前六识生起的杂染依。因为这个"自我意识"天生不守本分，自我扩张，并染污眼耳鼻色身和第六意识，使原本纯洁清净的这前六种性受其欲性的支配而被其染污。因为有了"我贪"、"我嗔"、"我痴"和"我见"，于是第六意识不知不觉地产生了我慢及各种不正见的烦恼。

（三）了境能变

第三能变，又称了境能变，指眼识、耳识、鼻识、舌识、身识、意识等前六识能了别色声等粗显之境。第七识、第八识则无了别显著对象的作用。我们的眼睛观察世界、耳朵聆听声音、鼻子呼吸气味、舌头品尝食物、身体感受外境，是来自前五识的作用。

第六意识与前五识不同,可以普遍地去攀缘一切法,例如有为法、无为法、看得见的、看不见用心想的、追忆过去的、憧憬未来的,甚至龟毛兔角,第六意识都可以去推度比较,作种种想象分别,所以它的了别作用比前五识更大,更广泛。它可以和前五识共同去攀缘外境,也可以单独现起,因此称为独头意识,例如幻想过去、现在、未来的独散意识;做梦时可以飞天跨海的梦中意识;或打坐参禅时,在禅定中不生起前五识的定中意识。

由于第六意识的能变性强,所以它不只是影响我们的感官作用,也会左右我们的感情、意志,改变我们的人生观,若能如实地将此意识认清、把握;我们将会活得更加积极、乐观。

三、阿赖耶识种子藏

(一)种子六义

"种子"是法相唯识宗的一个重要概念。阿赖耶识也叫"种子识"。种子和阿赖耶识是虚构的精神实体,它们之间有着互相依存、不可分离的关系。阿赖耶识是种子的寄存之所,阿赖耶识不能直接变现宇宙万物,必须通过种子的功能。世界之所以表现为森罗万象,是由于阿赖耶识所藏种子的性质不同。种子一旦显现其功能,便产生纷纭繁杂的现象。

作为万法生起的亲因缘,阿赖耶识的种子具有六种特性,即所谓"种子六义":

1.刹那灭义:种子的性质是生灭变化的。正因为具有变化的特征,才能进一步招感果报。眼、耳、鼻、舌、身、意等诸识种子,念念不停,刹那变异。比如稻种,若恒常不变的话,就无法开花、结果。生命中的种子也同样如此。

2.果俱有义：果就是指识与根。果俱有指识与根同时俱起，在众生一期相续中同时存在。

3.恒随转义：种子依附于第八识中，要一类相续到究竟位，都没有间断和转易。如眼根对境时，眼识种子随即相续。这是简别前七转识，或有间断或有转易。

4.性决定义：种子包括善、恶、无记三类，其性质从种下之时即已决定，性无间杂。

5.待众缘义：诸识的种子不是缘一因而生，在因缘具足的前提下，种子才能现行并展开宇宙人生的一切现象。

6.引自果义：种子的现行能引生自体果用，不混滥，如身心器界的所有果法都从自己的种子生起的。这不同于外道执着一个原因生一切结果。

唯识学认为，只有第八识能够储藏具备上述六种特性的种子，前七识都不能。不具备以上六个特征的，便不能作为现行果法的亲因缘。

（二）种子分类

就种子的分类来说，阿赖耶识含藏的种子有名言种子和业种子两种。

名言种子负责生起（转化）整个我、法世界，所以它们是现实存在的根源。它们之所以称为"名言"，是因为存在全部都可以用"名言"表达。名言种子又分两类：第一，表义名言种子，由具体的语言现象熏生，唯第六意识有；第二，显境名言种子，由人的认识活动熏生，通前七识心、心所。

业种子是决定引生来世名言种子的力量。人生各有不同的命运就是受业种子牵引。业种子由第六意识中的思心所发出善恶性的身、语、意业熏生,而贮存于阿赖耶识中,对来生的阿赖耶识的名言种子有牵引作用。

由不同种子的显现,我们眼前便呈现出世间万象。现在的世界,比过去时代远为复杂,原因就在于人心散乱,妄想纷飞。

从染净的角度来分,第八识阿赖耶识所藏的种子可分为两类。一类是"有漏种子",即能变现一切现象、导致生死流转的染污种子。反省我们自身的心行,之所以产生种种恶行恶念,皆因阿赖耶识中具备相应的种子。另一类是"无漏种子",即能断除所有烦恼、摆脱生死轮回的清净种子。由无漏种子之现行,方成菩提果。所以修行就是要多听闻佛法,加强实践,熏习无漏种子。

(三)种子生现行,现行熏种子

"种子生现行,现行熏种子"是唯识学说明生命轮回的一个公式。在物理学中,有牛顿的万有引力定律,说明地心恒有引力的存在;唯识学中的"种子生现行,现行熏种子"则是佛陀说明人心恒有引力的作用。

"种子生现行"略称"种生现",指我们心识和种子形成诸法的现行。存在第八识中的无数种子,众缘和合时,能生起现前存在的诸多事物,而种子与现行两者之间,同一刹那,不相隔时,种子和现行互为因果。就第八识而论,第八识所持种子为因,生眼等七转识;同时七转识的现行法为因,生第八识种子。

佛教认为生命是无始的,种子和现象之间互为因果。种子生现行,是以种子为因,现行为果;而现行熏习种子,则以现行为因,种子为果。当然,种子生现行和现行熏种子是同步进行的,当种子生现行时,种子又因现行的熏习得到一次强化。

所以种子生现行,现行熏种子,在实质上是相续相生、相辅相

成的,过去的种子可以成为现在的行为,而现在的行为又可以熏习新的种子,这个种子在未来又会遇到缘而成为现行,现行造作中又有因,而成为未来的果,如此永远相续不断、生灭不已,使现行和种子形成永无穷尽的连续。由于这种关系,八识既是统一的整体,又是差别的存在。

　　凡夫只是束手无策的在"种生现,现熏种"的相续之中轮回不休,学佛者明白这一道理,就能以清净心熏习种子,培养出世净种,出离生死轮回的苦海。

四、识体四分三类境

　　唯识宗对于心境的关系,是用识体四分来表述的。认为由主观的识,用以了别客观的现象,可以分作四分来解释,即相分、见分、自证分、证自证分。

　　1.相分:是指认识的对象是所缘,它不是离开心识的外境,而是心识变现的意识影像。

　　2.见分:见是照知,是说对于境相识知分别的功能,是能缘。

　　凡是心法,都必须具备能缘的见分和所缘的相分,才能产生心法的活动。任缺一种,则不成为心。

　　3.自证分:证是证知,自指前见分,因见分是第三分缘外之用,体即第三分,非他物,所以叫作自;此第三分,更证知前见分的作用,所以叫作自证分。

　　4.证自证分:"自证"指前自证分,更确证前自证分的作用叫作证自证分。

　　四分都是识自体的作用,其中,第三自证分是诸识的自体,为相见二分所依,所以又叫作自体分。因为见分虽能虑知相分,却不能自己虑知自己,譬如刀子不能自割一样,所以,必须另外再安立一种能够证知见分的作用,此一作用即叫做"自证分"。证自证分则是对自证分再度证知的一种作用。

关于识体四分的最常见例子是:如度量一事物,应有"能量"(见分)作为尺度,亦应有"所量"(相分)作为对象,更应该有"量果"(自证分)以得知大小、长短等,而将自证分之"量果"再加以证知,则为证自证分。

上述四分说为护法所提倡,称为四分家,被视为法相宗之正义。此外,印度尚有安慧的一分说(仅立自证分),称为一分家;难陀的二分说(立见、相二分),称为二分家;陈那的三分说(立见、相、自证三分),称为三分家。因此,就有了"安难陈护,一二三四"之说。不过,后世都以护法之说为正义。

四分说是为令众生了知"万法唯识"的宗旨,世间的一切,内而根身,外而器界,也不过是心法的一分(相分),一切如幻如化,绝无实法可得。

境,是佛教表示认识对象的概念。八识所缘的三类境是唯识宗关于辨认一切境相(唯识四分中的相分)的学说,是玄奘在总结唯识学四分理论的基础上的发挥和创造。三类境的内容包括性境、独影境与带质境。

1.性境:指外部世界、当前真实存在的对象。"性"是实体、真实的意思,一切实境,各有其性质,如石之坚,水之湿,不可能加以改变的。性境虽是"真色",但仍为识所变,是识的"相分"。又如,前五识所起的作用,也是第八阿赖耶识功能所生的性境之一。如眼的先天作用是看,耳的先天作用是听等等,这些看听的作用,也是性境。

2.独影境:指独有影像之境,相对于性境的具有实性而称为"影"。它是主观的幻觉,不是真实存在的对象,属于因见分的虚

妄分别而变现的相分。如第六识所变现的龟毛、兔角之类,由于能缘之心所生的妄想分别而见的影像,非有实质,仅为幻象。它是情有理无之法,属于三性中的遍计所执性。

独影境是意识的单面作用,也就是近代西方所讲的下意识状态。它不需要靠前五识的配合,为意识本身单独所起的作用,所以又称作"独头意识"。

3.带质境:兼带本质之境。是由一个实质的东西,引起意识分别为另一种境象。这是一种介于性境和独影境之间的境界。某一见分生起相分时,此相分不完全是影像,而带有一定的本质,称作带质境。譬如我们晚上走黑路,路旁边本来是一块石头,因为光线不明,错认为是一只狗;或看到一根树干,却误认为是鬼影,这种狗与鬼的影像,是由于石头与树干所引起,这种境像,就称带质境。"杯弓蛇影"的故事,就是带质境最好的说明。

玄奘大师的"三类境"之说,涉及法相唯识宗的"种子"说和"见分"、"相分"等识分说,是对唯识学的一种补充。重要的是,它把当前真实存在的对象(性境)和纯属主观幻觉、回忆、想象中的景象(独影境),以及确有实事被反映在内的心识活动(带质境)分别开来,从而修改了通常将幻境与实境模糊不分的缺陷,这无疑是一大发展。

我们懂了唯识的道理,以唯识的观点来看人类的心理,几乎不是带质,就是独影,说明每一个人的精神与心理几乎都有问题。只有唯识上所讲的"圆成实性"的如如正智境界,才算正常。

五、三自性三无自性

(一)三　　性

三性,亦称三自性。佛教各宗对世界有不同的认识方法,声闻教法从五蕴、十二处、十八界观察世界；中观从二谛认识世界；唯识则从三性透视世界。以三性认识世界，不仅是对现象世界的归纳和分类，更带有智慧的审视。所谓三性，即遍计所执性、依他起性、圆成实性。三性的理论，基本统摄了整个唯识学的理论体系。

1.遍计所执性：代表着凡夫认识的世界。"遍"，即普遍，"计"，即分别。凡夫由于妄情的驱使，对于因缘所生的假法，妄起实我、实法的迷执。这种遍计所执，使凡夫生活在错觉的影像中。如误认绳为蛇。

能缘之心（见分）和所缘境界（相分）是形成遍计所执性不可或缺的条件。能缘的心，特指无明、颠倒的心。只有智慧的心能照见诸法实相，不被境界所转。而妄心显现妄境，产生妄执，形成凡夫心的妄流相续。

2.依他起性：代表有情认识世界所依托的假象。"依"是依托，"他"即缘，就是条件和根据。宇宙万有的一切事事物物，无论宏观微观，没有一法不是依托众缘而生起的。众缘即因缘、等无间缘、所缘缘、增上缘四种缘。此中，色法是依因缘和增上缘而生，心法依四缘而生。色、心一切法都是依缘生灭，不是实生灭，也不是固然常住，而是如幻假有，其本身并无实体。八识的见分和相分，都依托众缘而生。

依他起性有染分依他起性与净分依他起性之别，染分指有漏的一切法；净分指无漏有为的一切法。净分依他起性是从远离烦恼的意义而言，包含在圆成实性中，染分依他即是平常所说的依他起性。故依他起性是转识成智的关键所在。

3.圆成实性：代表以智慧审视世界后显现的真实体性。圆成实性是法的实质，法的共相。圆成本性因为是远离我执、法执等

二执所显现的真理,相当于真空或般若空。一切的存在皆由各种条件因缘和合而成,是假有而非实有,一旦因缘条件散失,一切也就幻灭不存在。故无实体的"空",亦无实体的"有",能超越有无,就不会落入虚无;这就是圆成实性的真空。圆成实性相当于百法中的六种无为法的真如,要通过无分别智方可现量证得,非凡夫的语言、思维所能及。

对于三性关系最常见的譬喻是蛇、绳、麻三物之喻。如人在黑夜时行走,初见绳子误以为是真蛇(实我相的遍计所执性),于是心生恐怖。随后看清楚了,明白并非蛇,只是一条似蛇的绳(依他起性的假有)。更进一步,了解实际所执着的绳亦不具实体的意义,其本质为麻(实性),是无自性,是四大假合所成,成就圆满的了知,即圆成实性。此中遍计为妄有,依他为假有,圆成为实有(真空妙有)。

透过遍计所执性、依他起性、圆成实性的探讨,可了解到有关认识、存在、悟道等问题。将三性统一起来认识,就是由"错误的认识",到"相对真实"的认识,再到"绝对真实"的认识过程。

(二)三无性

三无性,亦称三无自性。三无性是针对三性提出的,佛陀唯恐众生对三性之说执有,所以显示三性各具空义。对空义的阐述,以《般若经》为主要经典。但唯识宗认为《般若经》所讲的"一切法无性"及"空无自性"是有密意的,决不能仅从字面去理解。所以,对于"一切法无性"的空义思想,唯识经论通过"三无性"来理解:即相无性、生无性、胜义无性,这三无性正是建立在三性的基础上。

1.相无性:根据遍计所执性建立。相,即体相;无性,即无自性。即遍计所执性的体相是没有的。因为遍计所执诸法的体相，不过是意识上所现的妄相，体非实有。

2.生无性：根据依他起性建立。"生"指依他起法，因一切皆是缘起，所以无生。所"无"的是不依赖因缘产生的固定不变的自性，从依他起性的角度审视，是不存在的。如幻灯上的形象一般，非有而似有。因此，唯识不讲自生、他生、共生、无因自然生，而说是"缘生"（幻有）。佛陀恐怕有情执着依他起为自然而有，所以假名为无性，但不是全无自性，无的是自性执。

3.胜义无性：这是依圆成实性所立的真如胜义。胜义即特胜的境界或道理，指圆成实性为殊胜的根本无分别智所缘证的境界，能、所都是殊胜的。既然说是胜义，为什么也说无自性呢？因为，圆成实这个胜义上没有前面遍计所执的我、法二执，是由远离这二执所显的真理，离一切相，但不是全无自性，乃"真有相无"。一切法的胜义都是真实不虚的，岂能说无？所无的就是圆成实否定的"自性"，即遍计所执性。彻底否定遍计所执性，清除我们认识世界时介入的错误认识和执着，方能通达诸法实相。

因此，三自性中的依他起性和圆成实性，其性非无，现在假说他的无性，是为了否定世俗所执持的"实性"。其中遍计所执性是情有理无，依他起性是理有情无，圆成实性是性有相无。

唯识宗由三性三无性之说，而立非有非空的中道，即三性具有不即不离的关系。如实了解三性、三无性的思想，能帮助我们通达中道实相，进而认识到，哪些需要了知，哪些需要断除，哪些需要证得。这正是《解深密经》所说的"所应知、所应断、所应证"：遍计所执性是应该了解的，因为它是虚妄法；依他起性是应该断除的，因为它是杂染缘起；圆成实是应该证得的，因为它是诸法实相。三性三无性是由心识开展的，通过转识成智，以智慧审视万

法，证得圆成诸法实相。

六、因明之学方法论

因明是唯识学的方法论。唯识学的理论建构，尤其是《成唯识论》，基本是按严谨的因明公式建立起来。若对因明一窍不通，学习唯识宗相关论典会存在一些困难。

因明是佛教五明之一，渊源于印度早期六派哲学中的尼伽耶，虽非佛教独有，但真正使因明发扬光大的却是佛教。其后，又随佛教传入中国，乃至世界。

因明和唯识相关的典型公式，为"真唯识量"。当年，玄奘三藏即将离开印度时，戒日王在曲女城召开无遮大会，玄奘三藏根据唯识原理提出了论证色法不离眼识的一个因明公式。并声称，若有人能在十八天内改动一字，便砍头相谢。经过十八天，竟无一人敢于出来诘难，因此创造了因明学上光辉的业绩。玄奘大师回国后，先后译出商羯罗主的《因明入正理论》和陈那的《因明正理门论》。

因明是用逻辑理论来论辩唯识理论的真实性。西方的形式逻辑，是作为认识论出现，以此帮助我们认识世界。故一切科学研究多以逻辑为基础，由大前提、小前提而得出结论，即通常所说的三段式：大前提，小前提，结论。因明的逻辑与此类似。

因明学经历了由五支到三支论理的发展。早期，因明以"五支作法"为论式，称为古因明。后来，世亲菩萨的弟子陈那对因明学进行革新，以"三支作法"为论式，其中包含着相当论证逻辑的成分，称为新因明。

陈那主张立"现量"与"比量"二种量，以及立"宗"、"因"、"喻"三支，简化了旧有的三量（加圣教量）与五支（加合、结）。"现量"，是指经由自己亲身体验所证知的。"比量",是指经由自己的推理,所获得的正确知识(自比量)。若是以自己的证知,为了使他人了解而立量,则称为"他比量"。

在"他比量"中,陈那以宗(就是结论,指自己的见解)、因(所持的理由)、喻(举出实例)等三支,类似西方逻辑的三段论法,来作为说服他人的模式。但和三段式相比,顺序正好相反。因明公式是结论在前,宗就相当于三段式的结论。

宗、因、喻分别有严格限定,如宗有九过,因有三十三过,喻有十过。也就是说,成立宗必须远离九种过失,成立因必须远离三十三种过失,成立喻必须远离十种过失。

因明和形式逻辑虽有相通之处,但因明在论证时会首先抛出命题,命题能否成立,除了因的说明,还有喻作为补充,加强论证的力度。因此,因明比形式逻辑更严谨,是一种具有批判性思维特征的佛教论辩术。

第五节　修行成佛,转识成智

一、瑜伽止观

"瑜伽"一词与唯识宗有特殊关系,"瑜伽"有时也是唯识宗的代名词,这主要和《瑜伽师地论》有关。瑜伽,意为相应,即自心与三乘境行果相应。《瑜伽师地论》建立了三乘修学的次第及位次。《解深密经·分别瑜伽品》中,专门介绍了大乘瑜伽止观的修习。所以,唯识宗在建立之初是基于禅者的经验,而不是一般学者所认为的纯理论建构。

作为唯识学的修行,瑜伽止观是其重要组成部分,是帮助我

们与三乘境行果相应的手段。通过闻思经教、如理思惟，我们能获得理论上的正见。但以闻思培养起来的见，只是一种认识，难以抵挡生命固有的习气。唯有通过止观修习，将闻思正见落实于心行，才能转化为摧毁烦恼的心理力量。所以，教下修行多以止观为契入空性的途径。

止，是将心止于某一境界。凡夫心的最大特点是不稳定，或掉举，或昏沉，或散乱，整日摇摆于各种情绪间。就心行而言，止，能使心念专注于一处。比如光，通常情况下只能用来照明，但以凸透镜聚成一点后，却能引燃火苗。止就具备这种强大的力量。在止的基础上再进一步修观想，便有不可思议的结果出现。

修观达到一定程度时，会出现种种境界。如修水观成熟之际，所见处处皆水；修火观成熟之际，所见又处处皆火；修念佛观成熟之际，能亲见佛陀并听其说法，这在《般舟三昧经》等诸多经论中都有相关记载。也就是说，禅师在修观时会随着意念显现相应的境界。关于这些现象，《摄大乘论》以一个偈颂作为说明："诸瑜伽师于一物，种种胜解各不同，种种所见皆得成，故知所取唯有识。"这是说，通过修行，意解到一切是自己的心识所变现的。如定心中明明见佛，与佛问答，但意解到：佛并没有来，自己也没有去，只是自己的定心所见。从佛与净土的定心所见，推论到三界（生死往来处）也是自心所作的。由此转识成智而得解脱。

菩萨随着修习的加深，能更为深刻地体会唯识义理，所证境界也辗转加深。八地以上的菩萨，可以随自己的观想将山川变为黄金，将大海变为酥油。而当无分别智显现之际，一切境界都不再存在，这也正是禅宗所说的"虚空粉碎，大地平尘"。种种经验表明，世间万物皆是唯识所现而已。

二、五重观行

唯识宗的观行以瑜伽止观为主,其中最重要的观行是五重唯识观。窥基在《大乘法苑义林章》中特别提出从宽至狭、从浅至深、从粗至细的五重唯识观。修此五重观行的基础是:研读唯识经论,了解唯识基本教理;有一定的禅定体验,修观方能获得法益。

(一)遣虚存实识

第一重唯识观——遣虚存实识,这是以三性为修观下手处。观有情的遍计所执性法,纯属妄情臆造,毫无事实体用,故应遣除;依他性法仗因托缘依他而有事实体用,是"后得智"之境;又圆成性是诸法之理,为"根本智"之境,均不离识而应留存。是为唯识观的初步。

这是因为,诸有情无始以来,执遍计我法为有,拨真俗事理为空,所以用遣虚观对破执实我实法,用存实观对遣拨无依他起性和圆成实性。如此观察空有,遣除有空,所以叫作遣虚存实。这是空有相对的观法。

(二)舍滥留纯识

第二重唯识观——舍滥留纯识,这是以见相二分为修观下手处。虽观事理皆不离识,而此内识有所缘相分和能缘见分。相分为内境,见分心仗相分而起,故要摄境从心,只观唯识,为第二步。

上面讲到,依他起的诸识中,有相、见、自证、证自证四分,相分是所缘境(滥),后三分是能缘心(纯),心只内有,境通内外,所以只说唯识,不说唯境。相分是依他起性的内境,和遍计所执性

的外境即执着心外有实法不同,都属于所缘,恐怕互相杂滥,所以舍弃所缘相分的内境,只就纯属能缘的后三分观察唯识的道理。这是心境相对的观法。

(三)摄末归本识

第三重唯识观——摄末归本识,也是以见相二分为修观下手处。即摄见相二分之末,归结到自心体分之本。因见分、相分皆识体所起,识体即为其本。今但观识体,为第三步。

识体即自证分,见相二分都依自证分起,是所变,所以叫它作"末"。自证分是体、是能变,故为"本"。假如离开作为本的自证分,就没有作为末的相见二分,所以摄用归体即摄末归本,只就自证分观察唯识的道理,这是体用相对的观法。

(四)隐劣显胜识

第四重唯识观——隐劣显胜识,是以八识的心王心所为修观下手处。隐劣心所,显胜心王,为第四步。

八识的自体分中,各有心王(胜)心所(劣)的分别。而心是所依,如主;心所是能依,如臣。所以以心王为胜,心所为劣,只说唯心,不说唯心所。如此,隐劣心所,显胜心王,只就心王的自体观察唯识的道理,这是王所相对的观法。

(五)遣相证性识

第五重唯识观——遣相证性识,是以三性为修观下手处。心王犹属识相,今遣相而证唯识性,得圆成实之真,为唯识观最究竟的阶段,即第五步。

八识心王的自体分是依他起的事相,它的实体是我法二空,即离了遍计所执所显的圆成实性。因此，更进一步舍遣依他的事相，只就圆成实性的法体求证唯识理。前观察依他，遣除遍计的知解；今观见圆成，遣除依他的知解。这是遣除唯识想而悟入唯识的当体，是为遣相证性。进入此第五重观时，根本智先证真如理，后得智次了依他法，理事既彰，我法二执自然息灭。这是事理相对的观法。

以上五重观法中，前四重就依他识相观察唯识理，后一重就圆成识性观察唯识理。如此，空有、心境、体用、王所、事理五种，从粗到细，辗转相推，到第五重，实证唯识妙理，于是进入理智冥合的中道境界。

三、转识成智

修行的根本目的，是要实现认识由"虚妄"到"真实"的转变。"转识成智"是唯识宗修行的重要途径和目的。转识成智又名"转依"。"依"是通过宗教修持的"熏习"，使藏识中的染污种子减弱，清净种子增强，最后转"识"成"智"，使杂染阿赖耶识变为纯净无垢识，这就是成佛。"转识成智"的"识"是染污的有漏八识，"智"是清净的无漏八识即真如。这个转变的过程是在藏识即阿赖耶识上实现的。阿赖耶识一转为无漏，其余七识随之转为利生大用。

转依是根据"转何识得何智门"的原则展开的，一定的识通过"转识成智"可得相应的智。有漏的八识分别转变为无漏的八识，成为四智。

前五识转为无漏时得"成所作智"，此智"为欲利乐诸有情"，能于十方以身、口、意三业为众生行善，成就其所作普利有情之事。

第六识转为无漏时得"妙观察智"，此智观察诸法之相，能根据众生不同根机，自在说法，教化众生。

第七识转为无漏时得"平等性智"，此智观一切法、自他有情，悉皆平等，大慈悲心，恒共相应，平等普度众生。

第八识转为无漏时得"大圆镜智"，此智无明净尽，异熟皆空，寂照无边，洞彻内外，如大圆镜之光明，能遍映万象，纤毫不遗。

修行转依的原理，是通过对空性正见的禅修，去除阿赖耶识中的杂染分，以如实智通达空性。在凡夫位上，生命是以识为主，而在圣者位上，则是以智为主。

转八识成四智，除了观察心识与三性以外，还需修习其他功行以为相应。如勤修三十七道品及六波罗蜜，也是转识成智的重要正行。三十七助道品中，四正勤、五根、五力可助转前五识，七菩提分可助转第六识，四念住可助转第七识，四神足、八正道可助转第八识。八正道中，正语、正业、正命能转成所作智，正思维、正精进能转妙观察智，正见、正念能转平等性智，正定能转大圆镜智。六度中，布施度、持戒度与成所作智相应，精进度与妙观察智相应，忍辱度与平等性智相应，禅定、智慧度与大圆镜智相应。转识成智，须经定慧的修习方能完成，这正是佛法与哲学的不共之处。

此外，唯识宗非常注重菩萨行的修持。唯识经论，有相当篇幅谈到菩萨行的内容。如《解深密经·地波罗蜜多品》论及六度、十度的修行；《瑜伽师地论·菩萨地》对菩萨行有详细介绍；《摄大乘论·彼入因果分》谈到六度修行；《成唯识论》也讲到菩萨行果。此外，《显扬圣教论》、《大乘庄严经论》、《辨中边论》等经论中，也包含着菩萨行的内容。

因此，菩萨道的修习并不仅仅在般若系得到重视，在唯识的修学体系里,也相当重要,此宗认为菩提资粮的积累到佛陀功德的成就,要以修习十度为核心,并立四十一菩萨阶位来说明到达佛果的修证次第。

第六节　兜率净土,学人宗仰

一、弥勒菩萨兜率净土

佛经中谈到净土往往有三处,一是西方极乐净土:系《阿弥陀经》、《无量寿经》和《十六观经》所讲,是最为盛行的净土法门。二是东方妙喜净土或东方药师琉璃国土:妙喜国系《维摩诘经》所讲,琉璃国土系《药师经》所讲。东方国土并不十分流行,只有少许有缘众生往生。三是兜率净土:系《弥勒菩萨上生经》、《下生经》、《弥勒大成佛经》所讲,为一般唯识学者或与弥勒有缘的众生所往生的净土。

兜率净土距此世界最近,在欲界第四天兜率陀天内院。内院中的弥勒佛于五十六亿年后,下生到娑婆世界,在龙华树下成佛。讲经三会,度人无数。

人们通常认识的大肚弥勒是布袋和尚,他供奉于三门内的第一重殿——天王殿的中间。其像旁有对联:"大肚能容,容天下难容之事;开口便笑,笑世间可笑之人。"其实大肚弥勒只是菩萨的化身,并非真实相。弥勒在中国的应化有两种身份,一是梁代的傅翕居士,二是明代奉化的契此和尚,即布袋和尚大肚弥勒。真正的菩萨像是具三十二丈夫相的天冠弥勒。

弥勒菩萨是一生补处的大菩萨,他的内院庄严净土是历劫修集的福因所感得的。兜率内院净土以弥勒菩萨的善法堂为中心。

善法堂是一位名叫牢度跋提的天神所造的,该大神遍礼十方佛后,发弘誓愿:若我福德应为弥勒菩萨造善法堂,令我额上自然出珠。既发愿已,他的额上生出五百亿摩尼宝珠。这些宝珠回旋空中,化为四十九重微妙宝宫;同时有以珍宝合成的栏楯围绕宫外。这就是弥勒内院的法堂。

内院中有许多天子和天女。天子手中拿着七宝莲花,院内因此映出很大的光明。光明中有一切乐器,不必弹奏自然而响。当音乐声起时,天女便载歌载舞。乐声所演,都是讲四弘誓愿、十善业道、四无量心等五乘教法,闻者皆能发起无上菩提之心。在所有宫殿的墙外,都有琉璃水渠,渠中流淌着八功德水。

内院七宝宫中,有一四宝所成的狮子座,高四由旬。四维上下,各有万千大梵天王,各持名贵珠宝,化作宝铃,悬诸宝帐,并以罗网覆其上。时十方诸天,报尽往生兜率天宫,亲近弥勒菩萨,进修佛道。

内院中又有宝幢、华德、香音、喜乐、正音声等五大护法天神,各执以一兆劫数,说不尽的各种不同的珠宝莲花、妙音、音乐、梵呗,妙庄严具,庄严宫殿内外,供养弥勒菩萨。乐中演扬出五戒、十善、四谛、十二因缘,乃至六度万行,无量善法,利益众生。修学佛法的人,见色、闻音之后,心皆清净。

弥勒菩萨在天上,放光说法,度诸天子。菩萨眉间有白毫相光,流出众光作百宝色。他的三十二相一一相中有五百亿宝色,一一好亦有五百亿宝色,一一相好色出八万四千光明云。弥勒与诸天子各坐花座,昼夜六时常说不退转地法轮之行,经一时中成就五百亿天子,令不退转于阿耨多罗三藐三菩提。如是处兜率陀天昼夜恒说此法,度诸天子。

菩萨虽然位在补处,然而妙好庄严,不异佛陀;兜率净土,虽处欲界,然而殊胜庄严,与十方净土无异。释迦世尊曾说:如果广说兜率净土的一切庄严,穷十小劫,也难说尽。

总的来说,兜率净土的优点有三:一是距离近:佛经上提到净土有多种,或在东方,或在西方,或在上下十方,距娑婆世界都很遥远,唯有弥勒净土,同在娑婆,且在欲界第四天,与我们距离最近。二是专摄:他种净土,泛摄十方众生,唯有弥勒净土,专摄娑婆众生。三是易生:他种净土,或修完菩萨道得生,或修完声闻道得生,唯有弥勒净土,则只须由人道修持三皈、五戒、十善等善法,即可往生。行人往生之后,将来还可随弥勒菩萨,下生娑婆世界,成就人间净土,证得不退转,于未来世,得值恒河沙等诸佛如来。

二、往生资粮六事三品

往生兜率净土一般指往生兜率天内院,不是指外院,因为外院是享受欲乐的地方,福尽还堕。往生内院的条件其实很简单,只要"薄淫怒痴",成就"十善业道",即得往生。或称佛名号,也即得往生。待至弥勒下生成佛,皈依慈尊,即生人间净土,蒙佛授记。

据经典记载,往生兜率内院的因行条件有六事三品。《弥勒上生经》云:"佛灭度后,我诸弟子,若有精勤修诸功德,威仪不缺,涂塔扫地,以众名香、妙华供养,行众三昧,深入正受,读诵经典。如是等人,应当至心,虽不断结,如得六通,应当系念,念佛形像,称弥勒名。如是等辈,若一念顷,受八戒斋,修诸功德,发弘誓愿。命终之后,譬如壮士,屈伸臂顷,即得往生兜率陀天。于莲花上,结跏趺坐,弥勒菩萨,放光接引,花开见佛,得闻佛乘。"

这里讲到往生兜率净土的六事修行法:

(一)勤修功德——即供三宝之敬田,孝顺父母师长之恩田,

及布施贫穷之悲田等三种福田所作业。修菩萨道者,修此三种福田,具足甚深功德。

(二)威仪不缺——行者若于所受五戒、八戒、具足戒等,依律严持,自能具足威仪,心不妄动。

(三)涂塔扫地——修整道场,使整洁庄严,令人见之生恭敬心、欢喜心。

(四)香花供养——香花供养,是为对佛菩萨表达敬意,人能广修供养,自能增长出世福德。

(五)三昧正受——指修习正定。正定是从闻思修得,行者心注一境,离诸邪妄,智慧由之而生。

(六)读诵经典——读经乃修慧必具之行。因为经诠慧学,不读经无由增慧解。

六事中,戒定慧三无漏学具足,福德智慧增上,是为往生净土上品资粮。

据《弥勒上生经》与窥基所撰的经疏记载,往生内院的因行有上、中、下三品,细分之,每品又各有上、中、下三品,共计九品。

1.上　品

(1)上生:修六事或五事之法

(2)中生:修三事或四事之法

(3)下生:修一事、二事之法

2.中　品

(1)上生:三种行业(欢喜心、恭敬语、礼拜身)

(2)中生:修二种行

(3)下生:修一种行

3.下　品

(1)上生:十一行(忏悔、闻名、造像、香供、花供、衣服供、缯盖

供、幢供、幡供、身恒礼拜、心口系念)

（2）中生：四行（忏悔、造像、供养、礼拜）

（3）下生：三行（忏悔、造像、供养）

此外，还有其他往生便捷之法：

（一）归敬及观想修：《弥勒上生经》说到弥勒菩萨的三种功德：第一，若有皈依弥勒菩萨者，是人于无上道，得不退转，见佛光明，即得授记。第二，若求灭罪业者，未来众生欲生兜率天者，当作是观：观弥勒形像，及天宫庄严，作是观者，若见一天人，一莲花、若一念顷称弥勒名，此人除却千二百劫生死之罪。第三，若人闻弥勒名，合掌恭敬，此人除却五十劫生死之罪。若有敬礼弥勒者，除却百亿劫生死之罪。设不生天，未来龙华树下，亦得值遇，发无上道心。

（二）忏悔发愿杂行：弥勒慈尊，悲愿无量，诸恶众生，只要能虔心忏悔、发愿，称念弥勒菩萨圣号，临命终时，也能如愿往生。在释迦世尊佛法中曾结佛缘的众生皆可往生，即使是一念善心，睹见佛像，将来也都可以随愿往生。还有一类修学大乘佛法，发愿救度众生的菩萨行者，临命终时，有人劝他念弥勒菩萨圣号，也能顺利往生。

弥勒净土的信仰，以东晋道安大师为最早，他著有《净土论》六卷，倡导往生兜率天的弥勒净土。唐代著名三藏法师玄奘也同样向往弥勒净土。他将圆寂前，不断持诵弥勒名号，并嘱弟子齐声称念弥勒如来，祈求往生兜率内院。还有他的得意弟子窥基大师等，也是发愿往生兜率净土。民国时期的佛教泰斗太虚大师博通诸宗，尤精唯识，临终时也持念弥勒名号，以兜率净土为归趣。

教观双美的天台宗

天台宗是中国佛教史上最早成立的一个宗派，也是唯一一个以地名命名的宗派，与华严宗、法相宗合称"教下三家"，是陈隋之际的智者大师集其大成的。

智者大师有"东土小释迦"的美誉，他以《法华经》为宗骨，以《大智度论》为指南，以《涅槃经》为扶疏，以《大品般若经》为观法，并传承北齐慧文禅师的"一心三观"、南岳慧思禅师的"法华三昧"，加上自己修学的体证，直承佛旨，建立起教观并重、思想体系博大精深的天台宗。

《法华经》为天台宗的根本经典，是"纯圆独妙"的经中之王。智者大师以《法华经》为准绳，以"五时八教"判释如来一代时教，罄无不尽。又以《法华经》为最高的修行目标，创制了一系列的止观方法，成为八宗中最具特色的一个宗派。

第一节 创宗立派，东土释迦

一、天台智者创宗立派

天台宗就所依经典言，是依据《妙法莲华经》而建立思想体系，故名法华宗。但作为更常见的宗派名字——天台宗，则是因创始人智者大师住于天台山而得名。

天台一宗解行规范的建立,得力于智者两次入天台山修习的禅观实践以及他证悟出山后三大部的演说。

智者受学于慧思,这对他日后创立天台宗影响很大。慧思是一位"昼谈义理,夜便思择"的禅师,既善义理的探讨,又重禅法的践行,他统一了当时南北佛教各偏清谈义理和禅观修行的学风。慧思师从北齐慧文禅师受"一心三智"之旨,慧文将自己读经所悟"一心三观"之理传授给慧思,慧思传给了智者,智者又对之充实提高,从修观上开展为"一念三千"的三谛圆融观,溶铸成天台教观中心的法门,从而奠定了天台宗的理论基础。

智者大师的创宗立派之举主要包括四个方面:

第一,天台立宗之本——三大部的演绎,与智者一生的义解领悟和禅观实践是密不可分的。智者一生义解主要从慧思受学,自从金陵弘法后,便得益于他的禅观实践,这包括他在大苏山的修习与天台隐修的九年。

在大苏山,他证得了法华三昧。在证悟法华三昧的基础上,由定发慧,问一知十,得"观慧无碍"。他不仅学到了一心三观的禅法,并对法华义理也有了更深的解悟,确立了"定慧双开"的思想。

在天台山的九年隐修,生发了著名的"华顶妙悟",他降伏天魔,神僧加持赞叹,证得一实谛法门。从华顶妙悟以后,智者开始确立自证自悟的思想内容,为晚年天台三大部的演绎打下了自内证的实践基础。

第二,为了促进养成僧众的内外律仪,保证教团的和合共住,制定了一部天台寺制《立制法》。就教制对僧团的治理性质而言,天台智者是最早尝试以寺庙为中心运作模式,来建立中国佛教制

度的第一人。他制定的《立制法》十条,从僧众的日常生活行事威仪,到内在的坐禅礼佛修行,都做了较为细致的规定,并对违犯者采取法制性的处罚措施。强调无论僧知事还是寺院清众,都应本着修行解脱的理念与大众僧和合共住,任何人不可逾越。

第三,智者大师依据经论结合天台止观,制订了许多可供僧众具体实践的天台忏仪。如果将《立制法》看成是僧众外部法制建设的话,天台大师制定的一系列忏法仪轨则是僧众的内部僧制建设。天台智者制有《法华三昧忏仪》、《请观世音忏法》、《金光明忏法》和《方等忏法》等四种忏法。其中,《法华三昧忏仪》突出了天台止观修证的特点,将止观的修证次第与忏法仪轨结合,是天台忏法中最具代表性的仪轨。四部忏法均对后世佛教修持行仪产生重大影响。

第四,培养僧团修持风格,以寺院为开展山林佛教理念的据点。天台僧团的最早建立是在天台山这座"佛宗道源"的神秀名山,它源于智者建设山林佛教的理念。智者晚年为僧众立制度,定忏仪,以教规及修行方法来完善教理内容,并选择远离城市的山林静地建立天台道场,这些做法都是这一理念的反映。智者在天台山开创了十二道场,并以立制法和忏仪作为弟子们共同遵行的修行轨范。智者圆寂后,智越所管理的国清寺基本维持着智者在世时的道风,国清寺在当时"上下和如水乳",遵照智者的教导以礼忏和止观禅法作为他们的修持内容。

二、天台法统三种传承

天台宗重视法统,有明确的师承次第。关于天台宗学说的源流传承,在《摩诃止观》序论中介绍了"金口相承"与"今师相承"二种系统。"金口相承",是释迦世尊把内证境界传授给摩诃迦叶,一直到师子比丘的历代师资相承,即二十四祖系统。"今师相承"指龙树、慧文、慧思、智𫖮等四祖。二祖慧文禅师,其禅法并非直接承自印度祖师的一脉相传,而是遥接龙树,故龙树被天台宗推尊为始祖,慧文为二祖。

除了以上两种传承外,还有九祖相承,是唐朝时确立的,即:天竺龙树、北齐慧文、衡阳慧思、天台智𫖮、章安灌顶、缙云智威、东阳慧威、左溪玄朗、荆溪湛然。至南宋末志磐撰《佛祖统纪》时,在九祖之后,又续兴道下八祖,共计为十七祖,九祖相承遂扩展为十七祖相承了。以下对天台九祖略作介绍。

初祖龙树菩萨,旧译那伽曷树那菩萨、那伽阿周陀那菩萨,生于南天竺维达婆国婆罗门家。其母阿周陀那树下生之,因字阿周陀那。以龙成其道,故字曰龙。大约活跃于公元150年至250年之间,是大乘佛教史上的第一位伟大论师,被誉为"第二代释迦"。传法偈曰:"为明隐显法,方说解脱理。于法心不证,无瞋亦无喜。"《楞伽经》中云:"南方碑达国,有吉祥比丘,其名呼曰龙,能破有无边,于世弘我教,善说无上乘,证得欢喜地,往生极乐国。"

二祖北齐慧文禅师(生卒不详),幼年出家,天资独悟。一日,阅读《大智度论》至卷二十七所引"道种智、一切智、一切种智",恍然大悟,证得"一心三智"的妙旨。又读《中论》,至卷四《观四谛品》偈:"因缘所生法,我说即是空,亦名为假名,亦名中道义"时,顿悟空有不二的中道义,因而成立了空、假、中三谛一心,也就是"一心三观"的观法。为天台教观的启蒙之师。

三祖南岳尊者慧思禅师(515—577),俗姓李氏,武津人。入于慧文门下之前,即以专诵《法华经》与修禅定闻名一时。在修禅过程中,慧思曾有几次大大小小的禅悟体验,但都稍纵即逝。直到获得慧文禅师传授"一心三观"的要旨,他才顿悟"三智一心",

证得法华三昧。慧思努力提倡定慧双修，禅教一致，为止观双修的起源。

四祖智者大师(538—597)为天台集大成者。俗姓陈，讳顗，家居荆州华容(今湖南华容县)，父亲是梁朝的官吏。十八岁依湘州(今湖南长沙)果愿寺法绪出家。陈文帝天嘉元年(560)听说慧思从北方南下，居于光州(今河南光山县)大苏山，他就前往请益。深获慧思禅师的赏识，在大苏山修行七年，证得法华三昧。慧思禅师南迁南岳，嘱咐智顗前往金陵弘法。陈亡隋立，晋王杨广缙守扬州，对智顗特别礼遇。他邀请智顗为其传授菩萨戒，赐"智者大师"的名号，并建立多处道场供智者大师讲经说法。隋文帝开皇十七年，智者大师入灭，临终遗书恳请杨广发心协助建立天台山的新寺。杨广欣然同意，所建立的新寺便是日后闻名天下的天台山国清寺。而中国佛教的第一个宗派——天台宗，也由此确立。

五祖章安尊者灌顶大师(561—632)，七岁从摄静寺慧拯法师出家，二十岁受具，二十七岁至天台山谒智者大师，承习天台教观。师慧解超强，一闻不忘，且能日记万言。智者大师的重要著作如天台三大部《法华文句》、《法华玄义》、《摩诃止观》等，及另外的天台五小部都是由灌顶亲手笔录，然后整理成书。因此灌顶在天台宗的发展史上，有着重要的贡献。志磐著《佛祖统记》中将其比喻阿难尊者，有结集法藏之功。

六祖法华智威大师(? —680)，唐处州(浙江丽水)缙云人，俗姓蒋。传其前身为陈代仆射徐陵，晚年闻智者大师讲经，发愿来生童真出家。在他十八岁娶媳妇回家途中，遇一梵僧，诘问他为何违背昔日所立誓言。智威当下恍然大悟，立即前往天台山国清寺出家，投章安灌顶大师受具足戒，咨受止观心要，定慧俱发，证

佛教八宗教理行果

得法华三昧。嗣法弟子为慧威，与师并称"二威"：智威称为"大威"，慧威称"小威"。

七祖天宫慧威大师（634—713），唐婺州（浙江金华）东阳人，俗姓刘。幼年出家，受具后，谒智威研习天台教学，顿悟三观之法。最初居住京师天宫寺，世人称他为"天宫尊者"。后隐居东阳，谢绝人事，但登门求道者仍不绝于途。

八祖左溪玄朗大师（673—754），唐婺州乌伤（浙江义乌）人，俗姓付。九岁出家，先修学律仪，研习禅要。后诣东阳天宫寺，从慧威禅师学法华等经，又依恭禅师修习止观，并以止观为入道安心之要。师喜好山林，曾隐居婺卅浦阳县左溪岩三十余年，独坐一龛，麻衣疏食，修头陀苦行，随身仅十八件僧物。天宝十三年九月十九日，呼门人端坐长别。天台的教法，由他渐渐转盛。

九祖荆溪湛然大师（711—782），唐常州荆溪人，俗姓戚。初时以学儒为主，后因缘际会得遇玄朗大师，因而皈依佛门，入于天台宗门下，以中兴天台宗自任。后值天宝末之乱世，带领弟子返回天台山，重修当年智者大师所创的修禅寺，布衣草履，终生不出。湛然大师著作丰富，除了承继前人"三谛圆融"的思想外，更发展出"无情有性"的独到理论，受到世人的瞩目，天台由他大兴。

三、唐宋时期中兴祖师

（一）荆溪湛然，中兴天台

九祖湛然大师为天台中兴祖师。说其中兴，是因为自智者入灭至湛然再兴教法，期间近一个半世纪，因新兴慈恩、贤首各宗势力所掩，天台黯然不彰。直到荆溪湛然出世，一宗始有中兴之象。

湛然初为儒生，二十余岁时从学玄朗，修习止观。左溪玄朗

曾对他说:"嘻!汝当以止观二法度群生于生死渊乎",于是倾情"授以本师所传止观"。湛然自左溪玄朗处得法后,先是在东南各地,以处士的身份传弘天台止观;天宝七年(748),湛然三十八岁剃发,正式受具足戒以后,又以缁衣传法,盛弘天台学于东南各地。

湛然为弘扬天台宗,正本清源,消除歧说,在发挥天台教义方面,有着许多精辟独到的见解。他提出无情有性说,发展了道生的"一阐提人皆得成佛"的学说,进一步扩大了成佛的范围。还创造性地发挥智者性恶论的学说。通过湛然的"立己"和"破他",终使逐渐衰歇的天台佛教得以复兴。

湛然著述宏富,在发心讲述天台教旨的同时,祖述章句,努力撰写天台三大部的注释及其他著作,对天台的教理进行了系统的诠释。他的著述极多,大体可分为三大类:

第一类是有关天台教义的论著,是对智者天台思想的继承与发挥,主要表现在他对三大部的解说上,天台三大部的注释是湛然一生辛劳的结晶和毕生的事业,后世阅读天台三大部均以湛然的注释书为指南。此外还有《维摩经》注疏等。

第二类是对外论战性的论文,主要是为了折破华严、法相和禅宗的教义而写的。中唐时代,华严、法相、禅等诸宗是名播九重,影响当时佛学思潮的三大宗派。湛然一方面从整体上鉴别这些论点,阐明各宗与天台学的区别,另一方面又加以批判,显弘天台圆顿教的殊胜之处,重建天台佛教的优势地位。此类著作有《金刚錍论》、《法华五百问论》等。

第三类是佛教制度忏仪,主要有三部:《观心诵经法记》、《法华三昧助仪》和《授菩萨戒仪》等著作。《授菩萨戒仪》乃承智者大师所传授菩萨戒仪轨而来,是研究天台宗菩萨戒问题的重要资料。

由于湛然对于天台止观的大力倡导与弘扬,天台宗盛极一时,当时,四方僧众来天台山佛陇从湛然求学者不计其数。这些学徒中不少是名僧、缙绅大臣或文人学者,竞相弘传。由于他们的参与弘扬,使天台宗的名声,不仅名扬南北,而且远传至日本和新罗。

(二)四明知礼,重振宗风

天台宗另一位中兴祖师是十七祖四明知礼大师。

湛然之后,经过会昌法难和唐末五代的战乱,教下典籍章疏大多散失,天台宗再次衰微。直到宋朝初年,因为江浙一带的吴越王虔信佛法,派遣使者至高丽请回天台典籍,并经義寂大师的弘传,才重振宗风。

天台教观的弘扬,从義寂、义通到四明知礼、慈云遵式益趋兴盛。四明尊者知礼大师,广演教法,专务讲忏,多事著述,使天台宗蔚然中兴。

四明知礼(960—1028),俗姓金,生于浙江宁波。知礼自二十岁从学于宝云义通,即立志弘传一家教观;二十二岁起,已常代义通宣讲;三十二岁主讲乾符寺,更是作大狮子吼。三十七岁承接显通所舍的保恩院,随即辟为"永作十方住持,传演天台教观"的千古道场,大中祥符二年(1009)赐额延庆寺。

知礼讲说辩才无碍,学徒渊薮,不但本国僧俗朝野请教者络绎不绝;甚至远在日本的高僧大德,也来询求法要。咸平六年(1003),日本国内十大禅师之一的源信不惮烟波险阻,屈节就教于知礼。知礼弘传天台教观的声望,业已风闻海内外。所以《行业记》赞叹说:"天台之教,莫盛此时。"

知礼一生专事忏讲四十余年，学徒遍于东南。宋真宗感佩其德，赐号"法智大师"；又以长住四明延庆寺，世称"四明尊者"。著作有《金光明经文句记》、《修行要旨》、《金光明忏仪》等十多种。

与知礼同时振兴天台佛教的另一天台法系是慈云遵式。遵式与知礼师出同门，情同手足，法谊深厚，分灯传教，共同承担起宋代天台中兴的大任。遵式初投天台义全法师出家，十八岁剃度，二十岁于禅林寺受具足戒，翌年复就守初法师习律。后入天台山国清寺，于普贤菩萨像前燃一指，誓传天台教观之道。雍熙元年（984），从宝云寺义通修学天台宗典籍，尽其奥秘。二十八岁，义通入寂后，继掌宝云寺，宣讲《法华》、《维摩》、《涅槃》、《金光明》诸经。后历住天台山、东掖山、杭州昭庆寺、苏州开元寺、天竺寺、寿昌寺等，大设法席，讲经修忏。并奏请天台教典入藏，大大地促进了天台佛教的发展。

当时知礼的南湖与遵式的灵山两大道场呈并列之势，共同推进了天台佛教在江浙一带的蓬勃发展。二人同为山家派的代表人物，形成了以四明、杭州等地为重心的山家势力。

天台宗在元、明两代式微。明末有智旭大师，自称"私淑台宗"，著《法华会义》等书，对天台教观颇有发挥。蒨益大师博通台、禅、净、律及华严、唯识，兼通儒学，又阅大藏，其学问之博洽、思想之宏阔，古来少有其比，但在思想上更多地倾向于天台宗。他一方面融合禅、教、律于净土，另一方面以天台为主融合性相。由于他对净土的推崇，被后人推为净土宗九祖，同时因其"究心台部"，对天台教观颇有发挥，尊为天台宗第三十一祖，重兴台宗教观第三世。

民国以后，天台宗的复兴得力于谛闲大师，著有《大乘止观述记》等十余种，并于宁波创立"观宗研究社"，为培育天台学者的专门学府,一时人才蔚起,有仁山、宝静(著《修习止观坐禅法要讲述》)、倓虚等诸尊宿。宝静之后有觉光法师弘扬此宗。

第二节　法华圆经,三大部疏

天台宗的依据经论有四部,分别是《妙法莲华经》、《大般涅槃经》、《大般若经》和《大智度论》,其中以《法华经》为根本依据经典。作为本宗教义思想的重要著作,智者大师的天台三大部,是该宗的根本圣典。三大部即《妙法莲华经玄义》、《妙法莲华经文句》和《摩诃止观》各十卷,皆由其门人灌顶笔录而成。又因卷帙稍繁,故称"天台三大部"或"法华三大部"。

一、宗依妙法华经

(一)《法华经》的传译

《法华经》是中国佛教最重要的一部大乘经典。共有八种译本,现存三种,分别是:(1)西晋武帝太康七年(286),月支国三藏竺法护在长安翻译的《正法华经》,共十卷二十七品。(2)后秦弘始年间(406),龟兹沙门鸠摩罗什在长安逍遥园翻译的《妙法莲华经》,共七卷二十八品。(3)隋文帝仁寿元年(601),北天竺沙门阇那崛多与达摩笈多共译的《添品妙法莲华经》,共七卷二十七品。

上面三种译本除了品位次序有先后之别以及内容稍有出入外,经文意义大致雷同。最流行的版本是鸠摩罗什的译本。

罗什所译《妙法莲华经》原为七卷二十七品,其中《观世音菩萨普门品》中无重诵偈。后人将南齐法献共达摩摩提译的《妙法莲华经·提婆达多品第十二》和北周阇那崛多译的《观世音菩萨

普门品》偈颂收入罗什所译,构成七卷二十八品。其后又将玄奘译的"药王菩萨咒"编入,成为现今流通的内容。

《法华经》翻译到中国以后,研习的风气很盛,仅南北朝时期,注疏此经的就达七十余家。南朝宋竺道生《法华经疏》二卷;梁光宅法云《法华经义记》八卷为仅存的二部古注。

此经在汉地的读诵书写最为盛行。在《高僧传》所列举的讲经、诵经者中,以讲诵此经的人数最多,于敦煌写经里也是此经所占的比重最大。隋、唐以后,乃至明、清,一直流传不衰。译本传入朝鲜、日本后,流传也盛。后来译成日文、法文、英文、藏文等各国文字。

(二)《法华经》的内容

《法华经》属于大乘实相法,是直指佛乘,开权显实,指示诸法实相的微妙法门,是说明三乘、五乘都是方便,只有一乘即佛乘才是真实的经典。

《法华经》共二十八品,分为本迹二门。

《法华经》前十四品名为迹门,是阐明释迦最初成道以来,及中间施化节节,唱生唱灭,以至于今成佛度生,皆是从本垂迹,故名迹门。"迹"是佛陀垂迹化用,佛陀应化人间必然有教化众生之大用,即为实施权,开权显实,废权立实。如来说三乘是为了一佛乘,三乘人最后都要归入一乘。这是法华迹门的宗旨。

《法华经》后十四品名为本门,说明世尊久远劫前已成佛果,为了度化众生,故示现灭度,这是为了去除以释尊为伽耶近成垂迹示现之权佛的情执,以显示久远实成的本地本佛,故名本门。如《寿量品》所说,佛的法身本无生灭,报身寿命无量,为了度生之方便,故唱生唱灭,而为本垂迹,开迹显本,废迹立本,令众生去除对佛身的偏执,这是本门的主旨。

就整部法华来看,迹门十四品的当机众以声闻为主,本门十四品的当机众则以菩萨为主。前者所得法益在于,信解领悟了三乘是方便,一乘是真实的一乘妙法,开示悟入佛之知见,因此蒙佛授记,于无上菩提永无退转。后者所得法益主要表现在大愿大行方面,诸大菩萨在末世五浊中不惮蔽恶,依如来衣、室、座三轨来弘通妙法,以此圆满无上菩提。

《法华经》既是最重要的大乘经典之一,也是最优美的文学作品。经中以大量的譬喻来阐释佛学义理,最著名的是法华七喻,构成了佛经文学中最为恢弘绚丽的华章。

《法华经》为天台所依宗经,智者大师由此经实相思想演绎出来的天台三大部也相当重要。三大部的讲说是智者大师在陈后主至德三年(585)天台隐修出山之后。

二、四释本迹二门

《法华文句》全称《妙法莲华经文句》,智者大师于陈后主祯明元年(587)讲于光宅寺。本书对《法华经》的经文字句和意义作了详细解说。

《法华文句》的主要贡献有二:第一,以天台宗的见地,将《法华经》二十八品大别为本迹二门,就教法与佛身,分立开权显实、开三显一、开迹显本、开近显远的法华开显思想体系。第二,运用天台独创的释经方法,即天台四释来解释经文。天台四释即:

(一)因缘释,又称感应释。就佛与众生之关系因缘而作解释。佛陀的教法系由感应道交而兴起,故以四种悉檀为因缘,作四种释义:(1)世界悉檀,众生根器浅薄,故佛随其所欲乐闻,为之次第分别而说。(2)各各为人悉檀,佛观众生机器之大小,宿种之

浅深,然后称其机宜而为说之,令生正信,增长善根。(3)对治悉檀,即针对众生的贪、嗔、痴等烦恼,应病而予法药。(4)第一义悉檀,即破除一切论议语言,直接以第一义诠明诸法实相之理。

(二)约教释。就藏、通、别、圆四教之义,由浅至深解释经文。

(三)本迹释。示本迹之别,依本地与垂迹二门而解法义。

(四)观心释。了解法义,但行未随解,于己无益,故再以一一之文句为观心之对境,观己心之高广。

《法华文句》基本就是用此天台四释消文,其中,有关佛及弟子之行事等多用因缘释,如是我闻等之教义多用约教释,有关佛及弟子本身事迹者多用本迹释,王舍城等地名及名数则多用观心释。

三、题立五重玄义

智者大师的佛学思想随着他的行解日臻逐步形成成熟的体系。晚年玉泉寺的说法代表了他成熟时期的佛学思想。玉泉寺所说的是《法华玄义》和《摩诃止观》二部著作。

隋开皇十三年(593)四月,智者西行至当阳玉泉山建寺,登狮子座,为荆州道俗开讲《法华经》玄妙义理。在此之前,智者已在金陵瓦官寺、光宅寺及天台修禅寺等处多次讲解过《法华经》玄义。有明确记载的则有两次:第一次是陈废帝光大元年(567),在金陵瓦官寺;第二次是隋文帝开皇十三年(593),在荆州玉泉寺。现行的《法华玄义》,是第二次讲说的记录。智者此次讲说的内容十分丰富,总数可达三十卷,然讲说未尽,灌顶笔录仅得其中最重要的一部分。

《法华玄义》的主要贡献在于:一、立五重玄义详释《妙法莲华经》经题之奥义;二、立本迹十妙,总论《法华经》所说因果、自他等皆具十妙不可思议；三、以莲华六义譬喻佛法界的迹本两门；四、批"南三北七"的旧说，立"五时八教"的教判，判《法华经》为超越八教、纯圆独妙的醍醐之教。本书确定了《法华经》在佛一代所说诸经中的崇高地位，阐释了十法界、十如和三谛圆融等天台宗的基本教义理论，为天台宗的创立提供了经典依据，奠定了理论基础。

后人将智者大师此次结夏安居三个月期间所讲的这部玄义称为"九旬谈妙"，突出"妙"字在《法华经》的妙不思议的实相义理和天台宗的本迹十妙、待绝二妙等妙理。

四、实践圆顿止观

在天台三大部中，如果将《妙法莲华经玄义》和《妙法莲华经文句》看成是教义思想的话，《摩诃止观》则是以实践体系为主的著作。

《摩诃止观》也是夏安居期间所讲。隋开皇十四年（594），大师于荆州玉泉寺结夏安居，应荆州僧俗之请，说圆顿止观法门。《摩诃止观》分每日朝暮二时讲说不休，共分十章。七月十五日，夏安居期满，《圆顿止观》讲到第七《正修止观章》，到其中十境的第七境"观诸见境"时，由于安居时间就要结束，故法轮停转，以下观、慢、境等三段及果报等三章都缺，只能就《大意章》和《正观章》首所述知其大略。

本书的重要贡献在于：一、确立了金口、今师两种系统的天台法统传承；二、对天台宗的教理如百界千如、一念三千、一心三观、三谛圆融等作了比较集中的阐述；三、阐述圆顿止观的实践原则，即以二十五方便为圆顿止观修习前方便，十乘十境为组成圆顿止观的主要观行系统；四、建立以法华三昧为主的四种三昧修法。

灌顶谓此书是智者"说己心中所行法门",由于此书多谈及智者独特的宗教体验与宗教境界的蕴奥,为天台宗乃至后来整个中国佛教的宗教实践提供了理论指导,天台一宗亦得以拥有了教观并重的美誉。

天台三大部的正式讲述均系智者晚年佛学思想成熟时期,因而成为天台宗最重要的基本理论创作,大师最终完成的真理体系是哲学慧解与度世实践的双运:"学之以般若,宣之以大悲",他建立的这一事理圆融,解行并重的天台教观体系,为中国佛教宗派之滥觞。

智者一生弘法三十余年,著述极多,建立了天台一宗的解行规范。除了三大部外,著名的尚有天台五小部,分别为:《金光明经玄义》二卷、《金光明经文句》六卷、《观音玄义》二卷、《观音义疏》二卷、《观无量寿佛经疏》一卷等。其他教观著述极为丰富,共29部151卷。其著作小部分是亲自撰写的,大部分由弟子灌顶随听随录整理成书。

第三节　判教权威,五时八教

八宗之中,以天台宗的判教最为权威。判教也称为"教相判释",意为对各种佛教经典进行总结、分类,并且判定其类别、先后及其地位。它有两层涵义:一是判定佛教经论的旨趣和解释经论的义理;二是判定佛教教理的大小、深浅。合而言之,就是对佛教的经论典籍,以及各派教义作不同的分类,判别它的深浅、大小、权实、偏圆,经过整理、归纳之后,组成一个统一的体系。

印度佛学的判教,主要是表示新出的经义胜过旧说,它侧重的是对前说的批判。中国佛学的判教不同于印度,它注重各种教义的融通。唯识宗和三论宗采取的是印度的判教方式,天台宗和华严宗是中国佛学的判教方式。

一、五时八教判教体系

(一)五　时

天台智者大师判释尊所说之法为五时八教。五时是就时间的先后分出,根据《华严经·如来性起品》的三照二喻,《涅槃经·圣行品》的五味相生喻、《法华经·信解品》的长者穷子喻,将佛陀一生说法的次第分为五时:

1.华严时:佛陀成道最初三七日,讲《华严经》。此经是佛陀从自内证的真如法身所流露。大乘菩萨受法益,小乘人如聋若哑。在五味中属乳味。

2.阿含时:佛陀以十二年的时间,讲说《四阿含经》等,诱引小根机的众生。在五味中属酪味。

3.方等时:于阿含之后八年间,讲说《楞伽》、《维摩》、《思益》、《胜鬘》、《宝积》等大乘经,以弹诃小乘,使他们耻小慕大而进入大乘。在五味中属生酥味。

4.般若时:方等后的二十二年,佛陀为破斥大小乘的偏执,宣说诸部般若经,以明诸法皆空,融和大小乘于一味。在五味中属熟酥味。

5.法华涅槃时:佛见众生机熟,于说般若之后的八年间,在灵鹫山说《法华经》,开演十界皆能成佛之理。又于临入灭前一日一夜,讲《涅槃经》,明一切众生皆有佛性,如来常住无有变异之理。在五味中属醍醐味。

关于五时,古德有颂云:"华严最初三七日,阿含十二方等八;

二十二年说般若，法华涅槃共八年。"

（二）八　教

八教是就法的性质分出，八教中又分为化法四教与化仪四教，化法是教化众生的法门，即三藏教、通教、别教、圆教；化仪是教化众生的仪式、方式，即顿教、渐教、秘密教、不定教。

化仪四教是佛陀教化众生所使用的仪式方法，如药方。智者大师立化仪四教的经典依据是：依《华严经·性起品》日出光照之理，立"顿教"；依《法华经·五百弟子授记品》中虽稍有懈怠，但终究作佛之说，立渐教；依《大智度论》在阎浮提转第二法轮，立秘密教；依《维摩诘经》的一音异解，立"不定教"。

1.顿教：对于堪受大法的利根，佛陀将自内证法门，直接传授之。相当于《华严经》所说的内容。

2.渐教：对于我法二执的钝根人，佛由浅而深，用种种方法破其执着。如初于鹿苑等处说小乘阿含经，其次宣说方等经，再进入纯大乘的般若经等，依次递进的教化。

3.秘密教：佛陀于一处，应众生的根机、能力而说各种法，众生领受法益各不相同，而且彼此互不相知，以为佛陀所说之法与自己根机最相应。

4.不定教：各种众生因根机不同，虽然同坐一席，同听一法，但所体悟的教法并不一定相同。这就是"佛以一音演说法，众生随类各得解"。

化法四教是就佛化益的内容分类，是佛陀教化众生所使用的教法内容，如药味。依《大涅槃经·德王品》的四不可说、《圣行品》的四种四谛法轮、《法华经·药草喻品》的三草二木，以及《中观·四谛品》的四句偈，组织成立了化法四教。

1.藏教：指在鹿野苑为三乘人所说的《阿含经》，正化声闻、缘觉、旁化菩萨乘。

2.通教：指声闻、缘觉、菩萨三乘所通学的教义。包括小乘阿含、六足论及大乘方等、方广经典。如《大集经》、《大宝积经》、《大般若经》、《维摩诘经》等。

3.别教：指不共二乘，唯独具足菩萨根器才能修持的法门。如《华严经》。

4.圆教：佛法中最圆满最完全的教法，所谈为中道实相的妙理，宣说一切万有诸法的当体即真如实相。如《法华经》、《涅槃经》即为圆教的教义。

四教若分大小，藏教属小乘，其他三教属大乘；若分权实，藏、通、别三教为权，圆教为实。

天台大师之前有"南三北七"诸师判教，之后有三论宗的"二藏三轮"判、法相宗的"三时"判、华严"五教十宗"说，互竞其美。其中，较晚出的华严五教，虽横判教法之浅深优劣，然未竖说设化的次第顺序，故横竖共备，最为周全者，实推天台大师的五时八教。

二、法华教法三种教相

五时八教是判释如来一代圣典的教判论，还没涉及过去诸佛所说的判释。《法华经》是天台判教的中心，智者大师又根据法华本迹二门的立场，上溯到过去诸佛所说"经"，提出三种教相说。

（一）根性融不融相：这是就所化众生根机的成熟与否而论的。根据《法华经》的《方便品》、《譬喻品》，辨别法华与诸教之异同。法华以前，佛陀所化之机各有差别，不能直受，实相佛道。故佛权巧，施以藏通别圆四教，并应用顿、渐、秘密、不定的化导方式

以调化之。至法华会上，经前时之化导，众生根性融通，堪受大法，所以佛开权显实，会三归一，明法华一乘真实之门，显一代教化之本心。

（二）化导始终不始终相：这是根据《法华经·化城喻品》来判释法华与诸经的异同。法华之前诸经皆是化导当机益物，利益当座众，未示化导本意。终至法华会上，才说教化的渊源。远在三千尘点劫前的大通智胜佛的法华覆讲，尔时已闻圆妙法种下妙缘，此后，经过生生世世出没值遇，教养调熟，最后今佛释迦，更依五时教化，使令入法华而得解脱。经此彻底明示如来化导的始终。

（三）师弟远近不远近之相：依据法华本门《寿量品》的说意，说佛和诸佛弟子的久远本地，来判定法华和诸经异同的优劣。以前，诸经皆明本师佛陀，是菩提树下成道的新佛，但在法华会上，却分明指示今佛释迦在五百亿尘点劫的往昔是久远成道的本地本佛，故今留迹印度的佛陀，只是其示现之一而已。同时佛的诸大弟子，也是早已成就的"内秘菩萨行，外现是声闻"的法身菩萨，他们特为帮助如来化导众生而示现方便身。本经由师弟的现身显说常恒不灭的本地法身。故只有法华，将无量无数佛的化迹，综合归一于本地的一佛，这是余经所未有的特别之处，是为第三的异教判。

法华是化导之终极，约其教法，应归摄于化法中圆教；如果约开会部意，则高出四时八教之表，称为"超八醍醐"。唯有法华开显圆教，才能使众生获得真实的教益。

第四节　教观双美，义理圆融

天台宗有教观双美之誉，是因天台的教义观行皆自成体系。

《教观纲宗》说："佛祖之要，教观而已矣。观非教不正，教非观不传。有教无观则罔，有观无教则殆。"天台宗无论义理阐发（教），还是指导实修（观），都很完备，并将教、观完美地加以统一，相辅相成。教门有《天台四教仪》、《教观纲宗》，天台三大部之《法华玄义》、《法华文句》等；观门有《小止观》、《六妙门》、《释禅波罗蜜》、天台三大部之《摩诃止观》等。融教义与观心实践于一体的重要思想有一念三千、一心三观、三谛圆融等。

一、一念三千

一念三千是天台宗的重要思想。其依据来自《华严》、《法华》和《大智度论》等经论。主张吾人在一念之间，即具有十界三千诸法。"三千"包括了十界、十如、三世间等诸多名数。

十界又称十法界，指六凡四圣，概括了凡圣迷悟的境界，即：1.地狱界，2.饿鬼界，3.畜生界，4.修罗界，5.人间界，6.天上界，7.声闻界，8.缘觉界，9.菩萨界，10.佛界。

十法界在现象界上是界限分明的，但在众生的心念又常常变换。检点考察吾人于日夜所起的一念心，必属于十法界中的某一法界。若与杀生等的嗔恚相应，是为地狱界；若与贪欲相应为饿鬼界；若与愚痴相应，是为畜生界。若与我慢胜他相应，是为阿修罗界；若与人伦的道德律相应，是为人世间；若与四圣谛之理相应，是为声闻界；若与十二因缘观相应，是为缘觉界；若与净佛国土成就众生的愿行相应，是为菩萨界；若与真如法界相应，即是佛界。不论地狱界、饿鬼界等，每界都内具其他的九界，所以得与九界平等相即。

十如又称十如是，出自《法华经·方便品》："佛所成就第一希有难解之法，唯佛与佛乃能究竟诸法实相，所谓诸法如是相，如是

性,如是体,如是力,如是作,如是因,如是缘,如是果,如是报,如是本末究竟等。"

法界的六凡四圣,不出十如。十法界中每一法界都具足其余九界,为互具。因为十法界不是固定的,它们之间可以互相转化,如六道中低级的地狱众生可以上升到佛的地位,而佛界可以示现为六道。每一法界具十如是,十法界具有百如是;又一法界具九法界,故有百法界千如是之说。

三世间是对众生依正二报的分类,根据《大智度论》而来。一、五蕴世间:是一切诸法的根本性质,其法体不外色受想行识五蕴。十法界五蕴,各各差别,故名五蕴世间。二、众生世间:就是六凡四圣假名,五蕴和构成众生个体,众共而生,假立名字,各各不同,故名众生世间。三、国土世间:就是山河大地,为众生所依的国土,十界所依各各差别,故名国土世间。

百界千如每一个都具五蕴世间、众生世间、国土世间三类,则得三百界三千如之数。此三千诸法,但在一念心中之所具,故名"一念三千"。所以,这"三千"不是指三千大世界,而是指每个众生的一念中具足"三千性相"。

"一念三千"中的"一念"是指介尔阴妄的一念,亦即日常生活的一念心。此一念的当体(即中道实相)即圆具三千诸法。所以,此一念心与某界相应,此心即在某界。正因为这一念心总摄诸法,所以诸法同一真性。把握这一真性,即可成佛。

此一念三千的性具理论,是天台宗的一大特色。佛教与别的宗教不同之处,最主要的是佛教认为决定每个人未来的苦乐升沉,不是由什么主宰宇宙万物者所支配,而在于各人的存心行事。因此,天台宗主张,十法界的体性是完全同一的、平等的,因为心、佛、众生三无差别,一切众生皆具佛性,只要把握一念,一切皆当成佛。

二、一心三观

一心三观是在对一念三千解悟的基础上进一步修行的观心法要，又称圆融三观、不可思议三观、不次第三观。所谓一心，是能观的心；三观，是空、假、中的三智。圆观的行者就介尔阴妄之一念，观空、假、中三谛时，所观的三谛相即互融、非纵非横。能观的三智虽各各不混其用，但并无前后次第。

一心三观的观法具体是在一己内身的心识上，观修三千三谛之妙理。观察法界森罗诸法，皆三千三谛。心、佛、众生三无差别，同具三千诸法。

心、佛、众生三无差别，为何独以观心为下手处？智者大师说，佛法太高，众生法太广，对初心的行者实难教化，所以与其远择高广的境界，不如近观己心。而观己心，即观介尔阴妄之一念，也即第六意识之一念。印日夜起灭之一念心具三千诸法，即空即假即中，是以一心起三观。

一心三观是圆教修法，初学者不易同时起三观，可以次第从空观、假观、中道分别入手，待到纯熟后，再起圆融三观。观行成就后，即转化为智慧，这就是"三智一心中得"。即在一念之中，同时观照到道种智、一切智和一切种智。

一心三观的证悟例子，以初祖慧文禅师的妙悟最为著名。慧文禅师在修习《般若经》、《大智度论》和《中论》时，顿悟"一心三观"的妙旨。

他在禅定中思惟观修《中观》"众因缘所生法，我说即是空。亦为是假名，亦为中道义"时，顿悟到偈中的"因缘所生法，我说即是空"是真谛，万物因缘而起，没有固定不变之相，所以是空；悟到

"亦为是假名"是"俗谛"，万物因缘而有，虽空，但不妨碍其为"假有"；悟出"亦是中道义"是中谛，中道非真非假，空不妨碍假有，假有也不妨碍真空。一心三观的禅修和顿悟，使慧文禅师成为天台教观的奠基人。

此一心三观正是天台宗的安心法门，天台宗认为《法华经·方便品》所说的佛知见，即此一心三观；而佛出世的本意，即在于向众生显示三谛三观。

针对空、假、中三观，天台还立了三种止行：

（一）体真止：体达无明颠倒之妄，即是实相之真，是名体真止。以其彻达因缘和合诸法空无自性，故能止息一切攀缘妄想而证空理。若达此境地，则发定、开慧眼，能见第一义，成就真谛三昧。

（二）方便随缘止：又叫系缘守境止。是针对假观而立。菩萨随缘历境，心安于俗谛而不动，称为方便随缘止。盖菩萨知空非空，故能善巧方便，随缘分别药病，以教化众生。此能开法眼，成就俗谛三昧。

（三）离二边分别止：又作制心止。是针对中观而立。指不分别生死与涅槃、有与无等二边之相。知真非真，则为空边寂静；知俗非俗，则为有边寂静，亦即息真俗二边而止于中谛。若达此境，则发中道定，开佛眼，成就中道三昧。

上述三止并不是以定的止息妄念之功能为主的"止"，而是类似于不能一步到位而分步修习的次第三观。通过这三止的次第，进一步达到一心具三观，一心证三智。所以，就天台宗而言，止与观并无明确的界线，修止亦应兼观，修观亦应兼止，这样才能使定慧均等，悟入圆教。

佛教八宗教理行果

三、三谛圆融

《摩诃止观》的一念三千思想,是天台宗最根本的教旨和观法之一,与之相应的根本教旨和观法是三谛圆融。

三谛是天台宗将诸法实相分为空、假、中三谛,意谓诸法皆具空、假、中三个真理。即:

(一)空谛:泯一切法。一切事物皆因缘所生,无固定不变之实体。

(二)假谛:立一切法。虽诸法本空,然因缘会聚时,又历历宛然。

(三)中谛:统一切法。即诸法本体,超越空假之对待的实相。

空假中三谛的关系,是"三而一,一而三"的关系。空谛是破法,假谛是立法,中谛是泯绝对法。此三谛并非个别单独存在,而是在每一谛中,兼具其他二谛。空即假中,假即空中,中即空假,举一即三,全三即一。三谛在时间上是并立的,在空间上是并行的,在心念中是同一的。从言思道断的立场言,没有一法不是空;从假名施设的立场言,没有一法不是假;从实相的立场言,没有一法不是中。此三者的关系非隔别的,只是所观立场不同,而有不同之诠释。十法界中,任何事物,其体其相,悉具三谛。因为三者互具互融,故称"三谛圆融"。

圆融三谛,是天台智者大师思想的核心,而发挥此思想的论著,在于《摩诃止观》。《摩诃止观》叙述观阴入界境一念三千不可思议境时,对三谛思想有精彩的解释。书中共列举了心、五阴、十二入、十八界、众生世间、国土世间,乃至十如是法,说明诸法皆是不可思议境,此不可思议境是遍历一切诸法的。为表达诸法不可思议境,《摩诃止观》以即空即假即中三谛来表达,如"一心一切

心",此是就假谛的立场而观,"一切心一心",此是就空谛的立场而说,"非一非一切",则是就中谛立场而言。悟空即悟假中,悟假即悟空中,悟中即悟空假。

智者大师虽然强调空、假、中三谛平等,但他特别重视中谛。认为藏、通、别、圆四教中,以圆教阐述中谛最为圆满究竟。

四、佛性演绎

"佛性"是大乘佛教一项极为重要的观念,对佛性的正确认识是修行的重要前提。有关佛性的争论在各部佛经中说法不一,人们对佛性的认知也各有差别,这种认知主要是由于各人修证境界的不等,以及看待佛性问题的角度存在着差异。佛性的建构原理,除了对佛之为佛、众生因何成佛作出解释外,还必须兼顾它在天台观行上所具有的指导意义。

(一)性具善恶

性具善恶说是天台对佛性思想的一大演绎。它的源头见于慧思的《大乘止观法门》中。慧思在该书中,曾借"不空如来藏"概念,说到"性具染净"。如来藏具有本体的意义,是众生成佛的依据。如来藏若脱一切烦恼尘垢,名"空如来藏",如来藏若具恒沙不思议佛法,名"不空如来藏"。慧思认为,不空如来藏之所以不空,是指如来藏具染净二法,也即性具染净。

在慧思"性具染净"说的基础上,智者大师确立起"性具善恶"说,为天台一宗之极说,成为天台教学的根本特色。"性具善恶"说集中反映在智者大师晚年所著的《观音玄义》一书中。

性,指法界性、法性、真如,或称本、理、体;具,具足、具有之义。性具,即吾人本有的真如法性。天台宗主张法界中的一一事法,本来圆具十界三千迷悟因果之诸法,此称性具。即谓各个现象世界皆具有善与恶,彼此完全具足,且彼此互不混淆。

众生与佛既同具染净二性,也必然同具善恶二性;性具善恶不仅适用于众生,也同样适用于佛。一阐提虽断"修善",但仍具"性善";佛虽断"修恶",但本具"性恶"。因此,在性具善恶问题上,众生与佛平等一致,无有高下。就性而言,其所本具的善恶,是永远不会改变的,因为它是众生的本质。阐提与佛的区别,不是在性具方面,而是在修习方面。

这一思想核心,就是由"阐提不断性善,如来不断性恶"所体现出来的"心佛众生,三无差别"的平等原理。所以,性具善恶说的真正特色,便是"性恶"说。换句话说,性具善恶说的思想核心,主要是通过"性恶"说的阐述,来说明众生与佛在佛性上的平等原理。

性恶学说与十界互具、一念三千也是相联系的。因为光说性善,不说性恶,就不能得出十界互具的结论,当然也谈不上一念三千。根据性恶说,才能达到"烦恼即菩提,生死即涅槃"的认识。

因此,对如来性恶中"恶"字不能仅从事相上理解,而是从度生的功用上来解释如来为什么能现千百亿化身的原因。这也是对如来成佛后得智为何能起利生大用的一种合理阐释。

（二）无情有佛性

关于佛性问题,除了以"性恶"为一宗之极说外,天台宗的中兴祖师湛然大师还提出了颇受争议的"无情有佛性"思想。

天台宗在唐时的复兴,主要得力于湛然大师的功绩。湛然大启妙法,在佛性问题上大胆提出了"无情有性"说,并以天台圆教止观的圆融无碍思想来理解这一佛性思想。

　　无情有性之说是由智者大师晚年一念三千的思想推演出来的，依据圆顿止观不思议境而立。观不思议境，是天台所立十乘观法之第一，此法强调观吾人现前之一念妄心即具足三千诸法，故万法不离于心外。因为这时的色已是摄属于心的色。依万法唯心的理念，有情与无情的区别便必须被打破，因为如果心外另有无情的话，所谓的"万法唯心"便出现例外而不能成立，大乘佛法心外无境、事理不二的修持实践也就无从谈起。

　　湛然大师依万法唯心的理念，主张打破有情与无情的区别来修习止观，并以观心为修行下手处。他认为佛性应该遍及有情与无情中，也就是一切万法皆应具足佛性。反对由个人我执出发，来分别佛性在有情中或法性在无情中。无情有佛性的说法，正是为了不使众生执着于事相上的差别而提出的。

　　在《金刚錍》中，湛然以情与无情皆具的佛性，作为能所一如、依正不二、三身相即的成佛根据。他运用毗卢遮那法身遍一切处的观念，以及心、佛、众生三无差别，平等互入的理念，来说明心、佛、众生之平等互融、无处不入的法性即是佛性。

　　《华严经》"心佛众生，三无差别"的宗旨说明，如来果德是身心、依正、自他，一切互融互入，统一而平等的，众生及自心都有此佛性。只要观心成就，法界全体无非是心性所显。这是圆教系统下，对心具的圆融思想的必然认知。

　　无情有性学说的提出，是对"情与无情，同圆种智"理念的肯定，它有助于人们在观念上打破对于色心隔历的执着，体悟凡圣一如的心具思想，将凡情知见转换成佛之知见。

第五节 止观双运,忏仪并行

一、止观前行

天台宗将止观的修行分为方便与正修两种。"方便"指正修止观法门之前的预备功夫。二十五方便是修习圆顿止观乃至一切禅观的前行条件,在《禅门修证》和《摩诃止观》二书中均有详细阐述,内容包含修行前的心理、生理、环境等条件的预备,修习止观时必须注意的心理状况及生活规律、心身调适方法,以及修行态度等方面。其主要目的是令行者在助道外缘和身心调合上做好准备,利于止观的修证。二十五方便大别为五科:

(一)具五缘。缘是假缘进道之意。五缘即持戒清净、衣食具足、闲居静处、息诸缘务、近善知识。这五缘为修习止观的基本条件。持戒清净能保障修止观时的心态平和,并能产生强大的自信心和加持力。衣食具足是保障修行的物质基础。闲居静处是要求环境宁静,不受干扰。息诸缘务是暂停诸外务,所息的"缘务"有四种:生活、人事、技能、学问。近善知识是修习时有人指导,或共修,以保证修习的正确性,并可及时处理修行中出现的问题。

(二)诃五欲。指修习止观时要割诸嗜欲,摒除外尘的干扰。欲指色、声、香、味、触欲等,即呵弃对男女爱欲的执着、丝竹金石音乐之声、世间饮食馨香、肴膳美味、柔软细滑的触觉等的执着。

(三)弃五盖。弃外扰以外,还要内净其心。要弃除贪欲、嗔恚、睡眠、掉悔、疑等五盖,使内心不起障碍。弃贪欲盖能令人梵行清净,心无杂念。弃嗔恚盖能令人心情平静,起慈悲心有助于入定。弃睡眠盖,是因为睡眠因缘使人徒生徒死,无一可获。这

里的"睡眠"一词指心处于昏迷而不由自主的状态,造成提升觉知能力的障碍。弃掉悔盖,指躁动和忧恼的心态皆当除弃。

(四)调五事。心态调和以后,再调适五事即可进入正式的修习。五事是:调食令不饥不饱,调眠令不节不恣,调身令不宽不急,调息令不涩不滑,调心令不沉不浮。调身、调息、调心这三者由粗入细,次第而进。身为粗,息居其中,心最为细。三者共同起用,调粗就细,令心安静。

(五)行五法。指修止观时保持正念正觉。五法是欲、精进、正念、巧慧、一心。此中的"欲"与"呵五欲"所说的"欲"不同,是指勇于面对自己,希望修有所成的决心,佛经中称为"善法欲"。精进指坚持禁戒,弃舍五盖,初夜后夜专精不废。念指念世间的欺诳可厌,禅定的可尊可贵,珍惜修习止观的机会。巧慧指权衡世间乐与禅定智慧乐的得失轻重。一心指一心决定,修行止观,不再疑惑。

二十五方便作为止观的前行,已成为修习禅观的入门必具知识和有机组成部分,为各宗所广泛采用。特别是有关调身、调息、调心的论述,成为后世初习止观者的入门指导。

二、三种止观

止观法门是天台宗最具特色的修行法门,为证入涅槃境界的两大要法。智者大师立天台三种止观,分别为渐次止观、不定止观、圆顿止观。三者皆是缘实相的大乘止观,是分别对三种根器之人所说的观法。

(一)渐次止观,为初浅后深之观。此法犹如登梯之由低而高,由浅及深,终令归于实相。其修习之法渐次上升可分为世善、世禅、出世无漏道、菩萨道和实相常住道五个层次。即先持守五戒、修十善,次修禅定、无漏出世法、慈悲心等,乃至进而观实相之真理。这种由浅至深的次第修法即是渐次止观,修习成就则能见佛性,住大涅槃。

智者大师按照这个意义和层次,说了《释禅波罗蜜次第法门》十卷。他在《释禅波罗蜜次第法门》中,依循序渐进的原则,系统全面地介绍了佛教传入以来大小乘的各种类别和层次禅定的修习方法,内容包括修习前的准备及注意事项,以及修习后的各种功德受用情况,为修习从小乘禅法至大乘禅法的必备宝典。

(二)不定止观,非初观实相,亦非次第由浅至深,而系前后互更之观法。如金刚宝为日光所照射,其色彩不定,或浅或深;这指或就事或就理而证实相的行者。修行者或从过去佛深种善根,由过去宿习之所发,藉今修证,豁然开悟而证实相,得无生忍。《法华玄义》说到不定止观的修证可达到生灭、无生、无量、无作等四种四谛,其修证法门有十二门、不净观、九想、十想、背舍、胜处、有作四圣谛观、发四弘誓愿,修于六度、中道自性等禅正观、行法华、般舟等四种三昧。

不定止观的行门或渐或顿,不专一法,或理或事,行相屡换。智者依之说《六妙法门》一卷,立有六种禅观,即数息门、随息门、止门、观门、还门、净门。此六者因其次第相通,能到达真妙之涅槃,故名六妙门。

(三)圆顿止观。指不经过由浅入深的阶段,一开始即缘纯一实相,以体证"实相外更无别法"境界的止观。即当下圆满体认佛教真理,以一念三千彰显实相法界的无限性,无碍无滞,无一法可得,亦无初后次第。

圆顿止观系《法华经》所说的观法,修习此法之要在于,从初发心即观实相,观法界一色一香无非中道,无明尘劳即是菩提,生

死即涅槃。强调法性寂然，寂而常照，故念念缘于实相。智者在《摩诃止观》一书中详细阐述了圆顿止观的行法，以十乘十境为组成圆顿止观的主要观行系统。

三、四种三昧

四种三昧是天台宗可操作性最强的修行法门，是在《法华经》和《大智度论》等经论的基础上提出的。它按身仪分常坐、常行、半行半坐、非行非坐四种，行持的阶段性时间分别为九十日、一七日、三七日、一切时等，要求在一期之中精进不懈，念念无间，达到破除业障，入住三昧，证见实相之理的境界。

三昧是梵语 samādhi 的音译，又作"三摩地"、"奢摩地"，意译为"正定"、"等持"。主要指心处于一处而产生的定境。大乘经中有数百上千种种三昧之说，智者大师据外仪而规定为四种三昧，并附以中道实相禅观的内容，成为天台止观重要的具体行门。

（一）常坐三昧

常坐三昧又称一行三昧，出自《文殊说摩诃般若经》和《文殊师利问经》。根据天台仪规，常坐三昧在身口意三方面均有具体的要求，即：身论开遮，口论说默，意论止观。

在身仪方面，要求独居静室。结跏趺坐，一心对佛。九十日期间，除了经行，食事及其他方便外，要夜以继日不停打坐，此为"身开遮"所严格规定。强调必须用跏趺坐，原因是此坐"最安稳故；摄持手足，心不散故、魔王怖故"。

在口业方面，必须静默不语，并严格规定连诵经也得废止，更何况是世俗言语。如果内外障起，心弱不能排除的话，则以称念弥陀的功德改变或息止恶缘。

— 116 —

有关意业的修习,要求舍弃一切分别妄想,修观诸法即实相之理,以悟法性真如之道。尤其是要观众生相如诸佛相,观烦恼恒是寂灭,观五逆业即菩提。故"意论止观"是常坐三昧的核心。它是在系缘——即止的基础上进行理观,观一切法与法界无二无别。

行人如果不能了解这一法门的修习原理,则应亲近解般若之人,因为此常坐三昧所依据的经典是般若部,通达般若则通达大乘行门及菩萨观行。

(二)常行三昧

常行三昧又名"般舟三昧"。此法出自《般舟三昧经》。般舟三昧又名"佛立三昧"、"诸佛现前三昧"。因为修习此法能于定中见十方佛在其前立,如明眼人清夜观星,见十方佛亦如是多,故名"佛立三昧"。之所以能得见十方诸佛,是因为佛的威神力、三昧力和行者的本功德力感应道交的结果。

修行此法必须具足前方便,如《止观》所要求,须具如下条件:第一,严净道场,备诸供具、香肴、甘果。盥沐其身;左右出入,改换洁净衣服。第二,须教授善知识、外护善知识、同行善知识等。智者大师特别强调要敬师如佛,因佛法于恭敬中求,由敬师才能得菩提。第三,独处闲静,谢绝外缘。

在身仪方面,行此法须发大精进心,九十日不停行走旋绕不休息。不得卧、睡、外出,除坐食外。

在口业方面,要求常唱阿弥陀佛名,或唱念俱运,或先念后唱,或先唱后念,唱念相继,无休息时。总之,是要步步、声声、念念唯在阿弥陀佛!

常行三昧意在"念佛",心要常念阿弥陀佛。念佛若见"佛立"

现前,应即以空、假、中三观破之。因为佛之色心,无相无得,有色心可得,即是有我,而一切法本来无所有,坏本绝本,因此应以中道实相为修行的根本观境。若见佛时,即见自心,但又不取著心相,而入诸法实相,了知自心及所见佛不出法性。故见佛心,即见己心,己心佛心即是中道,由此悟入圆妙中观。

(三)半行半坐三昧

半行半坐三昧分"方等三昧"和"法华三昧"两种,两者分别出自《大方等陀罗尼经》和《法华经》。这两种三昧都采用行坐交替的方法,故称"半行半坐三昧"。

1.方等三昧

方等三昧基本上是一种以持咒为要旨的秘密修行法,它不同于前述常坐、常行两种三昧均以念佛为重要内容,而是强调"受二十四戒及陀罗尼咒",反复旋咒思维,行坐交替。

此方等三昧同样有身口意三业方面的要求。修法则包括如下几个程序:请神、忏悔、严净道场、沐浴长斋、设斋供僧、请师受戒、召请三宝、三业供养、忏悔罪咎、旋绕诵咒等。每方面的设置都有特殊的密意,非凡人所知,"不可聊尔"。

在七日的行期中,必须思维"摩诃袒持陀罗尼",通过七日为期周而复始的旋咒思维,可以达到涅槃寂灭境界。"摩诃袒持陀罗尼"意为"大秘要遮恶持善",即中道实相正空,也即实相观法,观一切法即一,一即一切法的实相,不落空有二边的中道正观。

此外,智者大师著有《方等三昧行法》一卷,从具六缘、识遮障、禁法、内律要诀、修行、受戒等六个方面,详细阐述该三昧的修行方法。

2.法华三昧

法华三昧是以《法华经》的《妙音菩萨品》和《妙庄严王本事

品》为经典依据，以三七日为期，行道诵经，并谛观实相中道之理的法门。

最早证悟并倡导法华三昧的是慧思大师。他是在深入研究法华的基础上，昼谈义理，夜专思维，终于悟入法华三昧。此后便将法华三昧作为传授弟子的重要法门。慧思将法华三昧分为"无相安乐行"和"有相安乐行"两门。

无相安乐行是指内在的修法，它是体达"一切诸法中，心相寂灭，毕竟不生"的三昧，属于甚深妙禅定。包括正慧离著安乐行、无轻赞毁安乐行、无恼平等安乐行、慈悲接引安乐行四种。

有相安乐行是指外在的修法，教人无论坐、立、行，一心专念《法华经》文字。故又称"文字有相行"。即便是散心诵法华，不入禅三昧，坐立行一心，念法华文字，如果精进成就，即见普贤菩萨亲为现身加持。所以即使不修观想，单单诵念《法华》也有无量功德。

法华三昧为天台止观修持的一大特色，也是天台最重要的实践行门，这一法门比起其他三昧更为行人广泛修证，历代的天台祖师有关法华三昧的实证例子非常多。智者大师在光州大苏山证入此三昧，被引为千古佳谈。

（四）非行非坐三昧

非行非坐三昧，又称"觉意三昧"，意为于一切时中，一切事上，念起即觉，意起即修三昧。此三昧修行特点着重在"意"。意起而修，故不受身仪之限制。这是因为"穷诸法源，皆由意造"。非行非坐三昧分为"约诸经观"和"约三性观"两方面。

约诸经观，主要是依《请观音经》而设。要求先庄严道场，严净身心，于西方安置佛像，并礼拜供养。然后结跏趺坐，系念数

息，以十息为一念。成就十念已，则起坐烧香，诵三宝名及观世音名号，并诵四行偈及三种陀罗尼咒，一或七遍。诵毕披陈忏悔。在意止观的要求上，还必须一一推检根尘识三境，观照地水火风四大及阴入界等，以有、无、非有、非无四句推检证悟毕竟空之理。

约三性观是一种对人心性的观察，对身口意方面没有严格的仪规限制，但行者必须以善、恶、无记等日常恒有的三种心，随时随地修习止观。如菩萨修习六度的每一度时，以未念、欲念、正念、念已四运心来修，了悟六度所行无非是缘起空，观心无所住处亦为空，而后持戒起修去嗔恚悭贪，勤精进行一切善法，能以禅摄一切法，一切法即般若。同理，观照造作之恶心，无记心，也比照上述四运推检，观恶无自性本空，法性空寂，寂而常照即非善非恶。由观转为慧，即为修行成就。

四种三昧中，前三项在种种助道上，皆有严格规定方法设施并有时间限制，以达到克期致胜的修证效果。非行非坐三昧，是无定期，不离行住坐卧四威仪而实践修行的法门。只要在一切时中，或做一切事务时，随意应用止观法门，锻炼纯熟，即能心观相应。因此，四种三昧的择修，要看个人的心性与根机而定。

四、十乘观法

十乘观法是天台正修止观的观法。十乘十境组成圆顿止观的主要观行系统，十境是行者在观行实践中可能发生的各种境界，包括从凡夫到二乘、菩萨、佛的各种层次出现的障碍。十乘观法是以一心三观的原则，以一念三千即空即假即中的精神，一一对治修行过程中的执着，并善巧采用各种不同的修行法门以为补充，使行者一一通达诸境，契入不思议境界。

在观想每一境时，应按十个层次进行，即：观不思议境、发菩提心、善巧安心止观、破法遍、识通塞、道品调适、对治助开、知位次、能安忍、离法爱。这十种法门犹如轮辕辐辏，能成车乘，运载众生，直达涅槃理想境界，故称"十法成乘"或"十乘观法"。

第一观不可思议境，是指介尔阴妄的一念，观为即空即假即中之不思议境。天台以一念作为修观的起点，深入圆实不思议的观智。观不可思议境是十乘的核心观法。十乘观法以第一观不思议境为主体，其余九重观法处于辅助地位。

在九重观法中，第二观发菩提心，是修习一切法门最初应备的条件。发菩提心的内容是四弘誓愿，由发起猛烈的四弘誓愿，才能有益一念三千的修悟。要以无作四弘誓愿，悲悯自己及众生无始劫以来的迷昧，因而发菩提心努力修观，直臻妙境。

第三观善巧安心止观，是按个人机宜将止与观之心，善巧的安住于法界。由于巧安止观是从修行者的实际出发，来详细诠释观法的，行者可根据自己的需要调整修行的内容和重点，因此其实际修行效果十分显著。

第四观破法遍。如果在修第三乘时，尚得不到真证，那就是因为有三惑之情执障碍，必须以一心三观之智慧，遍破见思、尘沙、无明三惑之情执，即观破法遍。智者大师提出破法遍有三种办法：竖破、横破、非横非竖破。破法遍必须努力破除对善恶迷悟的执着，彻底断除三惑，依一心三观证三智，成三德。

第五观识通塞。若仍未入法性，则必须检点情智得失的原因，识知横竖法门的通塞。此即第五观识通塞。于塞处破令通达，于通达处若起执仍名塞，还须破除。这样节节检校，念念检点，破一切阻塞，入无生门。

第六观道品调适。若于真理仍未会入，当用第六道品调适。道品是三十七道品，即四念处、四正勤、四如意足、五根、五力、七

觉支、八正道。修习道品，若调停得当，可以证得无漏真法。

以上从第二观真正发菩提心到第六观道品调适为修行入理之常规，即修习十乘观法者循序渐进的过程。至第七观对治助开一法，是以三十七品对治惑业，助开妙理，无论利根钝根，皆可对破遮障，安稳入三解脱门。

第八观知位次，是为防止增上慢而必须分别自己修证的分限。不潜不滥，才不至于有未得谓得，未证言证的过失。

从第一观至第八观逐渐入圆教五品位。有了一定的修行成就以后，名德外扬，为众围绕，此时须策励其心，安忍内外荣辱，及安忍烦恼业等内生的逆缘，便可以从五品位进入十信位。

修前九种观法，已过内外二障，达到十信相似位，得六根互用的功德。若爱著这个十信相似位的功德，不求胜进，便不得进登初住，名为顶堕，顶堕虽没有堕落凡夫二乘的危险，但没有进步，犹如帆船，中途风息不进不退，名为顶堕。若能不爱著中道相似之法，则得发真中道，入于初住，分身百界，示现成佛。这是第十离法爱。

十乘观法是大乘圆顿实相观法，一一法皆具中道常住之理。十法中，观不思议境是主体，故上根人唯用此一法，即可悟入，登初住位；从第二真正发菩提心以下六法，属于循序渐次之法，为中根人所修；最后三法，是为下根之人修前七种观法仍不能入理而明。

五、天台忏仪

大乘佛教重视忏悔，中国先前就有许多礼赞文及忏悔文的流行，而以道安大师制定布萨悔过等法为礼忏之滥觞。至南北朝时，忏法亦颇盛行，然至天台智者时才具备了独自的形式。至宋时又经由遵式、知礼的系统整理和发展，天台忏仪更加完备具体，成为佛教各宗忏仪的典范。

天台智者大师制有四部忏仪，即《法华三昧忏仪》、《请观世音忏法》、《金光明忏法》、《方等忏法》等。四部忏法的仪式大致相同，设立十科，包括严净道场、清净三业、香华供养、召请、赞叹述意、称三宝及散洒、礼敬三宝、修行五悔、旋绕自归、唱诵经典等轨式。

（一）法华三昧忏法

《法华三昧忏仪》是天台忏仪的母体，由智者大师亲自制订，现行本是宋代遵式的勘定本。全书分为五科：第一，明三七日行法华忏法劝修；第二，明三七日行法前方便；第三，明正入道场，三七日修行一心精进方法；第四，明初入道场正修行方法，是全书的重点；第五，略明修证相五科。

在第一明三七日行法华忏法劝修中，说明修行此忏法可得十种功德利益。主要有：忏除罪业，破一切烦恼业障，乃至清净五逆四重禁戒；可得六根清净入佛境界；感见过去、现在佛，体证过去、现在无碍，一念通达一切法；说法度众入不思议、得解脱等诸多殊胜功德，由此劝诫后学发心修持。

在第二明三七日行法前方便中，强调行者在正修前的七天应先调伏身心，息诸外缘，礼佛、忏悔、行道诵经、坐禅等，作为入道场修三昧的准备。

在第三明正入道场三七日修行一心精进中，阐明行者对将要修习的三七日忏法应有的心理作意，即发愿不惜身命，心不异念，一心精进。

第四明初入道场正修行方法是说明修此忏仪者，应当于二十

一日中,日夜六时修十法。但初入道场,第一时中(指第一天之第一时)当具足修十法,而往后之六时,一一时中,当略去请佛一法,余九法悉行无异。十科方法如下:

1.严净道场:于闲静处,严治一室作为道场,敷好高座安置《法华经》,以敬重心供施香华油灯等物。应敬重三宝超过三界,尽自己的力量备办财物,严净道场,供养大乘三宝。

2.净身方法:准备一件好衣或新衣作为入道场衣。入道场前应以香汤沐浴净身、著净衣;并注意出入道场时新旧衣的更换。

以上是礼忏之事相与心理准备,以下正式进入忏悔仪轨。

3.三业供养:身至诚敬礼诸佛,口至诚赞叹功德,意至诚念观诸佛相好。

4.请三宝方法:这是奉请佛、菩萨、诸神等降临道场,以示加持和护佑。主要奉请"南无释迦牟尼佛"、"南无过去多宝世尊"、"南无释迦牟尼十方分身诸佛"、"南无妙法莲华经中一切诸佛"为佛宝,奉请"南无大乘妙法莲华经"、"南无十方一切常住法"为法宝,奉请《法华经》中所出的"南无文殊师利菩萨摩诃萨"、"南无弥勒菩萨摩诃萨"等一切诸大菩萨摩诃萨、舍利弗等一切诸大声闻众,以及南无十方一切常住僧为僧宝。

5.赞叹三宝方法:赞叹即以偈颂等赞扬歌叹佛菩萨的威德神力。

6.礼佛方法:一心敬礼"本师释迦牟尼佛"、"过去多宝佛"、"十方分身释迦牟尼佛",及十方佛、《法华经》中所出诸佛、菩萨。礼佛之时,观想十方诸佛现形如对目前,自身亦影现法界一一佛前,头面顶礼。

7.忏悔六根及劝请、随喜、回向、发愿方法:天台五悔是修习法华的助行,于日夜六时行之。其中,忏悔能破大恶业罪,劝请破谤法罪,随喜破嫉妒罪,回向则破诸有罪,所得功德不可限量。

8.行道法:行道之时,安详徐步,称念三宝及诸佛菩萨名,继而诵经行道。

9.重明诵经方法:诵经与行道、坐禅三者在实际操作中须配合运作。诵经分具足诵与不具足诵。具足诵者,即诵《法华经》一部;不具足诵,即诵《安乐行》一品。

10.坐禅实相正观方法:行道诵经毕,当还坐处,端身正坐,调息调心。然后敛念正观,思惟一实境界,观一切法空如实相。此法以谛观现前"一念妄心"为修观要领。

第五略明修证相是指行者在三七日中一心精进修行法华三昧忏法所获得的上、中、下三根行者不同证相和感应等。

《法华三昧忏仪》突出了天台止观修证的特点,将止观的修证次第与忏法结合,是天台忏法中最具代表性的仪轨。

作为修行实践之一的礼忏,法华忏法对后世影响极大,后来天台诸师于此法多有实践倡导者。从各僧传的记载可知,智者尔后的天台学人,大都修持《法华三昧忏仪》,几乎成了天台宗门人的定课。宋代知礼一生以修持法华三昧为常课。非天台宗人之永明延寿禅师(904—975)在参谒德韶以前,曾经修行过大约七年的法华忏,对法华三昧有很深的证入。

（二）请观世音忏法

《观世音忏法》是以观世音菩萨为本尊所修的忏悔供养法,依东晋竺难提所译的《请观世音菩萨消伏毒害陀罗尼咒经》(简称《请观音经》)所制。

首先,修此忏法当以六斋日为行忏首日,三七或七七日为一期,共修者以十人为限。其行法次第如下:

1.严净道场:清净道场,先严饰道场,以香泥涂地,悬诸幡盖,向南安佛像、向东安观世音像,置杨枝净水,烧香散华。行者面西席地而坐,出入道场须洗浴着净服;日日尽力供养,若不能,则当于初日供养。

2.作礼:行者向西席地而坐,五体投地,一心顶礼释迦佛、无量寿佛、尊法、三乘贤圣僧等。

3.烧香散华:严持香华,如法作意供养十方法界三宝。在观想的同时虔诚唱香花供养颂。

4.系念数息:供养毕,面向西方结跏趺坐,系念数息,成就十念。次念十方佛及七佛世尊,实相妙身犹如虚空,并慈念一切众生。

5.奉请三宝:重新供奉香火,各各胡跪,再次三遍奉请前所礼三宝。

6.具杨枝净水:奉请三宝后,须具备杨枝净水,哀请观音菩萨慈悲救护,三说:"唯愿大悲哀怜摄受"。然后三称三宝名及观音菩萨名,并合掌说偈。

7.诵三咒:诵消伏毒害陀罗尼咒、破恶业障陀罗尼咒、六字章句咒,三或七遍。

8.忏悔发愿:至诚披陈发露,忏悔所作十恶及破梵行人等罪业,并至诚发愿。

9.行道:忏愿礼三宝以后,如法行道。行道即旋绕佛像佛堂以表恭敬的一种礼仪。要求旋绕三匝或七匝,行道的同时往往伴以诵经、持咒、念佛等。行道竟,唱念三皈依。

10.诵经:请一人登高座,读诵《请观音经》。

在十科行法的末后,智者说明了修此忏法的时间:从晨朝及初夜二时,修行此忏法的十法仪轨,至于其余四时,则仍须依坐禅礼佛的常法，以此方法行忏至七七日圆满。

（三）金光明忏法

《金光明忏法》是依北凉昙无谶所译的《金光明经》所制订的忏悔法，略称"金光明忏"。《金光明经》与《法华经》、《仁王经》同为镇护国家的三部大乘经典。此经自译出后，即以祈国运升平，百姓安居的主要利益而受到历代帝王的重视。诸忏中以此忏成为为国行忏的主要修法，故亦名"吉祥忏法"。

智者制定《金光明忏法》时，其中的庄严道场依《金光明经》设了大辩才天、功德天和四天王等座位，其忏文中依经奉请大梵尊天等诸十一天众，这些诸天是以保护受持《金光明经》的国王为其主要护法特点，此忏被视为为国祈福的主要行法也是基于此一缘由。

修此忏法当以六斋日为行忏首日，以七七四十九日为一期，其修法次第如下：

1.庄严道场：清净严饰道场，列幡华盖等法如前《请观音忏法》所言。安置唱经座，并安置功德天在佛像之左，大辩天及四天王座在佛像右方。诸像前皆须烧香散华，尽力供养。备一杂果菜食，以便散洒。日日洗浴，着新净衣。

2.顶礼三宝：初日午时，礼忏者各执香炉，一心顶礼十方常住三宝。

3.香华供养：大众等胡跪，严持香华如法供养，心念供养十方法界三宝，口唱香花供养偈。

4.召请：主要是奉请三宝及诸天鬼神。所奉请的三宝为：本师释迦牟尼佛等东南西北方诸佛；大乘金光明海十二部经，及金光明经内所列菩萨，乃至十方三世一切菩萨摩诃萨；舍利弗一切

声闻缘觉贤圣僧。所奉请的诸天鬼神为：大梵尊天、三十三天、护世四王、金刚密迹、散脂、大辩、功德、诃利帝南鬼子母等五百徒党、此处地分鬼神等。三宝、诸天鬼神各召请三遍。

5.忏悔：随各人心智愿力，在佛前以虔诚心陈述己过，发露忏悔。

6.称名：三称宝华琉璃世尊、金光明经、功德天等名。

7.洒食诸方：以严净道场时所备之杂果菜食，向诸方散洒。

8.诵咒：洒食时，应当持诵吉祥天女神咒。诵咒毕，再顶礼前所请三宝。

9.旋绕：礼三宝后，右绕法座称三宝名。旋绕一般为三遍，之后唱三皈依文。

10.诵经：唱诵《金光明经》。

这十科组织与《法华忏仪》的十科仪轨组织略有不同，特别是其中的"洒食诸方"为其他三部忏法仪轨所无。

《金光明忏法》是智者亲制，并做为国清寺僧团大众修持的行法。晋王杨广在扬州总管金城之时，智者曾为其萧妃行忏，治愈病患。石城入灭之前，也率领大众修持过此法。

（四）方等三昧忏法

方等忏法在《摩诃止观》中被视为半行半坐三昧。除了《国清百录》所收的《方等忏法》，还有独立的别行本《方等三昧行法》。

《方等忏法》主要以五法组织仪轨：劝修第一、方便第二、方法第三、逆顺心第四、表法第五。

在"劝修第一"中，智者依《方等陀罗尼经》说明此经之功德利益，以劝行人进修此行法。

"方便第二"谈到入修忏法前应具的前行方便，大概有六项：

一、发惭愧悔责心,归依十二梦王,求乞瑞梦。至少要见到其中一尊梦王,才可以行此忏法。二、办诸供具,尽心竭力供养三宝。三、行者须着新净衣。若无新衣则浣净旧衣。四、依一明解内外的律师受二十四戒。五、预诵咒及十佛、十法王子、十二梦王名,忆持勿忘。六、弃舍五欲六尘,断离世间一切缘务,志乐无上清净菩提。

熟习忏法的前方便后,方可正修此忏法。在"方法第三"中,智者大致说出了类似《法华三昧忏仪》的十法模式:

1.严净道场:香泥涂地、置圆坛、请二十四尊像、悬五色盖及诸缯幡,彩画庄严如净土。烧香散花、设百味饮食。

2.净身方法:一日三时洗浴,着新净衣。

3.三业供养:手执香炉敬礼一拜,长跪,运心供养。

4.奉请三宝:奉请的内容皆出自《方等陀罗尼经》,主要奉请的是南无宝王佛(乃至十佛)、南无摩诃祖持陀罗尼方等父母、十法王子、华聚菩萨、雷音比丘、舍利弗等一切声闻缘觉、梵释十二梦王。共三遍召请。

5.叹佛:称念赞佛偈:"世尊智慧如虚空,悉睹众生去来相,十方一切悉见闻,我当稽首礼法王。"

6.礼佛:次第敬礼十佛及十法王子等。

7.发露披陈:于三宝前恳切哀泣忏悔,具实发露不敢覆藏。

8.发愿:愿与法界冤亲,悉皆洗心革面、薰修清净。

9.旋绕诵咒:旋百二十匝,诵百二十遍咒。一匝一咒,音声粗细、缓急合宜。

10.禅坐思惟:却坐思惟,观一实相。

此十法中,惟最初日需要设置道场召请等,接下来的六天只要专心礼佛、旋绕诵咒、陈罪和却坐思惟等结合或轮换行持即可,

不必太拘泥次序。

"逆顺心第四"谈到关于忏悔心态的问题。列出了忏悔应具的顺逆十心，以提醒行者应当如何正确发心，以助忏悔。

在末后的"表法第五"中，智者谈到修持此忏法中有关事理仪法的内涵。道出了行忏理观为何可以灭罪的原理。详谈此行法之内容及思想内涵的则要数别行本《方等三昧行法》。

天台忏仪的制订，在于通过礼敬赞叹忏悔等行事，辅以止观之修习，达到忏罪、得定、发慧的效果，最终证悟中道实相。

第六节　圆教行果，六即四土

一、六即佛位

"六即"是天台宗的修证果位论，是智者大师对"心佛众生，三无差别"之义的圆融发挥。天台宗将《菩萨璎珞本业经》的五十二菩萨阶位定为别教的行位，并以《华严经》的"初发心时，便成正觉"为依据，而另立圆教菩萨六行位，称为"六即"。

"六"是指从凡夫到佛的六种阶位。"即"，是指理体不二。换言之，其所证在名目上，虽有深浅之分，但其理体，却是不二（即）。因为具六阶段的差别，才能显明凡圣的不同（事异），然其理体是平等（理造），焦点是置于平等上而分差别，故称为"六即"。

（一）理即：就理体上来说，一切众生皆有佛性，与诸如来无二无别。但迷的众生，虽具真如佛性之理，因为缺乏解行证，故无法发挥佛性妙用。一切法、一切心，都不离实相，就佛性平等言之，事用的惑、业、苦三障的显现，即本具理性，当体即佛。

（二）名字即：或从善知识听闻，或从经卷阅读，于名字中通达了解佛法，而开始修行，故称名字即佛。名字是属口耳所闻的学问，如刻字者，唯会刻字而不知其义理似的，故名字即是属尚未证入实践修观的理体，但却已发菩提心，故有"发菩提心位"之称。

（三）观行即：既了知一切法皆是佛法，进而依教修行，达到心观明了，理慧相应。所言如所行，言行一致，故称观行即佛。这在圆教八位是属五品弟子位。

上述的理即、名字即，尚未入外凡位，至观行即，才称是外凡位。至第四相似即，始能称为内凡位。内凡外凡虽都属凡夫，然因教行有高低而有差别。

（四）相似即：指于前观行即位中，修止观时愈观愈明，愈止愈寂，而得六根清净。此时断除见思、尘沙惑，降伏无明惑。此等人虽未能真证其理，但于理仿佛，相似于真证，即圆教内凡十信位（别教三贤）。因眼能彻见三千世界的内外，耳能彻闻三千世界的音声等，得获六根的胜用，任运显现，故云"六根清净位"。

（五）分证即：又称"分真即"，此时观慧倍增，初破一分无明惑，证入中道实相，见佛性理。从此以后，断一分无明，即证一分法身。其后分破四十一品无明，入于萨婆若一切智海。

（六）究竟即：是智断的圆满位。断四十二品无明，发究竟圆满觉智，妙证涅槃，显现清净法身，居常寂光净土。

此六即佛，虽因迷悟的深浅有别，但其体性不二，能彼此互即。智者大师立六即为圆教菩萨的行位，是为了去除众生的两种心。第一，令无信心行人，离卑下之心。因佛果尊高不可企及，以致无信者以为佛境非己智分，而起卑下之心，故为表凡夫与佛无异，而立此六即，令行人尊重己灵，不致自暴自弃。第二，令去除增上慢心。因无智众生执着众生即佛的一边，认为自己功德均等于佛而起增上慢，故为除其慢心，而立此六即，不致以凡滥圣。

宋代普润大师（又名无机子）以"六即颂"来说明"六即"，很有概括性。

理即佛："动静理全是，行藏事尽非，冥冥随物去，杳杳不知归。"

名字即佛："方听无生曲，始闻不死歌，今知当体是，翻恨自蹉跎。"

观行即佛："念念照常理，心心息幻尘，遍观诸法性，无假亦无真。"

相似即佛："四住虽先落，六尘未尽空，眼中犹有翳，空里见花红。"

分证即佛："豁尔心开悟，湛然一切通，穷源犹未尽，尚见月朦胧。"

究竟即佛："从来真是妄，今日妄皆真，但复本时性，更无一法新。"

二、圆教八位

圆教八行位是天台宗依据《法华经》而设立的修行位次，包括五品弟子位、六根清净位、十住位、十行位、十回向位、十地位、等觉位、妙觉位。

（一）五品弟子位

五品位，又称五品弟子位、圆教五品位，出自《法华经·分别功德品》。即将十信以前的外凡位区分为随喜、读诵、说法、兼行六度、正行六度等五品。在六即位中相当于第三位的观行即，是圆伏五住烦恼，而见惑尚未断除的境界。五品之特质如次：

1.随喜品：闻圆妙之法而自喜，并使他人随喜。内以三观观三谛之境,外用忏悔、劝请、随喜、发愿、回向等五悔勤加精进,助成解悟。

2.读诵品:内修圆观,外加读诵经典。将经中的善言妙义与观解之心相冥会,恰如油膏之助火,使心观更加明朗。

3.说法品:十乘的内观转强,读诵的功德也日益显著,以如实说法,导利现前所化之人,使十乘观法倍明。

4.兼行六度品:于前三品,观心虽纯熟,但未修六度。至此品则正观稍明,专修理观为心,以六度事用为助行。

5.正行六度品:以专修六度为正行来自行、化他,并具足观心,认知事理圆融不二。此时能伏五住地(见一处住地、欲爱住地、色爱住地、有爱住地、无明住地)烦恼,达到戒清净,乃至利根智慧,问答无碍的境界。

智者大师临终时,曾自谓位居此五品弟子位。临终有弟子问:未审大师证入何位? 答曰:"吾不领众,必净六根(指六根清净位),为他损己,只五品位耳!"

(二)六根清净位

六根清净位,为智者大师所立别教五十二位中的十信位,亦相当于圆教六即位中的相似即位。于此位之菩萨,已断除见修二惑,而得六根清净。《辅行诀》卷四曰:"能修四安乐行,一生得入六根清净,极大迟者不出三生。若为名闻利养,累劫不得。"

智者大师的得法师父南岳慧思禅师一生精勤修行,获得大智慧、大神通。临终有人问其所证,乃曰:"我初志期铜轮,但以领众太早,只证铁轮而已!"铁轮,即六根清净位,也即十信位。初信断见惑,七信断思惑,八九十信破尘沙、伏无明。

(三)十住位

十住位与十行位、十回向位合称为三贤位。所谓"住"者,谓心安住于真谛之理,故名。十住菩萨之人作铜轮王,教化二大洲,故十住为铜轮位,即天台宗圆教分证即之位。十住位破无明,证实相,初入实报土,分证寂光土。初住即能于百三千大千世界,示作佛身,教化众生。二住则千,三住则万,位位增数十倍。十住之名称为:发心住、治地住、修行住、生贵住、具足方便住、正心住、不退住、童真住、法王子住、灌顶住。

(四)十行位

十行位是指菩萨于地前所修的十种自利利他之行,即:欢喜行、饶益行、无嗔恨行、无尽行、离痴乱行、善现行、无著行、尊重行、善法行、真实行。

(五)十回向位

回即回转,向即趣向;所谓回向,即起大悲心救度众生。回转十行之善,向于三处,即:真如实际是所证、无上菩提是所求、一切众生是所度。十回向指:救护一切众生回向、不坏回向、等一切佛回向、至一切处回向、无尽功德藏回向、随顺平等善根回向、随顺等观一切众生回向、如相回向、无缚解脱回向、法界无量回向。

(六)十地位

从十地位开始,入于圣位。地乃住处、住持、生成之意。即住其位为家,并于其位持法、育法、生佛果。十地指:欢喜地、离垢地、发光地、焰慧地、极难胜地、现前地、远行地、不动地、善慧地、法云地。

（七）等觉位

等觉位乃菩萨之最后位。若再经一生，破一分微细的生相无明，即可补佛处，故等觉位亦名一生补处。亦名金刚心，指等觉菩萨如金刚坚固之心，能摧破烦恼。亦名有上士，指妙觉佛陀称为无上士，对此，等觉则称有上士。

（八）妙觉位

妙觉位指觉行圆满的究竟佛果。妙觉是由等觉位更入金刚喻定，断极微细无明而到达的极位。修行至此阶位，则可断尽一切烦恼，智慧圆满，悟得绝妙的涅槃之理。且可超越四魔，照达一切事理，一念一时知一切佛国等事。以虚空为座，成清净法身，居常寂光土者即为圆教妙觉位。

六即佛位与八位、五十二位的关系配列如下：

理即（未闻佛法）

名字即（已闻佛法）

观行即（外凡）——五品弟子位

相似即（内凡）——六根清净位、十信位

分证即（分证）——十住位、十行位、十回向位、十地位、

等觉位

究竟即（极证）——妙觉位

三、天台四土

佛教各宗对佛土的看法略有不同，名称亦异。天台宗的四种净土是最常见的说法，为智者大师所立。即凡圣同居土、方便有

余土、实报无障碍土和常寂光土四种。

（一）凡圣同居土：指凡夫与三乘圣者同居的国土。有净、秽二种，如娑婆世界是同居的秽土，西方极乐则是同居的净土。

（二）方便有余土：指阿罗汉、辟支佛、地前菩萨所居的土。此等圣者，系修方便道，断除见、思惑者，故称方便；但尚余障覆中道实相的无明根本惑，故称有余。

（三）实报无障碍土：系酬报真实之道的无碍自在国土。纯属菩萨所居，无有凡夫二乘，为别教初地以上、圆教初住以上的菩萨所居的果报土。

（四）常寂光土：又称理性土。为全然断除根本无明的佛之依处，即妙觉究竟果佛所居的土，乃常住（法身）、寂灭（解脱）、光明（般若）的佛土。

上述四土之说，主要系就所居之人而作区别。称为"佛土"，是因为四土中都有佛为教化众生而权化于其间。

区分四土的用意，是为了让行者知道，依不同的观智会成就不同的佛土。只有开圆解圆行的人才能证知四土。

法界圆融的华严宗

华严宗是专门弘扬《华严经》的一个宗派。华严与天台并称为教下,是因为华严的义理丰富不亚于天台宗。正如天台重视《法华经》,围绕此经发挥实相义理一样,华严宗对于《华严经》也相当重视,对此经的义理展开了丰富的论述。

华严宗的宗本义,是以"十玄缘起"、"六相圆融"为基本内容来阐述"一多相即"、"事事无碍"的圆融理论。此宗借用"一"、"多"的概念,解决一般与个别、整体与部分、群体与个体的关系,反对抛开本体讲作用,离开本质谈现象,强调人与人、人与事之间的相即相入、圆融无碍的普遍联系。

因此,在中国佛教的各个宗派中,华严宗是最强调圆融的一派。圆融是它观察和认识世界的方法论,是处理一切问题的总原则,也是修行所要达到的理想境界。

第一节 五祖相承,法藏大兴

华严宗是依《华严经》建立义相,显示旨归的,别名为"法界宗"。本宗以四法界说明法界自在无碍法门,故称法界宗。又因集大成者法藏大师被武后赐为"贤首国师",故华严宗又称"贤首宗"。本宗历祖相承,以毗卢遮那佛为开法教主,有五祖、七祖、十

祖之说,其中以五祖说为最常见。五祖是:杜顺、智俨、法藏、澄观、宗密。五祖加上马鸣、龙树为七祖。

一、华严五祖相承

(一)初祖杜顺

初祖杜顺是华严思想体系的奠基者,是一位融理论实践为一体的大德。杜顺(557—640),原名法顺,雍州万年(今陕西临潼西北)人,从因圣寺僧珍禅师(又称魏禅师)学习禅法,后住终南山宣扬《华严经》。时人盛传他有神异事迹,唐太宗慕其神德,引入内禁,隆礼崇敬,敕号"帝心",所以有"帝心尊者"之称,时人号之为"炖煌菩萨"。

杜顺所留下来的著作仅有《华严法界观门》、《华严五教止观》各一卷,但他在华严宗哲学范畴的系统中,制定统摄出一个悉备的思想体系,为华严宗在观行方面的无尽缘起说和判教方面的五阶次第说奠定了理论基础。他的《华严法界观门》将华严高深的理论,融贯为禅定的观门,而创出真空绝相、理事无碍、周遍含容的法界三观,后来便展开成为华严宇宙观中的四法界。

唐太宗贞观十四年,杜顺在雍州南郊义善寺圆寂,时年八十四岁。入门弟子有达法、智俨、樊玄智等,其中以智俨独得其奥。

(二)二祖智俨

二祖智俨使华严宗的教相与观行粗备。智俨(602—668),俗姓赵,天水(今属甘肃)人。早年随杜顺出家,杜顺将他托给达法法师培养。据传,当时有两位梵僧游至相寺,智俨随其习梵文,预言智俨日后"当为弘法之匠"。曾随法常聆听《摄大乘论》,尽得

《摄论》精义，词解精微，显示了非凡的佛法悟解才能。进具足戒后，智俨广学《四分》、《迦延》、《毗昙》、《成实》、《十地》、《地持》、《涅槃》诸经论，尽得其奥。并听智正讲《华严经》，于此经索隐探微，悟入经意。

智俨曾搜集有关《华严经》的各种注解，特别赞赏地论学派慧光《华严经疏》所阐述的别教一乘说和无尽缘起说。后随异僧研习《十地经论》的六相义，终有所悟，于是撰著《华严经搜玄记》，对《华严经》作了详细的解释。由于他在至相寺弘传《华严》义理，时人称他为"至相大师"。又曾在云华寺讲解《华严经》，故又称"云华尊者"。

智俨的著作《华严一乘十玄门》根据《华严经》经义建立"十玄缘起"的新说。另一著作《华严孔目章》依据慧光的观点草创五教说，皆为弟子法藏继承发挥。

智俨于唐高宗总章元年在清净寺圆寂，时年六十七岁。门下有薄尘、法藏、慧晓、怀齐、义湘等。其中，义湘大师于新罗弘扬大法，彼国推为华严宗初祖。

（三）三祖法藏

将二祖智俨的华严学说发扬光大，并真正创立华严宗的是三祖法藏。法藏（643—712），字贤首，俗姓康，先世为康居人，号康藏法师。十七岁出家，到太白山求法。后来母亲得病，回乡探母。当时二祖智俨在云华寺讲《华严经》。深夜法藏看到一道神光照在庭院之中，光明晃耀，知道此地一定有异人。天明拜访智俨大师，恭敬承事依止，自此深入华严甚深境界，成为智俨门下的高足。其后，武则天舍宅为太原寺，广度僧众，于是薄尘等京城耆德乃连状荐举，度其为僧，并敕住太原寺。

在武则天的支持下,法藏大力从事讲说、翻译和著述。后来武后诏令实叉难陀新译八十卷《华严经》,法藏参与译场,担任笔受,对当时的译事,贡献良多。八十卷《华严经》译毕之后,法藏便奉敕担任讲解。

长安四年(704),法藏在长生殿为武后讲说"六相"、"十玄"的义理。武后骤听之下,茫然不解。于是法藏就以殿隅金狮子作譬喻,指出金与金师子的理事无碍、事事无碍的关系,使得武后豁然领悟。这一次的讲稿后来被集录成文,称为《华严金师子章》,成为了解华严宗法界缘起义理的一篇重要文章。法藏前后宣讲《华严经》三十余次,得武后赐号"贤首国师",所以华严宗又名贤首宗。

法藏的著述甚丰,其中阐发《华严》思想的著作有:《华严经探玄记》、《华严一乘教义分齐章》、《华严金师子章》、《华严经旨归》、《华严游心法界记》、《华严发菩提心章》、《修华严奥旨妄尽还源观》等都是名作。睿宗先天元年(712),法藏在长安大荐福寺圆寂,时年七十岁。弟子有宏观、文超、智光、宗一、慧苑、慧英等。

(四)四祖澄观

祖述师说,中兴华严的是四祖澄观。澄观(738—839),俗姓夏侯,越州山阴(今浙江绍兴)人。十一岁从宝林寺霈禅师出家。肃宗至德二年(757),澄观二十岁,依昙一大师门下受具足戒,复依妙善寺常照禅师受菩萨戒。澄观受戒后,发下表示修行决心的十誓,即"清凉十愿",一生以此自励。此十愿为:体不损沙门之表,心不违如来之制,坐不背法界之经,性不染情爱之境,足不履尼寺之尘,胁不触居士之榻,目不视非仪之彩,舌不味过午之肴,手不释圆明之珠,宿不离衣钵之侧。

澄观的修学经历颇为丰富。他在瓦宫寺听受《大乘起信论》与《涅槃经》，然后随法诜研习《华严经》。之后又从湛然学天台止观，并从慧忠、道钦等禅师谘决南宗禅法；谒见慧云禅师探究北宗禅理，更遍习经传子史等儒书。此后长住五台山大华严寺，专行方等忏法，主讲《华严经》。

贞元十二年（796），奉诏协助翻译、审定南印度乌荼国送来的《华严经》后分梵本，即《四十华严》，同时讲经、疏文，为朝廷所重，德宗皇帝曾赐号"清凉"，故称"清凉国师"。澄观阐发法藏的思想，反驳法藏弟子慧苑对法藏学说的篡改，力斥慧苑之作，以恢复法藏宗旨。

澄观的著述甚多，大约四百余卷，被称作"华严疏主"，主要有《华严经疏》六十卷、《华严经随疏演义钞》九十卷、《行愿品疏》十卷、《华严法界玄镜》二卷等。其中，所撰的《华严经疏》与法藏大师所撰的《探玄记》，是疏解《华严宗》的重要著作，被誉为"华严双壁"。传法弟子百余人，以海岸、寂光为首，而由宗密继承其法统。

（五）五祖宗密

继承智俨以后的性起说，提倡教禅一致的是五祖宗密。宗密（780—841），俗姓何，果州西充（今四川西充县）人。家本豪盛，少通儒书。唐宪宗元和二年（807），从禅宗荷泽神会系遂州道圆禅师出家，传承荷泽宗的禅法，精研《圆觉经》，颇有证悟，获得道圆印可。

元和五年（810），游方到襄汉，遇澄观弟子灵峰，从学澄观所著《华严经疏》与《华严经随疏演义钞》。不久即赴长安拜谒澄观，亲受其教。元和十一年（816）后，时常往来于终南山与长安之间，后居终南山草堂寺，诵经修禅，传法著述。唐武宗会昌元年

（841），在兴福塔院圆寂，时年六十二岁。宣宗即位，追谥"定慧禅师"，世称"圭峰禅师"。

宗密先随荷泽宗的禅师学禅，后学华严，提倡教禅一致影响后代甚巨。宗密一生，除了阐述华严教义，还致力调合禅和华严，强调教禅一致，认为"经是佛语，禅是佛意，诸佛心口必不相违"，提出以教之三种与禅之三宗对应的理论，并以"行在南禅，教弘华严"为志职。

华严宗经过五位杰出大师的推弘，形成了精深完备的思想体系，和天台宗同为中国佛教思想史上光辉灿烂的二大圭璧，此二宗并称"教下"、"教门"。

二、贤首圆成教观

华严宗传统上以杜顺为初祖，实际创始人是法藏，唐代法藏大师撰《探玄记》章疏多种，此宗观门教相，至贤首大师法藏而圆备大成。法藏对华严宗的贡献主要有如下几点：

第一，翻译华严经。曾先后和地婆诃罗、提云般若、实叉难陀、菩提流志等共同翻译华严经。证圣元年（695），于阗沙门实叉难陀在洛阳大遍空寺，重新翻译《华严经》，他奉诏笔受，后来并补入日照所译两段。又新译的《华严经》，虽然增加了《如来现相》、《普贤三昧》、《华严世界》及《十定》等品，却脱漏地婆诃罗所补译的文殊伸手过百一十由旬按善财顶文。法藏用晋、唐两译对勘梵本，把地婆诃罗的译文，补在实叉难陀的脱处，于是得以文续义连，现行即此本。

第二，讲解华严经。师一生宣讲华严三十余遍，致力于华严教学之组织大成。武后圣历二年（699），重新翻译的八十卷《华严经》告成，诏令法藏在洛阳佛授记寺宣讲。法藏讲到天帝网义十重玄门、海印三昧门、六相和合义门、普眼境界门等,武后骤听之下茫然不解。他于是指殿隅金狮子作譬喻,讲到一一毛头各有金狮子,一一毛头狮子同时顿入一毛中,一一毛中皆有无边狮子,重重无尽。武后于是豁然领解,因而把当时所说集录成文,叫作《华严金师子章》。

法藏又为不了解刹海涉入重重无尽的义学者,拿十面镜子安排在八方(四方四角),又在上下各安排一面,相去一丈余,面面相对,中间安置一尊佛像,然后燃烧一支火炬,令互影交光,使学者通晓刹海涉入重重无尽的义旨,后世据此设立华严观境之法。

第三,弘扬发挥华严思想。法藏继承智俨法界缘起的思想,倡导法界缘起的理论,用缘起因分、性海果分二门,四法界、十玄无尽、六相圆融等法门,来阐明圆融法界无尽缘起的内容。又注释《楞伽》、《密严》、《梵网》、《起信》等经论,并仿天台之例,将佛教各种思想体系分类为五教十宗,而推崇华严经组织为最高圆教。智俨所创教相和观行的新说,得到法藏详尽的发挥,才使一宗的教观建立周备,所以法藏是华严宗的实际创立者。

第四,著述丰富。法藏大师一生勤于著作,约有百余卷,有些著作的年代多已无从考证,关于华严的著述就有近二十种。其中,《华严经探玄记》、《华严一乘教义分齐章》等,全面完整地组织了华严宗的教观新说,对于判教、义理、观行都作了系统而独特的阐扬,为华严宗的创立做出了重要的理论贡献。

三、诸家阐教中兴

从初祖杜顺、二祖智俨、三祖法藏、四祖澄观,到五祖宗密,为华严宗法脉大盛的黄金时期。宗密圆寂后四年,遭遇唐武宗灭佛,珍贵注疏、法宝大部分佚失,僧徒离走,教门渐趋衰落,几近灭

亡。直至宋初,华严宗略有复兴之势。

宋初,长水子璇(965—1038)用华严义旨疏解《楞严》,而以传弘宗密之学为主,开宋代华严宗研习之端。至其弟子净源时,华严宗始得中兴,当时称为中兴教主。净源(1011—1088)师从长水子璇,听受《楞严经》、《圆觉经》及《大乘起信论》。出师后在泉州清凉寺、苏州报恩寺、杭州祥符寺等处弘传《华严》。著有《金师子章云间类解》、《华严妄尽还源观疏钞补解》、《华严原人论发微录》等。元祐三年(1088),净源所在的杭州慧因禅院改为教院,专弘华严宗。

华严宗也是在宋代传入高丽的。净源弟子义天本高丽王子,北宋元祐初年,携带该宗久已散佚的疏钞多种来华,使其得以复传中土。三年后,携佛典及儒书 1000 卷回国,华严宗就在那个时候传入高丽。

此外,宋代出现了华严四大家。这是指道亭、观复、师会、希迪四人各作《华严一乘教义分齐章》注解阐发华严宗义。四大家的著作分别为:道亭著《义苑疏》、观复著《折薪记》、师会著《焚薪》与《复古记》、希迪著《集成记》。其中,四人的观点略有不同,都促进了对华严教义的讨论与弘扬。

元代华严宗也仍有发展。仲华文才及其弟子大林了性与幻堂宝严,大弘华严之教。文才(1241—1302)一生以大弘澄观之道为己任,著《华严悬谈详略》。介绍唐代澄观以来的华严教义,更以华严学解释《肇论》,作《肇论新疏》和《肇论新疏游刃》,成为元代少数专弘华严的名僧之一。弟子有了性、宝严,皆以弘阐华严义学著称。

元末明初知名华严学僧是大同(1289—1370),特重《五教仪》和《玄谈》二书,又习"四法界观"。后随中峰明本习禅数年,悟到万法本乎一心，不分教禅，因此，弘扬教禅融合的华严思想。

明代有洪恩、明河、圆镜、祖住、明德等弘扬华严。祖住（1522—1587）依澄观的著作宣讲《华严经》。嘉兴东禅寺禅师明德（1531—1588）因读李通玄《华严经合论》，而阐扬华严奥旨，先后宣讲《华严悬谈》、《大疏钞》、《圆觉疏钞》等，继承了澄观、宗密的华严学。但明朝华严宗受禅宗的影响很大，一时有"禅化华严"之说。

明末清初，有德水明源以振兴贤首宗为己任，著有《五教解消论》、《论贤首未知圆义解》二篇。

清末，有续法、通理、周克复等，相继或作章疏，或敷演《华严经》。此中，续法与通理亦被认为是中兴华严者。

续法（1641—1728）融会众说，在杭州一带弘扬《华严经》五十多年，历住慈云、崇寿诸刹，弟子有培丰、慈裔、正中、天怀等二十余人。续法著述二十余种，达六百卷，其中关于华严宗的史书是《法界宗五祖略记》、《华严宗佛祖传》；总结华严教理的著作是《贤首五教仪》、《贤首五教仪科注》；还有简要概述华严教义的十余种著作，被认为是中兴华严的代表人物。

清代，在北方主要有宝通寺一派，代表人物是清代中期有名的华严学者通理。通理（1701—1782）先习《法华经》，因撰《法华经疏》开悟。曾用心研读澄观的《华严大疏》颇有领会。在五台山万缘庵讲经，感得文殊来现。乾隆皇帝曾赐紫衣及"阐教禅师"号，并命其主持满文大藏经译事。著作有《五教仪开蒙增注》等。

民国以来，有月霞、应慈、智光、南亭、常惺、定西、慈舟、了尘等僧人弘扬华严义理；又有彭绍升、杨文会等居士弘扬华严。彭绍升著有《华严念佛三昧论》；杨文会从日本搜得智俨的《搜玄记》和法藏的《探玄记》等，辑录为《华严著述辑要》、《贤首法集》等，是

教宗贤首的著名居士。

第二节　富贵华严，八十一卷

《华严经》素有富贵佛经之称。明末四大高僧憨山大师说："不读诵《华严经》，不知佛家之富贵。"这句话源于《高僧传》中的一则感应故事。据载，唐太宗曾问隐士孙思邈："佛经中哪部经最为尊大？"孙思邈说："《华严经》为诸佛所尊大。"太宗说："近来有玄奘三藏法师，翻译了《大般若经》有六百卷，为什么不称为最大，反而以六十卷的《华严经》独得尊大呢？"孙曰："华严法界，具一切门，于一门中，可演出大千经卷，《般若经》仅是华严中一门而已。"太宗大悟，于是受持《华严》。

莲池大师对华严与诸经的地位用譬喻作了解释。他说："华严现无量门，诸大乘经，犹华严无量门中之一门耳。《华严》，天王也；诸大乘经，侯封也；诸小乘经，侯封之附庸也。"因此《华严》的富贵犹如天王，超出犹如将侯的一般经典。此经场面之伟大，文字之美妙，无与伦比。经中人神交织，森罗万象，无不映现，建构了一个无限广大又消融对立的圆融法界。

一、《华严经》三本

《华严经》在印度的出现，充满了传奇的色彩。此经由文殊菩萨与阿难等结集，当时有大龙菩萨认为一般众生机缘未熟，不堪受持《华严经》，于是收入龙宫。佛灭度后七百年，南天竺国龙树菩萨，往龙宫，见到《大不思议解脱经》（即《华严经》）上、中、下三种，大喜。但上、中两本，卷帙太大，非人间世界所能流布，于是将下本的十万偈颂四十八品，携归此土，传行印度。

上中两本华严的卷帙到底有多大？上本《华严经》有十个三千大千世界微尘数偈，一四天下微尘数品，世间无人能受持，一般称之为"足本华严经"。中本《华严经》有四十九万八千八百偈，一千二百品，凡夫无法受持，故仍留在龙宫，未被携出。

下本《华严经》为十万偈，四十八品，现今《华严经》仍是此本的撮略，共四万五千偈，三十九品，一般称之为"略本华严经"。

《华严经》卷帙繁多，传入时间有先后，所以此经在汉地也经历了三次翻译，即三种译本的《华严经》。

（一）六十华严

《六十华严》，梵文原本有三万六千偈，东晋时期，由佛陀跋陀罗（359—429）译出，六十卷，三十四品，由七处八会的说法而成。为了有别于后来的唐译本，又称为"旧译华严"或"晋译华严"。该经的内容比较简略，但是译文典雅流畅，优美可读。

（二）八十华严

《八十华严》，梵文原文有四万五千偈，唐代周武时期，由实叉难陀（652—710）奉命译出，华严宗创始人法藏曾参与笔受工作，共八十卷，三十九品，由七处九会的说法而成。与旧译相比，增加了"普光法堂"一会的内容。后法藏发现此译本仍有脱漏，将地婆诃罗所译的加以补充，即成现今流行的《华严经》八十卷本，一般称为"新译华严"或"唐译华严"。该经内容最为完备，文义也较准确，故而流传最广。

（三）四十华严

《四十华严》，梵文原本有一万六千七百偈，是由南天竺乌荼

国王呈贡于唐，德宗下诏罽宾三藏般若于贞元年间（795—798）译成，全名为《大方广佛华严经入不思议解脱境界普贤行愿品》，计四十卷一品，简称《普贤行愿品》，属于《六十华严》与《八十华严》最后一品的足本经，亦即《入法界品》的异译。但与另外两个译本的《入法界品》相比，增加了一些新的内容。

此外，《华严经》还有单品流通的别行译本，南北朝、隋、唐三朝的《华严经》别行译本约三十五部之多。

二、《华严经》内容

《华严经》是世尊成道后，于最初三七日在菩提树下，对十方世界的法身菩萨，开显菩提般若正觉的无上根本法轮。目的令一切众生能于自己心内，得见如来广大智慧而证菩提，同入如来法界缘起圆融无碍的真实华严理性之境。

《华严经》主要阐述深入法界无尽缘起的理论与普贤行愿的实践相一致的大乘思想，以及依此修行实践而证得广大无量功德。经中宣说诸菩萨依教证入清净法界，颂扬佛的功德海相。

八十卷《华严经》有三十九品，所说共七处九会。九会内容大致如下：

第一会是在菩提道场。即摩竭提国王舍城菩提伽耶处。这一会是十方诸佛加持普贤菩萨说。普贤菩萨承佛神力，说明佛果依正二报庄严，激发众生对佛果境界的仰求之心。此会六品：《世主妙严品第一》、《如来现相品第二》、《普贤三昧品第三》、《世界成就品第四》、《华藏世界品第五》、《毗卢遮那品第六》。

第二会在普光明殿。会址在菩提树东南三里尼连禅河曲内。此殿是诸龙为佛所造。佛放两足轮光遍照十方无边法界，故名为普光明殿。此会是文殊菩萨为大会主席，他承佛神力，说十信万德法门的道理。此会共六品,即:《如来名号品第七》、《四圣谛品第八》、《光明觉品第九》、《菩萨问明品第十》、《净行品第十一》、《贤首品第十二》。

第三会是在忉利天宫的妙圣殿。此会是法慧菩萨为大会主席,他承佛神力,说明十住的道理。此会六品是:《升须弥山顶品第十三》、《须弥顶上偈赞品第十四》、《十住品第十五》、《梵行品第十六》、《初发心功德品第十七》、《明法品第十八》。

第四会是在夜摩天宫的宝庄严殿。此会是功德林菩萨为大会主席,他承佛神力,说明十行法门的道理。这一会说了四品:《升夜摩天宫品第十九》、《夜摩宫中偈赞品第二十》、《十行品第二十一》、《十无尽藏品第二十二》。

第五会是在兜率天宫的一切妙宝庄严殿。此会是金刚幢菩萨为大会主席,他承佛神力,说明十回向法门的道理。这一会说了三品:《升兜率天宫品第二十三》、《兜率宫中偈赞品第二十四》、《十回向品第二十五》。

第六会是他化自在天宫的摩尼宝藏殿。此会是金刚藏菩萨为大会主席,他承佛神力,说明十地法门的道理。这一会只说了一品:《十地品第二十六》。

第七会是在普光明殿。佛从天上回到人间说法。此会是普贤菩萨为大会主席,他承佛神力,说等觉和妙觉法,也就是因圆果满法:前六品说因圆,后五品说果满,共十一品:《十定品第二十七》、《十通品第二十八》、《十忍品第二十九》、《阿僧祇品第三十》、《寿量品第三十一》、《诸菩萨住处品第三十二》、《佛不思议法品第三十三》、《如来十身相海品第三十四》、《如来随好光明功德品第三十五》、《普贤行品第三十六》、《如来出现品第三十七》。

第八会仍在普光明殿,还是普贤菩萨为大会主席,因为普贤

菩萨是华严海会主。他承佛神力,说二千行门法。有位普慧菩萨问普贤菩萨,以何等为菩萨所依的法,何等为菩萨所行的法,有200个问题。普贤菩萨问一答十,答复2000个标准答案。这一会归结为一品:《离世间品第三十八》。

第九会是在逝多林。会址在舍卫城内,也就是后来的祇树给孤独园。此会分为本会和末会。本会是释迦牟尼佛自己为会主,入狮子频申三昧说妙法,令大家顿证法界。末会是诸善友为会主,普贤菩萨和文殊菩萨及百城善知识为善财童子说明渐证法界。这一会归结为《入法界品第三十九》,共二十一卷,内容最庞大。

本经七处九会三十九品所宣说的内容可概括为华严五周因果。初会,菩提道场,讲所信因果。从二会至六会共五会讲差别因果。七会,普光明殿,讲平等因果。八会,普光明殿,讲成行因果。九会,逝多林讲堂,讲证入因果。

就教义思想来看,此经集诸佛神妙的威德智用,贯彻诸法性相与理事。并从法性本净的观点出发,阐明法界诸法等同一味,一即一切,一切即一的无尽缘起思想。

三、《华严经》品目

《华严经》内容庞大,各品都有自己的特色。主要的品目如:《华藏世界品》描述了华严圆融奇妙的世界观;《十地品》阐述了菩萨修行次第和解脱境界;《入法界品》详说善财童子证入法界的始末。《普贤行愿品》《净行品》等阐述大乘佛法的实践行门,是《华严经》中流传最广的经文。

(一)《行愿品》普贤十愿

《华严经》中有两位重要的菩萨,一为文殊,二为普贤。文殊菩萨是智慧的象征,普贤菩萨是大乘行愿的象征,也是大乘佛教徒在实践菩萨道时的行为典范。在《华严经》里,普贤菩萨以十大愿为众生成就如来功德的主要法门。

《华严经》中,《入法界品》是《华严经》的终极,总摄华严入证因果,《行愿品》又是《入法界品》的终极。《华严经》正是以十大行愿为所诠,以证入华严法界为旨趣,以利益有情广大意乐为入门,以往生净土为方便。十大愿王大意如下:

1.礼敬诸佛:愿对十方三世诸佛世尊如对目前,以清净身语意业修礼敬,尽未来际无穷尽。这是对治我慢障的修法。

2.称赞如来:愿由一一舌根出无尽音声海,由一一音声出一切言辞海,称扬赞叹一切如来诸功德海。这是对治恶口障的修法。

3.广修供养:愿以华云鬘云等诸上妙具供养诸佛,又愿修如说修行供养等最胜的法供养,广行供养。这是对治贪欲障的修法。

4.忏悔业障:愿念由过去无始劫中的贪嗔痴诸恶业,于诸佛菩萨众前,以清净三业诚心忏悔,后不再造,恒住净戒。这是对治业障的修法。

5.随喜功德:愿自诸佛如来的初发心至分布舍利的一切功德,及菩萨乃至六趣四生的所有功德悉皆随喜。这是对治嫉妒障的修法。

6.请转法轮:对于成等正觉一切诸佛,以身口意业的种种方便,殷勤劝请转妙法轮。这是对治轻法障的修法。

7.请佛住世:对于将示现涅槃的诸佛如来乃至一切善知识,劝请为利乐众生不入涅槃。这是对治毁法障的修法。

8.常随佛学:对于毗卢遮那如来自初发心精进不退而树下成

道,处种种众会成熟众生,乃至示现涅槃,志愿一切皆随学。回向菩提。

9 恒顺众生:愿随顺众生种种差别,作种种承事供养,如敬父母,如奉师长乃至如来,平等饶益众生。

10.普皆回向:愿自第一礼敬至第九随顺的所有功德悉皆回向一切众生,令常得安乐,究竟成就无上菩提。这是对治狭劣障的修法。

十大愿王的境界是广阔无边,要求尽未来际的无尽空间来修习的。一一愿行都强调尽十方,遍法界,极微尘数,这是约横说。又修每一愿都要发愿直到众生界尽,众生业尽,众生烦恼尽,此十大愿,终无有尽,这是约竖论。能按《普贤行愿品》阐述的方法修行十大愿王,即能成就并利益一切众生,与无上佛果速疾相应。

普贤十愿的诵持,现在仍然是中国一般佛教寺院的常课。其功德利益如经所说,若有菩萨随顺趣入此大愿,则能成熟一切众生,随顺无上菩提,成满普贤菩萨诸行愿海。乃至命终往生极乐世界,见阿弥陀、文殊师利等,蒙佛授记。

(二)《净行品》念念清净

《净行品》是教导众生如何圆满修持菩萨清净戒行的一个重要品目。本品由智首菩萨为当机众,请问净化身、口、意三业的方法,即菩萨如何把握修行的重心。

文殊菩萨以偈子的形式回答,回答中有句话很重要:"若诸菩萨,善用其心,则获一切胜妙功德",指出了修行的核心。并说了141 种愿行,作为净化身心的指南。

清净修行的佛弟子在耳闻、目视,一举手、一投足之间,都应该以成就一切众生为前提,而作意"当愿众生",发出广大净善心

意,开拓胸襟,成为彻底的菩萨戒法。著名的偈子有如:

> 菩萨在家,当愿众生,知家性空,免其逼迫。
>
> 孝事父母,当愿众生,善事于佛,护养一切。
>
> 妻子集会,当愿众生,怨亲平等,永离贪着。
>
> 若得五欲,当愿众生,拔除欲箭,究竟安隐。
>
> 若敷床座,当愿众生,开敷善法,见真实相。
>
> 正身端坐,当愿众生,坐菩提座,心无所着。
>
> 大小便时,当愿众生,弃贪瞋痴,蠲除罪法。
>
> 事讫就水,当愿众生,出世法中,速疾而往。
>
> 洗涤形秽,当愿众生,清净调柔,毕竟无垢。
>
> 以水盥掌,当愿众生,得清净手,受持佛法。
>
> 以水洗面,当愿众生,得净法门,永无垢染。
>
> 若饭食时,当愿众生,禅悦为食,法喜充满。
>
> 洗浴身体,当愿众生,身心无垢,内外光洁。
>
> 若洗足时,当愿众生,具神足力,所行无碍。
>
> 以时寝息,当愿众生,身得安隐,心无动乱。
>
> 睡眠始寤,当愿众生,一切智觉,周顾十方。

这些偈子从菩萨在家、奉侍父母、穿衣、吃饭、睡觉、早起和别人聚会等等,警醒人们在生活的每一个环境与机缘中学会用心。所谓"智人除心不除境,愚人除境不除心"。无论什么样的情景,修行人都应该去转化境界,然后在内心生起修行的功德。

安住当下是转化当下的开端,如果我们在做每一件事情的时候,都能够生起"当愿众生"的善念,心量必定会越来越广大;这个心量会随着我们生活的延展逐渐得到强化,一直强化到把身心里面的自我中心、烦恼、偏执等一切覆盖住,逐渐超越自己,从慈悲进入到空性。

(三)《入法界品》五十三参

《华严经·入法界品》讲述了寻求善知识以增进修行的事例。善知识是指具足出世智慧,能引导众生舍恶修善、入于佛道的以各种身份出现的菩萨。经中塑造了一个求索一切善知识的"善财童子"。他游历了一百一十城,参访五十五位善知识;因他曾两度听闻文殊菩萨说法,又于同一时间、地点请教德生童子、有德童女同一法门,故一般称为"善财童子五十三参"。

善财童子遍求法门要义,最初从文殊菩萨处发菩提心,顶礼其足,询问如何修行菩萨道:"惟愿圣者广为我说,菩萨应云何学菩萨道,乃至应云何令普贤行,速得圆满?"文殊菩萨指示他游行南方。于是善财童子先参德云比丘,次第辗转指示,最后一位参拜的是普贤菩萨,普贤菩萨的开示使他言下大悟,当下证得一切佛刹微尘数三昧门。

善知识没有固定的形象,善财童子在参访过程中,所参访的善知识有菩萨、佛母、比丘、比丘尼、优婆塞、天神、地神、主夜神、王者、城主、长者、居士、童子、天女、童女、外道、婆罗门、海师、工匠等各种职业者、信仰者,他虚心学习请教,并依教奉行,终于获证善果。

"五十三参"的故事在佛教界广为传诵,在民间也流传甚广,善财童子因此成为佛教虚心求法,广学多闻的典范,说明了修行学无常师,以法为师,唯法是求的道理。

第三节 华严判教，五教十宗

天台与华严二宗，皆由中国祖师所创。天台宗之为中国佛学之大成，表现为独具特色的判教与止观；华严宗之为中国佛学之大成，也表现为判教与法界观。华严宗的三时五教，是依照华严义理，以《华严经》为最上圆教建立起来的判教体系。三时五教十宗的判释，肇始于华严初祖杜顺大师，集大成于华严三祖贤首国师。

一、三时五教十宗

"判教"的宗旨在于求得佛典义理的圆通无碍。判教在中国佛学而言是统摄性的会通说，而非否定性的批判说。华严宗判教的目的在于"务令圣说各契其宜"。依据法藏的《华严教义章》、《华严经探玄记》、《华严金师子章》等，华严宗的判教体系可以概括为三时、五教、十宗。

（一）三　时

华严宗以日出日照譬喻如来始从成道，终至涅槃先后说法的次序，共有三时：

第一，日出先照时。太阳初出，才始跃出地平线，阳光上射高山之尖端，以此喻示释尊初成正觉，将自证境界，全盘吐露。能接受此最高真理的学生，皆法身大士（圆初住以上的菩萨）。《华严经》直畅佛的本怀，因果赅彻，事理圆融，称无上根本法轮，是佛教至极之理论。

第二，日升转照时。《华严经》末会已有二乘在座，但他们对

此高深佛法有若聋盲。于是释尊应机重拟教学内容与方法。如太阳渐渐上升,阳光朝下辐射,平原幽谷莫不蒙照。下、中、上三根弟子,都在如来智慧光明照烛之下,深得法益,这是第二时的特质。

日升转照时又分初、中、后三转,初转时说生灭四谛十二因缘,教化声闻缘觉,在五教中称为小教。中转时建立八识二无我,三性三无性,包括唯识法相宗与法性宗,在五教中称为始教与终教。后转时特为一类根机猛利弟子,直指当人现前一念心性,以性夺相,双遮空有,在五教中称为顿教。

第三,日没还照时。佛最后期的说法,如《法华经》,于有学无学诸声闻弟子,一一皆授记成佛;佛临涅槃前所讲的《涅槃经》扶律谈常。末后一期佛教,比如太阳落时,低至地平线,阳光向上辐射,还照高山,与佛初成正觉所说的教法,独被上根众生无二无别。

三时教各有特色,先照时称为无上根本法轮,转照时称为依本起末法轮,还照时称为摄末归本法轮。

(二)五 教

五教是依所诠法义的浅深,把佛一代所说教相分为五类。即小乘教、大乘始教、终教、顿教、圆教。

1.小乘教:又称"愚法二乘教",是专为无法接受大乘教义的声闻乘、缘觉乘所说的教法。以《阿含经》为代表经典。

2.大乘始教:是为开始从小乘转入大乘者所说的浅显教法,是大乘佛教开始阶段的教义,分为"相始教"和"空始教"二种。"相始教"的经论有弘扬万法唯识的《解深密经》等;"空始教"的经论有宣讲一切皆空的《般若经》等。

3.大乘终教:是大乘佛教的终极教义,阐明真如随缘而现起万物,强调一切众生皆有佛性、皆可成佛的理论。因为所说契合实理,所以称为"实教"。宣说此教的经论有:《胜鬘经》、《涅槃经》、《密严经》等。

4.顿教:即顿显真如佛性,不须次第修习的顿悟法门。此教不说法相,只辨法性。以《维摩经》、《思益经》等为代表。

5.圆教:即圆融无碍、圆修圆证的教法,亦称一乘圆教,主要阐扬宇宙万物互相依存,大小相即,一多互融,缘起无尽的华严义理。以《华严经》为代表。在五教中,华严、法华同为圆教。

(三)十　宗

法藏大师就佛法宗旨把各种经论和各种流派之说,详细分为"十宗"。十宗是就教法所诠的不同理趣而立的。十宗名义如下:

1.我法俱有宗:主张主体的"人我"和客体的"法我"都是真实的存在,已入佛法的人天乘,以及部派佛教中的犊子部、正量部、密林山部、法上部、贤胄部等都主张"我"与"法"皆是实有的教义。

2.法有我无宗:主张万法是实有的,主观的"我"是空无的。部派佛教中的说一切有部、雪山部、多闻部等,通过因缘法则,确立法体恒有、人我非有的教义。

3.法无去来宗:主张诸法现在具有实体,过去与未来皆无实体;只在现有的事物上开立因果,不赞成过去为因,未来为果。部派佛教中的大众部、鸡胤部、制多山部、西山住部、北山住部、法藏部、饮光部等为此思想。

4.现通假实宗:主张诸法过去、未来并无实体,而且现在的事相也有假有实。现在只有五蕴有实体,而十二处、十八界则非真实存在。部派佛教中的说假部、经部,以及《成实论》等遵此思想。

5.俗妄真实宗：主张只有出世法是真实的，世俗法是虚妄的，因为世俗诸法是颠倒幻相，只有假名并无实体。为部派佛教中的说出世部之主张。

6.诸法但名宗：主张世俗法和出世法都是假名而无实体。部派佛教中的一说部即主张一切现象只有假名，并无实体的教义。

7.一切皆空宗：主张一切现象虚幻不实，不真故空，相当于五教中大乘始教的空始教。论说此义的经论有：《般若经》、《中论》、《百论》、《十二门论》。

8.真德不空宗：主张真如随缘生起一切诸法，具足无量功德，真实不假。也即宇宙万法都是真如、佛性的显现。相当于五教中的大乘终教。阐述此义的经论有：《如来藏经》、《胜鬘经》、《佛性论》和《实性论》等。

9.相想俱绝宗：主张客观的境相和主观的念虑一起泯除，亦即泯灭所缘的境相，断绝能缘的心想，直显绝待之性、离言之理。相当于五教中的顿教。叙说此义的经典有《维摩经》、《思益经》。

10.圆明具德宗：主张性海圆明，备具众德，认为万物圆满呈现佛性所具的德用，事事主伴具足，圆融自在，彼此成就，互不相碍。相当于五教中的圆教。阐明此义的经典是《华严经》。

十宗是对五教的推扩，其中前六宗属于小乘教，后四宗分别与"五教"的后四教相配，依序即大乘始教、终教、顿教、圆教。五教和十宗判教仅是角度不同，彼此是相应的。

总体来看，华严宗继承了天台宗五时八教的判教体系。就五教而言，是依天台宗化法四教建立的，改藏为小，改通、别为始、终，圆教照旧，但加顿教。

但华严宗判教能与天台宗判教比肩而立，自有过人之处。法藏把《法华经》与《华严经》同命名为一乘教，但把《法华经》称为

"同教一乘"，而把《华严经》称为"别教一乘"，并以此为究竟。"别教一乘"的创立，成为华严宗判教的宗派旗帜。

二、贤首二门判教

三时五教十宗的判教可分为两大类，其一为"随他意门判教"，其二为"随自意门判教"。此二门判教是法藏大师对判教的总体把握。

第一，随他意门判教，是为相应他宗之说，随宜设施的判教方法。根据法藏大师所撰《十二门论宗致义记》及《心经略疏》，可分为权、实之判。根据《起信论义》，可分为"四宗判"。四宗为"随相法执宗"、"真空无相宗"、"唯识法相宗"和"如来藏缘起宗"，这四宗说并未显示法藏所持的华严宗义，仅是对于其他宗派判教所言及的宗门义理加以归纳，是佛对机权说之法。

第二，随自意门判教，是以开显华严本宗为旨的判教方法。此门又可大分为三：

1.绝对门同别二教判：判《法华经》的会三归一为"同教一乘"，《华严经》的圆融无尽为"别教一乘"。《华严经》中，如来海印三昧一乘教义的开显方法有两种不同的方式，一为直显海印三昧的无尽缘起、无穷法门，一则为寄托于三乘法门而显一乘教义。前者不共三乘所以是别教，后者三乘与一乘共同是为同教。

2.相对门五教十宗判：以佛陀一代教法，施设深浅次第，即五教十宗。《华严》乃至高至深的一乘圆教。

3.绝对、相对合论门的本末二教判：本末二教是从世尊说法的"时"、"处"上，区别本教及末教。这是融合同别的绝对判，与深浅次第的相对判，而成"本"、"末"之判。《华严》乃"称性本教"，以上根、上机为对象。末教即"逐机末教"，是世尊随顺施设的方便

法门。

说华严是称性本教,是因为华严为诸教本,是举照山王之本教,一切诸法均依此本教而起,一切诸法皆不离此本教。所有大小渐次诸教,都是从此华严性海流出,所以此经能统摄该括一切教法,成为诸教之本。具体说有两方面:一为开渐之本。渐即渐次,即三乘之教。佛为适应三乘权浅之机,故开三乘渐次随宜之教。二为摄末之本。摄指收摄前三乘教。诸小乘之机通过说三乘法得成熟,最后令其悟入佛慧。所有一切诸法皆悉流入毗卢遮那智藏大海,故华严为摄末之本。

法藏大师随他意教和随自意教的判教方法,主要差别在于,随他意教未立华严的究竟了义,仅在如来权宜施设的教门下工夫,未能直陈华严要义,所以法藏大师将随他意教的设立,作为前此诸家判教的一个总结。又在此基础上另开随自意门判教,以求揭示本宗华严教义的究竟性。

第四节　法界缘起,相即相入

一、缘起性起一乘二义

缘起与性起,是华严宗的圆教义旨。从"因位"上谈宇宙万法的生起,称为"缘起",从"果位"上谈宇宙万法的生起,称为"性起"。缘起是因,性起是果,因果相即,缘起和性起并无不同,只是"性起"一词更偏重佛果方面的意义。

华严三祖法藏大师结合判教,将缘起归纳为四种,即:于小乘教说业感缘起,于大乘始教说赖耶缘起,于大乘终教说如来藏缘起,于圆教说法界缘起。而唯独顿教因是无相离言之宗,不更涉教相,故无缘起之说。

1.业感缘起:以十二因缘说为主。指惑、业、苦三道辗转轮回而因果相续。"惑"为心之病,"业"为身之恶,"苦"为生死之果报;惑、业、苦三道辗转,在过去、现在、未来三世互为因果,轮回不已,故称业感缘起。

2.赖耶缘起:以种子说为主。阿赖耶意译为"藏",乃"种子"之义。这一微细不可知的藏识,为一切有情的根本所依;而一切千差万别之现象皆为此藏识所执持的种子所现行。彼种子所现行的万法,又于藏识中新熏其种子。由本有种子、现行、新熏种子等三法的辗转相生,成为一大缘起。

3.如来藏缘起:以《起信论》所说真如、如来藏为主。众生的生死流转与还灭涅槃,皆依含真如的如来藏佛性。真如佛性是无始无终不增不减的实体,应染净之缘而生种种之法。如来藏实体有真如门、生灭门二义。修行是通过对二门的认识,对治无始以来的生死根本,还归于不生不灭的如来藏。

4.法界缘起:这是华严宗基于《华严经》所说。谓万法相互融通,可为一大缘起,以一法成一切法,以一切法起一法,主伴具足,相入相即,并存无碍而重重无尽。

四种缘起中,以法界缘起为本宗之至极,华严宗就是以此相入相即的妙义,阐释法界万有相融无碍之极理。

为了简别其他缘起之说,此宗又将此事事无碍的教义,称为性起法门。所以性起也成为与缘起并论的教理精义。

性起是体性现起义,指不待他缘,依自性本具的性德生起。"性"是觉体,亦即如来藏、佛性;"起"就是当下心体的呈显。智俨大师在《华严孔目章》卷四中说,悟的本体(性)本来具足于众生心中,而于现在显现(起)。

华严宗从佛果境界出发，认为有情无情、世出世间一切诸法，都是如来藏、佛性的现起。如来藏、佛性这一觉体普遍于一切众生，宇宙万法都是由圆明清净的如来藏、佛性所呈现出来的。所以性起是说明一乘法界缘起之际，本来究竟，离于修造。

性起有理、行、果三义。理性起指万有本来真实的本性（理性）依智而显现，也即众生本具的理体佛性。行性起指闻教而起行、成果。果性起指完成佛果而起教化的作用。三者的关系是，宇宙万法乃果性起的"果体"，其理、行则为性起的"起用"。从一真法界的根本义旨来讲，虽然有宇宙万法的生起，其实是不动佛性而起，所以说"起即不起，不起者是性也。"

因此，此宗的教义，可统称为性起法门。如理性起为众生本具，因位中本有的性德，有称性而现义。又如事事无碍的教义，皆是如来称性之谈，依本具的圆满性德而起赴感应机之用。

就一乘经典而言，华严圆宗具别教一乘同教一乘二义。性起门，即别教义，迥异诸教，以《华严经》为代表。缘起门，即同教一乘义，以《法华经》为代表，普摄诸教。

华严宗主张普贤因位为能证，如来果位为所证。就佛菩萨行果来说，性起属果，是卢舍那佛的法门；缘起属因，是普贤法门。因赅果海，果彻因源，由此开展出与普贤行相应的"法界缘起"，和与如来境相应的"果海性起"。也就是从"相"上说缘起，从"性"上说性起，因此缘起与性起是二而一，一而二的不二关系。由缘起而性起，并自性起而缘起，其实都在法界无碍的大缘起法中。

二、法界缘起圆融无碍

法界缘起是《华严经》的重要宗旨。智俨在《华严一乘十玄门》中说："今且就此《华严》一部经宗，通明法界缘起"，他认为一部《华严经》的宗旨即在说明法界缘起。

佛教对有关万物生成的问题,有四种缘起说,即上述的业感缘起、赖耶缘起、如来藏缘起和法界缘起说。法界缘起是华严宗独特的缘起说,以此相入相即之义,阐释法界万有相融无碍之理。

"法界缘起"这个命题最初见于杜顺《华严五教止观》,他说,能直接照见物质等各种现象,随缘而起,无所遍计,顿显圆成,就是法界缘起。

"法界"一词是梵语的意译。"法"是事物,泛指宇宙一切现象,包括世间法和出世间法。"界"是类别,意指分门别类的事物各有其不同的界限,一般人间众生皆有十八界,也就是十八种法的功能差别。"缘起"是指任何事物或一切现象都因各种条件或关系的互相依存而生起。宇宙人生的种种现象都存在于彼此互依的关系中,没有独立的自在实体。这就是法界缘起。简言之,"法界"即宇宙万有的"总相"(本体),"缘起"即产生一切现象的"称体大用"。

法界缘起的中心要旨是:事事无碍,圆融自在。华严宗提倡法界缘起的目的,在于说明宇宙万物及其相互关系都是彼此容摄,圆融无碍,完全处于重重无尽的关系之中,这种关系就像帝释宫殿里悬挂的网珠,光光互涉,交相辉映一样。

法界缘起也是由性海开展出来的,性海即"一心",也即真如。世间和出世间的一切现象都由"一心"所生起,由"一心"所显的现象,无不处在多重普遍的关系中,彼此相互区别,又互为存在及活动的条件,其中任何一种现象产生变化,都会影响到其他每一现象和整体现象,因此,法界缘起又叫做"无尽缘起"。

《华严经》认为"悟入法界,随顺法界"是修习佛法的关键,所谓"决意修行无退转,以此饶益诸群生"。深入法界、随顺众生是

《华严经》的一贯旨趣，也是菩萨觉悟成佛的途径，所谓"悉入法界真实性，自然觉悟不由他"。《入法界品》就是以文殊象征般若之大智，以普贤象征法界之大理，来描述证入华严一真平等无障碍法界的途径。

就华严的圆融境界而言，宇宙万法平等一如，并无各种差别对待，修行者应该体悟"佛法不异世间法，世间法不异佛法"的世出世间不二关系。佛法与世间法相即相入，圆融无碍，因此，入法界与入世间并无差异，入法界即是入世间。这是法界缘起的修行理念。

三、四种法界归于一心

华严宗的法界概念兼容了"理"与"事"，涵盖了本体与现象两种意义。四祖澄观从本体和现象的角度，把法界分为四类：事法界、理法界、理事无碍法界、事事无碍法界，合称"四法界"。

万法由心而起。万有既生于一心，一心融摄万有，便成四种法界：

（一）事法界：代表四圣六凡的境界，由心产生的万相，即宇宙间千差万别的现象界，属事法界。《华严法界玄境》中列举的"事相"共有十对，即：教与义、理与事、境与智、行与位、因与果、依与正、体与用、人与法、顺与逆、感与应。十事包括了全部佛法与宇宙万物。

（二）理法界：指真如平等的理体，为万法所依，代表我们的真心。即万有皆为同一理性，真如平等，无有差别。观众生心、色等法，虽有差别，而同一体性。我们的心量周遍法界，无处不在。

（三）理事无碍法界：指真如能生万法，故万法即是真如，理体事相，互融互具，无碍通达，理即是事，事即是理，名理事无碍法界。理可以摄事,事归于理,理事互融无碍,平等即差别,差别即平等,一可摄多,多可归一。一心摄万法,万法归一心。强调法性之理融于一切事相之中,如同虚空,理与事不一不异。

(四)事事无碍法界:指诸法互摄,重重无尽,不相妨碍,一多相即,大小互容,举一全收,具足相应,名事事无碍法界。事与事相都是缘起法,都是互相资助,互相平等,法法相资,法法平等,大中有小,小中有大,大小相容。最著名的譬喻是"须弥纳芥子,芥子纳须弥",指大小是相容的,不能分开。

法界虽分为四类,但从真谛的意义上看,又岂有四法界可言?如将形诸文字的四法界消融、拂除,则只有超言绝相的唯一法界,即"无障碍法界"、"一心法界"。

所以华严宗把四种法界完全归于"一心",认为宇宙万物都依赖"一心"而得以现起;事事都是"一心"的呈显。在同"一心"中,事事都周遍含容,彼此无碍。任何一个事物都包括一切事物,每一事物都含摄其他事物,彼此交互涉入,重重无尽。基此,华严宗更进一步主张:诸佛与众生交融,净土与秽土容摄,生死即涅槃,烦恼即菩提,由此展开了华严独特的法界圆融观。

四、六相圆融十玄缘起

华严思想内涵,是从一真法界统合四法界,又从四法界的事事无碍法界,开展为十玄缘起;欲明十玄缘起,须知六相圆融;明六相圆融,须知因门六义与三性一际义。三性一际和因门六义是说明法界缘起的根据,十玄缘起和六相圆融是论述法界缘起的内容。

(一)三性一际

三性即三自性,华严宗所说"三性",名称与唯识法相所说同,

但内涵不同。唯识的"三性"指《摄大乘论》中的遍计所执性、依他起性、圆成实性，是从染到净的说法。三祖法藏则主张三性一际，认为这三者由本、末二方面来看，是相互交彻而无所差异的。

三性一际就是说三性各有二义，圆成实性中的二义为不变义、随缘义，依他起性的二义为似有义、无性义，遍计所执性中的二义为情有义、理无义。法藏大师认为圆成实中的不变义、依他起中的无性义、遍计所执中的理无义，皆由不坏"末有"而说真如一心的"本"，故三性一际，同而无异。

华严宗主张法界缘于一真如心，所以，圆成实的随缘义、依他起的似有义、遍计所执的情有义等，都由不动心真如的"本"说世界"末有"，故三义亦无不同。所以对唯识宗所说的三自性，就华严的角度看来是"三性一际，举一全收，真妄互融，性无障碍"，以此表达法界缘起真俗不二的融通思想。

（二）因门六义

因门六义是针对唯识宗的种子六义而立。华严宗认为，由缘起而引生万法的因有六种意义，详称"缘起因门六义法"，略称"因六义"。

1.空有力不待缘：谓因的体性为空，具有引生果的全部力用，而不须借助他缘的力以引生果，称为空有力不待缘。相当于种子六义中的"刹那灭义"。

2.空有力待缘：谓因的体性为空，虽具有引生果的力用，然尚须待他缘的力而引生果，称为空有力待缘。相当于种子六义中的"果俱有义"。

3.空无力待缘：谓因的体性为空，不具有引生果的力用，而必须借助他缘的力以引生果，称为空无力待缘。相当于种子六义中的"待众缘义"。

4.有有力不待缘:谓因的体性为假有(本体不变,而随缘示现的诸法,称为假有),具有引生果的全部力用,而不须借助他缘的力以引生果者,称为有有力不待缘。相当于种子六义中的"性决定义"。

5.有有力待缘:谓因的体性为假有,虽具有引生果的力用,然尚须借助他缘之力而引生果,称为有有力待缘。此犹如来藏的因,由无明的缘而随缘生自果,称为有有力;须借无明,是为待缘。相当于种子六义中的"引自果义"。

6.有无力待缘:谓因的体性为假有,不具有引生果的力用,而必须借助他缘之力以引生果者,称为有无力待缘。以如来藏而言,一切法如瀑流,如来藏于无始已来恒随逐无明而生果,故是有。而无力又随逐,是无力待缘。相当于种子六义中的"恒随转义"。

法界缘起的思想是相即相入,所以因门六义也是说明体用相即相入无碍圆融。就体的空有说相即,又就用的有力、无力说相入。

因门六义与种子六义的主要区别在于,种子六义是就有为生灭的阿赖耶识而论,与真如法性的如来藏心全无交涉,仅仅就有为事相而论。华严宗所谓因门六义,是就如来藏心不守自性随缘而论,一切诸法皆如来藏随缘法,别无自性,故皆具足此六义,突显理体。

(三)六相圆融

六相圆融的教门是二祖智俨所悟。他曾遇一异僧,告以《十地品》中六相之义包含一乘不共之理。他反复凝思,终于发现六

相圆融的教门。

六相指总相、别相、同相、异相、成相、坏相。说明了一切矛盾对立着的事物彼此联系而又互相制约。这六相既同时存在于一切事物之中，又同时表现在每一事物之上。且以房舍为例来分别说明：

第一，总别一对。"总相"是整体，"别相"是构成整体的部分。举一房舍作为总相。房舍总相，是由众多砖瓦水泥椽柱等物组成而有，而砖瓦椽柱等物，对望房舍即是别相。

从总与别的关系讲，如果没有部分（别），就没有整体（总），整体是由部分组成，这叫"以别成总"。另一方面，没有整体，也就没有部分，因为部分只有在整体存在的前提下才成为部分，这叫"以总成别"。当人们得到"总"时也就得到"别"，反之亦然。由此得出"总即别"和"别即总"的结论。以下的"同异相即"、"成坏相即"依此类推。

第二，同异一对。砖瓦椽柱等物和同作舍，不相拒逆，皆是作房舍的诸缘因素，同作房舍，故名同相；砖瓦椽柱，随自形类，各自差别，名为异相。虽同作房舍，而不失砖瓦椽柱等物差别。

第三，成坏一对。由砖瓦椽柱等诸缘因素组合房舍得成，房舍成名为成相；砖瓦椽柱等诸缘，各住本位，各具自相，虽共成房舍，但砖还是砖，瓦还是瓦，从众缘各自去看，砖瓦椽柱无一物是房舍，房舍的意义便坏，所以名为坏相。

六相是相互涉入、彼此融通而无碍的，既相反又相成，以此来阐明华严教义的逆顺具足，同时具足，互融互涉，彼此无碍的圆融理论。宇宙间一切事物无不具此六相圆融的意义，而法法尘尘无碍自在。以六相圆融故，诸法即一真法界无尽缘起。

(四)十玄门

十玄门,又称十玄缘起,是对四法界中事事无碍法界的开展,是华严宗法界缘起论的精义。十玄门源于《华严经》所依的大定海印三昧的境界,海印三昧是佛境的显示,说世间森罗万象、一切事物,都像海水一样地映现出来。由此证知一切事物的关系都是圆融无尽的,因而成就了无限广大而又互相包容,互相贯通的大法界。

十玄门首创于智俨,其说称"古十玄";后来法藏予以改善,称为"新十玄"。新旧二说的内容基本一致,仅次第略有不同。法藏"新十玄"的含义如下:

1.同时具足相应门:宇宙万有,在同一时同一处,都是一大缘起存在,皆相即相入而融为一体。如大海之一滴含百味,如在一微尘之中可以同时普现三世一切佛刹。这是十玄缘起的总说。

2.广狭自在无碍门:我们所处的世间表面看起来有大小、广狭、疏密的不同,在事事无碍、圆融无尽的领域里,小中能容大,广狭可相即而无所障碍,如一尺之境可见千里之影。

3.一多相容不同门:万事万物虽具有差别事相,仍然是相入的,一佛土与十方一切佛土,互相容纳而不坏一多之相。好像一室千灯,光光涉入而无所障碍。

4.诸法相即自在门:由此容彼,彼即是此;当由此遍彼,此即是彼,如此一法即一切法,一切法即一法,互融互即,不相妨碍。由此开展为一念成佛的思想。

5.秘密隐显俱成门:一切现象都具有表里的关系,表里是一体同具,所以隐不离显,显不离隐,隐显同时。隐显互为秘密,无前无后。显中有隐,隐中有显,名为俱成。如秋空片月,晦明相

并。非但明与暗俱,明下有暗,暗下有明。

6.微细相容安立门:一能含多,名曰相容。一多不杂,乃称安立。法法重重相摄,达到极处也不可分析,又彼此各住自位而不坏相,又同时显现于一门之内,如琉璃瓶中可盛多芥子。经云:于一尘中,一切国土,旷然安住。

7.因陀罗网境界门:这是用譬喻说明法界缘起的无尽性,就好像帝释天宫所悬的珠网,网中又悬无数的宝珠,互相映照。一珠可以印现一切珠影,无数珠更映现无数珠影。一一法中,一一位中,一一世界,互相交参,重重无尽。

8.托事显法生解门:一切事法皆互为缘起,随托一事而观,便显一切事法,能生事事无碍的境地。随举一事,能见一切无尽法界,如一花一叶,皆具甚深微妙法门。

9.十世隔法异成门:三世各三则成九世为别,一念为总,故名十世。三世区分,不相杂乱,故云隔法。三世互在,递相成立,乃称异成。十世不出于一念,而于一念中一切皆现,如一夕之梦翱翔百年。无量无数劫,解之即一念。

10.主伴圆明俱德门:如来说圆教之法,理无孤起,必有眷属随生,故十方诸佛、菩萨,互为主伴,重重交参,同时顿唱圆教法门。凡观察一法,皆能具足无尽德相,依缘起事法,则无一法孤起而皆相依而成,互相交彻,横竖成一大缘起。

十玄缘起的开展,在于观照法界圆融的无碍相。它是以相即相入的思想为核心,阐发佛教各种法门的统一性与包容性,说明万事万物都是互相包容、互相依存,以及相即相入,圆融无碍的。由此,佛教的教义、理事、解行、因果等诸法,乃至法界任何事物也具足十玄义理。如果能够随心回转,自在无碍,就能悟入一尘一法皆具十玄,证成事事无碍的妙境。

第五节　华藏世界,清净广大

一、华严佛身所摄世界

《华严经》的主尊佛是《八十华严》的毗卢遮那如来或《六十华严》的卢舍那如来,一般来说,前者被认为是法身,后者被认为是报身,而娑婆的教主释迦牟尼佛被认为是化身。

经中说一切诸佛身皆是毗卢遮那法身佛之所显现。毗卢遮那放光说法,光辉遍照处,便有诸佛显现于世。一切诸佛名异体一,都是以毗卢遮那佛为本体。佛身不在外,不在内遍满全宇宙。

华严圆教所谈的佛身,含摄颇广,与一般意义上的佛身概念不同,有行境十佛与解境十佛两种:

(一)解境十佛

无论万有万法,皆视为佛身,简约其类别为十种,统称为解境十佛。十身指众生身、国土身、业报身、声闻身、辟支佛身、菩萨身、如来身、智身、法身、虚空身。

此十身又分染分、净分。众生身,总括众生世间;国土身,总括国土世间;业报身,指感受前二身的因缘,即惑与业。以上三者是染分。声闻身与辟支佛身,总括声闻、缘觉二乘之果体;菩萨身,指求佛果之因人;如来身,指究竟圆满的佛;智身,是三乘及佛的能证智慧;法身,指三乘及佛所证的理法。以上六者为净分。虚空身,正约事空而兼理空,系上述诸身之所依。

解境十佛是在染、净、不二的境界下,融摄众生、国土、智正觉三世间所成,故又称为"融三世间十佛"。这是华严圆教菩萨于因

位以观智解悟照了的境界。

（二）行境十佛

行境十佛是指华严圆教菩萨完成修行而体达究极的佛果。其佛身是十身具足的毗卢遮那佛，或称周遍法界身。行境十身是将解境十身中如来身开为十身，即菩提身、愿身、化身、住持身、相好庄严身、势力身、如意身、福德身、智身、法身。

这两种十身，全是毗卢遮那佛所有，因为毗卢遮那佛一方面融三世间，另一方面又具足菩提、悲愿、应化等性格。也即是把一切诸法全都收摄到一大如来身中，不但众生、国土与佛无差，乃至法界的全体无非都是如来佛身。

行境十佛境界的所依可别为国土海、世界海两种：一、国土海，即十佛自体之所居，为不可说圆融自在之依报。二、世界海，因位菩萨所居、佛所教化之世界。世界海又有三类：

1.莲华藏庄严世界海：是证入位人所居，是十身具足的毗卢遮那佛所居土。在风轮之上的香水海中有大莲华，此莲华中含藏着微尘数的世界，所以叫做莲华藏世界。

2.三千界外十重世界海：相当于地上菩萨的境界，在娑婆三千世界之外，是解行位人所居。十重为：世界性、世界海、世界轮、世界圆满、世界分别、世界旋、世界转、世界莲华、世界须弥、世界相。

3.无量杂类世界海：是说尽虚空遍法界，有无量形相不同的世界，这是见闻位人所居。

以上三类世界，实则唯是一大法界，圆满自在。此三类世界为十佛（行境十佛）摄化的境界。

二、清净奇妙庄严世界

众生的根性不同，他所感见的国土也不同，而证入位人所感见的世界，即是莲华藏世界。这就是经常被人提到的华藏世界。

《华严经》所说的华藏庄严世界海，指含藏于莲花中之功德无量、广大庄严的世界。此世界系毗卢遮那如来于过去发愿修菩萨行所成就的清净庄严世界。经中说："此华藏庄严世界海，是毗卢遮那如来，往昔于世界海微尘数劫修菩萨行时，一一劫中，亲近世界海微尘数佛；一一佛所，净修世界海微尘数大愿之所严净。"所以，这个世界是毗卢遮那如来历劫修行所获得的成果。

其庄严及构造，在新译《华严经》卷八《华藏世界品》中有详细记载。

华藏世界的结构大体是：有须弥山微尘数风轮所持，这无数风轮分为十层，最上层风轮名殊胜威光藏，能持普光摩尼庄严香水海。此香水沟有大莲花，名种种光明蕊香幢华藏庄严世界海。殊胜威光藏这层风轮的上面是普光摩尼庄严香水海，在此海中有一朵大莲花，名叫光明蕊香幢，里面包藏了难以数计的世界，所以称之为"华藏庄严世界海"。

《华严经》描述了华藏世界的各种庄严奇妙情景。首先，华藏世界是由金刚所构成的，坚固庄严，不易毁坏。其次，华藏世界的大地清净无垢，平坦宽广，既无高低起伏，亦无坑坑洞洞。再者，各种宝藏井然有序地遍布在华藏世界各处。大地散布着珍宝，四处开满着莲花，各种摩尼妙宝置于香料之中，宝物交相辉映，如云霞遍布。

华藏世界又遍布着数不清的香水海，一一香水海的周围有四天下，及微尘数的香水河，诸河中间的地，悉以妙宝庄严，分布如

天帝网。——香水海中也有不可说微尘数的世界种,——世界种复有不可说微尘数的世界。莲华藏世界中央的香水海称为无边妙华光,由海中出大莲华,其上有称为普照十方的世界种。其中有二十重不可说微尘数的世界布列于其间。以此中央世界种为中心,共有一百十一个世界种,罗列成如网的围罩,而构成世界网;各皆以众宝庄严,佛则出现于其中,众生也充满其间。这样安立的一百十一世界种,称为华藏庄严世界海。依《华严经》说:"如于此华藏世界海,十方尽法界、虚空界,一切世界海中,悉亦如是。"可见一切世界海,真是多得不可思量!

《华严经》的华藏世界海,如因陀罗网重重无尽。如经上云:"坐微尘内转大法轮,如一毫端现宝王刹。"在《华严经》看来,地球是宇宙的尘埃,世界重重无尽,因此在四法界当中,最能体现,最能代表华严宗思想,就是事事无碍法界。

随着华严信仰的弘扬,华藏世界的图画也盛行起来。唐代咸亨三年(672),在龙门奉先寺大卢舍那佛像莲座周匝的三层莲瓣上,皆一一刻有释迦佛像,以表示莲华台藏世界。

三、华藏融摄极乐世界

华藏世界是《华严经》描述的圆融美妙世界,也是诸佛报土的通名,这一世界无边广大,包括了极乐世界和娑婆世界。

此世界总共有二十层,我们所住的娑婆世界,就在华藏世界的第十三层的中间。污秽的娑婆世界能包含在清净的华藏世界中,说明净秽不二,取消对立。如《法华经》中指灵鹫山为佛永远住处,《维摩经》变一大千世界为净土,广大包摄十方,净、秽二土全收,华藏世界实际上以全宇宙为毗卢遮那如来净土。华藏世界的莲花喻大乘法界真如,而非实莲花。华藏世界中的一切事物,既互不相同，各有差别，又彼此趣入，圆融无碍。

《华严经》中未说极乐世界在华藏世界内还是外，但世亲在《往生论》中说莲华藏世界，就是指阿弥陀佛的极乐世界。所以，华严是释迦的华藏，极乐是弥陀的华藏。二者是互相融摄的，这从华严十玄门也可以得到解释。

华严一微尘中，具足十方法界无尽庄严。西方净土亦复如是，于一一宝树中，悉能显现十方佛刹，犹如镜中之像。这是显示空间的解脱境界，于十玄门中，此属第二广狭自在无碍门。

就垂相言，华藏世界法报化三身一体。清净法身毗卢遮那佛为大菩萨示现智德圆满报身卢舍那佛，为劣根众生示现千百亿化身释迦牟尼佛。阿弥陀佛于西方本土，为诸菩萨现六十万亿那由他恒河沙由旬之身，为劣机众生示现丈六小身于池水上，以显示阿弥陀佛与卢舍那佛同等的慈悲方便。于十玄门中，此属第五秘密隐显俱成门。

华严诠释心、佛、众生等无差别的圆顿义理，佛所证得，即众生本觉真心，是故众生全在佛心中。乃至初发心时即成正觉，虽成等正觉不舍初发心。西方阿弥陀佛法性身，入一切众生心想中，是故我等念阿弥陀佛时，阿弥陀佛即时现前。念佛法门以佛果觉作行人修持因心。于十玄门中，此属第一同时具足相应门。

从融摄立场来看，华藏世界与极乐世界无异。而从佛土的分类来看，华藏世界是佛法身所居，不同于极乐净土凡圣同居的实报无障碍土，比凡圣同居的极乐净土高出不止一筹，不是发个愿求往生就可以随便去的，而是需以极乐为凭依过渡而去。华严二祖智俨大师临终嘱咐门人说："吾此幻躯，从缘无性，今当暂往净方，后游莲华藏世界。汝等随我，亦同此志。"即是一例。

从华严宗独特的法界观来讲，华藏世界乃无净秽、无上下、无

彼此、无障隔、无大小、不限边际，以法为界的。法界也没有明确的概念，澄观大师说："法界者，一切众生身心之本体也"；"总该万有，即是一心；心融万有，便成四种法界。"所以华藏世界就是一心，以此心念佛就是"心净即国土净"的唯心法门。

第六节　华严字母，梵呗明珠

《华严经》富丽幽深，殊妙难测，犹如罗网珠光，光光相摄，遍及十方。诵持《华严经》有无量微妙功德，依《华严经》唱诵的梵腔——华严字母也是一种微妙的行门。华严字母音律婉转曲折，层层叠荡，清静心田，摄受六根，深受四众弟子的爱好。华严字母是佛教梵呗的一颗明珠，也是东方最完美的乐曲之一。

一、四十二字母入法门

华严字母以四十二字母著称。"字母"，在中国古代称为悉昙字数（意译成就、成就吉祥）。指悉昙之摩多（意译作母、韵）与体文（意译作子音）。此为生诸字之母，故称为字母。有四十二字，四十七字，五十字之别。常见为四十二字。

四十二个字母得名"华严字母"，是因字母出于《大方广佛华严经入法界品》。这四十二个字母是由一位善财童子五十三参时参访到第四十四位善知识众艺童子所教导的，他告善财童子以此四十二字，始于阿字，终于佗字，叫做修学菩萨行的"字智法门"。

众艺童子还告诉善财说："我恒唱持此之字母，入般若波罗蜜门。"并告诉他，许多修行大乘道的菩萨，都是由字母证入实相智慧的。《大智度论》卷四十八曰："四十二字母，并一切字根本。因字有语，因语有名，因名有义。若闻字则了其义。"

这四十二字母又称四十二字陀罗尼门。这是依般若无相之理趣，所显示的四十二个梵字的特殊宗教意义。虽然是唱诵梵腔的形式，其内涵仍然离不开法界缘起相即相入的思想。如《般若经》云："一字皆入四十二字，四十二字亦入一字。"四十二字，字字都是佛身、佛语、佛意三密的流露。

二、梵呗唱诵华严字母

华严字母，是古代僧人为了学习梵语而用汉字标识的字母表。借助华严字母，可以倒推中国古时候的汉字读音。华严字母可以看作是中国古代音韵"反切"之母。它让我们知道，在唐代，佛陀（Fotuo）两字读"Boda"。

《华严字母》是梵呗唱诵音乐中的经典曲目。其唱诵词分为单音字母、双音字母、三音字母三种。《华严字母》的曲谱结构包括三个部分，即三个乐章。《华严字母赞》为第一部分，即第一乐章；《华严字母》每卷唱三个字母及小回向为第二部分，即第二乐章；《总回向》为第三部分，即第三乐章。

在诵读《大方广佛华严经》时，每卷尾所唱诵的就是其中的三个字母。从第一卷到第十四卷，每卷顺序、依次取三个字母，才将四十二个字母全部唱毕；再从第十五卷开始，重头依次排列，即四十二个字母，每经过十四卷重复全部唱诵一遍（自第七十三卷起，每卷唱四个字母）。

四十二个字母有"一合"、"二合"、"三合"三种类型。"一合"是单字（单音），如：佚、鞲、翁、乌、爐、哀、医、因、安、音、谙、讴、阿等字音。"二合"是由两个字（音）拼成一个字母，如：也娑、亦桑、亦僧、亦松、亦苏、亦臊、亦腮、亦西、亦辛、亦珊、亦心、亦三等字音。"三合"是由三个字（音）拼成一个字母，如：曷罗多、杭郎当、

恒楞登、洪笼东、胡卢都、毫劳刀等字音。"一合"共有三十三个；"二合"共有八个；"三合"只有一个。

最初诵《华严经》时，须唱诵"华严起止仪"和"华严字母赞"。"起止仪"是起梵腔："遮那妙体，遍法界以为身；华藏庄严，等太虚而为量。维此法会，不异寂场。极依正以常融，在圣凡而靡间。初成正觉，现神变于菩提场中；再转法轮，震圆音于普光明殿。遍七处而恒演，历九会以同宣。敷万行之因华，严一乘之道果。谨遵教典，大启法筵。仰祝：邦基巩固，民道遐昌。佛日增辉，法轮常转。十方施主，增益福田；法界众生，同圆种智。""华严字母赞"是："华严字母，众艺亲宣，善财童子得真传。秘密义幽玄，功德无边，唱诵利人天。南无华严海会佛菩萨。"

三、般若观门二十功德

佛教梵呗歌咏，庄严恬远，具有许多不可思议的功德。《法华经》云："或以欢喜心，歌呗颂佛德，乃至一小音，皆已成佛道！"唱诵《华严字母》是学菩萨行、修菩萨道的一种殊胜法门，又是深入"般若波罗蜜门"，生出各种不可思议的"字智法门"。据经典载，唱诵华严字母，有如下功德：

第一，开发实相智慧。据《大方广佛华严经四十二字观门》谓，如入四十二字门，则能悟入法空边际，入无量无数般若波罗蜜门。《大方广佛华严经四十二字观门》云："又善男子，如是字门是能悟入法空边际，除如是字表诸法空更不可得，何以故？如是字义不可宣说，不可显示，不可执取，不可书持，不可观察，离诸相故。善男子，譬如虚空是一切物所归趣处，此诸字门亦复如是，诸法空义皆入此门，方得显了。"这是说，通过这些字门能悟入佛法最究竟的空实相之理。旧译《华严经》卷五十七云："善男子，我唱

— 178 —

如是入诸解脱根本字时,此四十二般若波罗蜜门为首,入无量无数般若波罗蜜门。"这是说,通过这些字门能修习无量无边菩萨般若智慧之门,断尽一切烦恼。

第二,唱诵四十二字门陀罗尼,能得强记,乃至得乐说无碍之法。《大品般若经》卷五《四念处品》载,闻此诸字门时,若能自己受持读诵,或为他人解说,能得二十种功德,如得强识念、得惭愧、得坚固心、得经旨趣、得智慧、得乐说无碍、得诸余陀罗尼门等。

第三,证佛法身。据《大方广佛华严经入法界品顿证毗卢遮那法身字轮瑜伽仪轨》载,观由阿、啰、波、遮、那(四十二字门的前五字)至荼之四十二字轮,现证毗卢遮那智身,于诸法中得无障碍。

华严字母悉昙具有非常殊胜微妙的功德。密教对各悉昙字赋予深秘的解释,以为五十字门皆是法尔的"法曼荼罗",是大日如来的法身,历三世十方而恒常不变。其中,阿字是根本字母。"阿"译为无、真空,为众音之母,一切字的种子,即是般若实相理体,无生无灭,因此常有"阿字本不生"的说法。《大日经疏》卷七云:"阿字自有三义,谓不生义、空义、有义。……又如啰字亦有三义:一者尘义。二者以入阿字门故,即是无尘义。又有波罗蜜义,以究竟到彼岸故,即是本初不生。当知亦具三点,三点即摄一切法。如阿字啰字者,余诸字义皆然。"

总之,华严字母功德如赞偈所唱:"四十二字妙陀罗,字字包含义理多,梵韵满娑婆,功德大,法界沐恩波。四生九有,同登华藏玄门。八难三途,共入毗卢性海。"

见性成佛的禅宗

汉传佛教宗派多来自于印度,但唯独天台宗、华严宗与禅宗,是由中国独立发展出来的三个本土佛教宗派,其中又以禅宗最具独特的性格。禅宗始于菩提达摩,盛于六祖慧能,中晚唐之后成为汉传佛教的主流,是汉传佛教最主要的象征之一。

禅宗虽以禅名宗,却是一种全新的禅法体系,禅的内涵也不同于佛教所说的"禅那"、"定"、"三昧",相反贱视坐禅,"道在心悟,岂在坐也?"而将坐禅赋予更深意义的解释。六祖慧能提出"外于一切善恶境界,心念不起"名为坐;"内见自性不动"名为禅,把禅的内核凸现出来,直落到众生心上。修禅者必须有直下承担的勇气,确认即心即佛,因此禅宗不是靠坐禅来开悟的,而是靠禅心开悟的,"但用此心,直了成佛"。明了"心"比修什么事相都重要。坐禅的形式岂可障碍了心的本性,桎梏了心的自由?

禅宗在六祖慧能以后创生了祖师禅,以佛心立宗,标榜"不立文字,教外别传",舍弃知解,抛弃经教,呵佛骂祖,棒打断喝,全然为了显示众生本心的样貌,完成"直指人心,见性成佛"的目的。

第一节　自称宗门，教外别传

　　每个宗派都有自己的特色，相对于其他以经教闻思修为主的宗派，禅宗称其他宗为"教下"，意思是在佛的言教下修行。自称"宗门"，乃教外别传，意思是禅宗不施设文字，不安立言句，直传佛祖心印，也就是在如来经教之外的另一种传授，所以称之为教外别传。

一、别传于拈花微笑

　　教外别传的最早渊源，是一个神秘有趣的故事。

　　根据《大梵天王问佛决疑经》所说：一日，佛陀行化至灵鹫山，时有大梵天王，献花供佛后，舍身为床座，恭请佛陀为众生说法。此时世尊登座，接受大梵王所献的妙法莲金光明大婆罗华，并"受此莲华，无说无言，但拈莲华，入大会中"，当时与会百万人天不明佛意，悉皆罔措，默然不语。这时，唯有迦叶尊者灵犀相应，廓然，破颜微笑。于是佛陀开口道："是也！我有正法眼藏，涅槃妙心。实相无相，微妙法门。不立文字，教外别传。总持任持，凡夫成佛第一义谛，今方付嘱摩诃迦叶。"在如此一个百万人天的大法会上，只有迦叶尊者明白佛意，破颜微笑，可知禅心的微妙。其实这就是心法相传。就这样，禅在拈花微笑——师徒心意刹那交会之间传了下来。佛陀还同时传了一衣一钵作为付法的信物。

　　这里，"正法眼藏、涅槃妙心"指佛离言语之外教外相传的心印。"正法眼藏"又称清净法眼，即依彻见真理的智慧眼（正法眼），透见万德秘藏的法（藏），也即佛内心悟境。"涅槃妙心"指佛心，佛心本体，本来寂灭，故称涅槃；不可思议分别，故称妙。微妙

佛心不是言教所能表现或把握，而系以心传心是由师父之心传至弟子之心。从此，这两句话成为诠释禅宗心旨的名言。

经是佛语，禅是佛意，禅宗取佛意为最殊胜，定"不立文字，教外别传，直指人心，见性成佛"为"禅"的根本宗旨。禅宗将诸法实相之理，与众生的自心、本性结合起来，强调"心、佛与众生，是三无差别"，要求把本性、真心作为总源头，将修行方法看作是可以取之于己、不待外求的。因为菩提非从外得。正如慧能大师说：一切万法，尽在自心中，何不于自心顿现真如本性！

顿悟自心之说也不是禅宗独有，教下对此也有种种说明，只不过禅宗特别强调悟自性，并且抛弃烦琐的理论，独倡顿悟，因此顿悟成为宗门的标识。可以说，藉教顿悟是教下的修行方法，藉心顿悟是禅宗的修行方法，所以禅宗又称为佛心宗，有直接悟入佛心之意。

因此，教外别传，实无一法相传，更无一法授人，只是以心心契合的证明来表示相传，禅宗自豪地称之为"千圣不传的传"。这一传灯授法的由来，是以释尊的正觉为禅宗的起源。

二、宗门教下分与合

八宗之中，每宗都有不同的判教方法，都是以自宗所依经教的义理最为殊胜。因此，宗门、教下之分即可看成是禅宗的判教。

就宗与教的分合，禅宗传法的历史经历了三个阶段。

第一阶段是藉教悟宗，是以教为宗的入手处。达摩祖师到中国来，以四卷《楞伽经》作为印心的根据。他留下的法门叫做"藉教悟宗"，意思是依据佛陀的言教，领悟佛陀教法的宗旨、宗要、纲宗。达摩祖师还说："入道多途，不外两种。一是理入，一是行入。"所说的"入道"，就是悟宗，藉教悟宗是依于经典研读体究来证悟本具佛性。如永嘉玄觉禅师,少习经论,精天台止观法门。因看《维摩经》,发明心地。六祖慧能弟子玄策来访,二人言谈甚欢,玄策认为永嘉玄觉出言暗合诸祖,悟境不凡,于是问他:"仁者得法师谁?"玄觉回答:"于《维摩经》悟佛心宗,未有证明者。"唐时佛教有请公认大德作开悟印证的良好风气,受玄策激励,永嘉玄觉遂同他前往曹溪参谒。见六祖后得受印证,留宿一夜而辞,人称"一宿觉"。可见玄觉因修习天台止观并读《维摩经》而悟道,在与慧能的机锋辩论中,其无生悟境得到了慧能的勘验和印可。又如玄沙师备禅师因阅读《楞严经》,发明心地;由是应机敏捷,与修多罗冥契。许多祖师都是从经教中悟明心地的。

"藉教悟宗",是禅宗修行的根本依据,也是达摩祖师理入与行入这一对概念的高度总结。

第二阶段是宗门教外的分途。宗门与教下的分途不是从初祖达摩开始,而是从慧能之后分灯的五宗开始的。佛法的修学次第本是先通教后修禅,宗门与教下本来一致。自从慧能之后,流行"教外别传"之说,宗门与教下也就分途了。

禅宗发展到慧能门下五家七宗的时候,祖师禅盛行,自许教外,自称"心宗",直得如来心传,而称其他佛教宗派为"佛语"、"教宗"、"教下"。其中,最常用的"宗门"一词,系依《楞伽经》所言"佛语心为宗,无门为法门"义而来。宗者,流派之本源,禅宗自认为禅是佛法的总府渊源、佛道的正门。而将唐朝时较为兴盛的天台、华严、法相等教家立场的宗派称为"教门"或"教下",认为大小诸乘,空有二部的共同特点是"藉教",即依据经论文字来获得佛法,确立教旨的。为了显出自宗特点,禅僧著书也常冠以"宗门"二字,以标示其有异于教门。

第三阶段是宗门与教下的和会。五家七宗中,创立最晚的法

眼宗主张宗门与教下和会。禅宗在唐时大盛，但到五代时期，显露一些形式化、口头禅化、狂禅主义等的弊端。因为没有经教的学习和真正的顿悟，许多学人半懂不懂，也可以云山雾罩乱侃一通，以至于到了车马走卒都能谈禅道玄的泛滥程度。因此，到了后来，注重体悟自性，摒弃一切形式的禅宗，与重视讲读佛经和修持六度等传统修行方法，时常发生矛盾，引发争论。

所以，五代时著名的永明延寿禅师把宗门和教下大为和会，著《宗镜录》一百卷，主张禅教融贯，他说："祖标禅理，传默默之正宗；佛演教门，立诠下之大旨。则前学所禀，后学有归。"《宗镜录》会合天台、贤首、慈恩三家经论教法，宗归一心，成禅宗以来未有之巨著。民国太虚大师曾回顾宋、元、明、清以来禅教和会的历史概况，指出禅教和会有两种，一种是引教通宗，一种是以宗融教。无论"引教通宗"或"以宗融教"，都说明禅宗这一在唐代既契佛理又契众生之机的法门，到了后来渐渐只契理不契机了，众生根机渐钝，需要会通方能使众生得到真实受用。

其实宗与教，在六祖看来是一致的。他在《坛经·般若品》中，即有禅教兼通的明示："说通及心通，如日处虚空。……说即虽万般，合理还归一。"心通，也称宗通；说通，也称教通。不管是禅宗还是教下各派，理必定是归一的，这就是玄觉在《证道歌》中所示："宗亦通，说亦通，定慧圆明不滞空。非但我今独达了，恒沙诸佛体皆同。""宗"与"教"的归一之理就是诸佛之体诸法实相。

有教有宗，修行才会在正确的理论指导下，实践领悟教义所包含的宗要。所以宗与教不能分离。修行必须要以佛陀的言教为依据，不能自说自是，所谓"通宗不通教，开口便乱道"，所以教是以宗为归宿的理论，宗是以教为指导的实践、结果。

第二节　不立文字,经典印心

禅宗依佛心立宗,主张不立文字。认为要真正达到"悟道",唯有隔绝语言文字,凭个体亲身感受去体会。

不立文字,并不是不要文字,抛弃经论,因为一味地强调不可说,也是一种执着。禅宗认为语言文字会约束思想,故不立文字。所以禅宗仍有三部重要的经典作为修行依据:《楞伽经》、《金刚经》和《六祖坛经》。禅宗与其他诸宗的相异之处,在于不立正依的经典,即使引用经典也是一时的方便施设,最主要者莫过于依佛心,从性起修,不立文字,教外别传,以期"直指人心,见性成佛"。

一、《楞伽经》无门传心

《楞伽经》全称《楞伽阿跋多罗宝经》,刘宋求那跋陀罗译,共四卷。楞伽,山名;阿跋多罗,即入之义;本经是佛陀入楞伽山所说。中国禅宗从达摩始百余年间皆以《楞伽经》印证,故禅宗也称为楞伽宗。

《楞伽经》在印度,是法相唯识系与如来藏系的重要经典,内容阐述"诸法皆幻"的旨趣。全经以五法(名、相、妄想、正智、如如)、三自性、八识、二无我(法无我、人无我)等名相为中心,论及缘起、涅槃、禅定、渐顿等重要思想。传译到中国后,对中国佛教影响颇大。

《楞伽经》是初祖达摩至四祖道信用来传授禅法和印心的经典。菩提达摩躬至中国传播印度大乘禅学,提出要"藉教悟宗",以《楞伽经》印众生心地,力传上乘一心之法。他自称"南天竺一

乘宗"，所凭借的就是《楞伽经》的如来藏说与阿赖耶之说，从染净两方面去阐发"心性本净，客尘所染"形成的心性之理。

菩提达摩以四卷《楞伽经》授慧可，并云："我观汉地，唯有此经，仁者依行，自得度世。"以后慧可弟子修行此法时，主张"专唯念慧，不在话言"，实行以"忘言、忘念、无得正观"为宗旨的禅法，世称楞伽师，并成为以后禅宗的先驱者。本经中的唯心论、禅法、顿渐之法，成为禅宗开宗的基石，《传灯录》记载五祖弘忍曾在墙壁上画有楞伽修定图。

自二祖到四祖，都是专门以《楞伽经》传承的。慧可遵师所付，让弟子"那满等师，常赍四卷《楞伽》以为心要，随说随行"。三祖僧璨继持《楞伽经》以为心要，隐思空山，萧然静坐，口说玄理，不出文记。四祖道信也以《楞伽经》为依据，以藉教悟宗，所著的《入道安心要方便法门》记载："为有缘根熟者，说我此法，要依《楞伽经》，诸佛心第一。"

以上诸位楞伽禅师都是藉《楞伽经》如来藏清净心体之教，共倡心性本净的宗旨。

到了五祖那里，虽已开始重视《金刚经》，但也同时弘扬《楞伽经》。弘忍在东山以楞伽义开示门徒，说："我与神秀论《楞伽经》，玄理通快，必多利益。"弘忍的弟子神秀大师自称承袭"东山法门"，其禅法仍具"持奉《楞伽》，递为心要"的特色，说明《楞伽经》一直是宗门所奉的传心宝典。

二、《金刚经》持诵见性

《金刚经》与《心经》一样，是六百卷《般若经》的精华。"般若"系梵语音译，意思是锐利透视的智慧。经名"金刚般若"，象征般若智慧如同金刚，锐利无当，能够摧毁一切。般若思想说明"性空幻有"，也就是正确处理出世真理与世间真理的方法。

《金刚经》主张要以空观的智慧，破除"我"、"众生"、"佛"三者之间的分别，断除我执和法执。"应无所住而生其心"，修行唯有不住相、不偏执，才能把握空的极致，圆证法身功德。

《金刚经》由于其直指人心、见性成佛的般若智慧，禅宗对之特别推崇，并以之印心和传授徒众。《金刚经》是从四祖道信开始重视的。四祖道信用《金刚经》、《法华经》、《维摩诘经》等经对般若与楞伽作了会通，即大乘心性的空有结合加以论证，曾劝人念"摩诃般若波罗蜜"。其弟子五祖弘忍也普劝僧俗读诵《金刚般若波罗蜜经》："但持《金刚经》，即自见性，直了成佛。"之后，《金刚经》就逐渐取代了《楞伽经》的地位。

到了六祖慧能即大力弘演，说持诵《金刚经》功德能入甚深法界，见性成佛。六祖慧能就是听闻其中偈"应无所住而生其心"而开悟的。之后他就以文句简单的《金刚经》代替了名相丰富，说理繁多，译文生涩的《楞伽经》。力图摆脱名相烦琐的束缚，单刀直入，另辟蹊径，终创颇具特色的中国禅宗。

三、《六祖坛经》立顿教

《六祖坛经》又称《六祖法宝坛经》，记载了慧能大师一生得法传宗的事迹及启导门徒的言教。由慧能弟子法海等记录。《坛经》是中国僧人著述中唯一一部被称作"经"的经典性著作，它的问世如同一面旗帜标志着真正意义的中国禅宗的形成。

《坛经》由相当于序分、正宗分、流通分的三部分内容组成，第一部分序分叙述了慧能大师应地方官吏韦璩之请，到韶州城中的大梵寺开堂说法，是《坛经》的缘起。

第二部分正宗分是慧能大师在大梵寺说法的内容，包括三方

面：慧能自述本人家世、与佛教的结缘及创宗成祖的经历；慧能对佛教学说的系统阐说，包括净土、定慧、般若、佛性、顿渐、不二法门等问题的看法；慧能与弟子的答问，如什么是功德、身中净土、在家和出家等思想，都是对后世影响颇大的石破天惊的开悟指南。

第三部分流通分叙述了慧能大师去世前对十弟子等的嘱咐及临终前后的情形。慧能为了"不失本宗"，使顿教法门能代代传下去，为他们讲述了"先代五祖《传衣付法颂》"，及自七佛以来至慧能总计四十代祖的传法世系，并嘱付十弟子"向后递代流传，毋令乖误。"

由于六祖顿悟成佛说的异军突起，他的开示记录《坛经》，言简义丰，直指心源，成为禅宗的无价之宝，几乎所有禅宗学人无不重视和倾心，以至于后人有"人生最大幸福事，夜半挑灯读《坛经》"之叹。

六祖以朴质简捷、清新明快的传教风格，创顿悟成佛之说，从而使顿教法门，风行天下。他的《坛经》也被近代国学大师钱穆列为与《论语》、《孟子》并称为探索中国文化的经典之一。

第三节　六代单传，付法授衣

禅的传承，源于佛陀于灵山会上的付嘱。世尊将金缕僧伽黎袈裟，传付于迦叶以为依凭。经过这大法授受，大迦叶尊者正式成了禅宗第一代祖师。自此历代祖师传法付衣，灯灯相续。

迦叶为西天禅宗始祖，其后次第相承而至菩提达摩，计为二十八代，称"西天二十八祖"。依序为：一、摩诃迦叶，二、阿难尊者，三、商那和修，四、优婆鞠多，五、提多迦，六、弥遮迦，七、婆须蜜,八、佛陀难提,九、伏驮蜜多,十、胁尊者,十一、富那耶舍,十二、马鸣大士,十三、迦毗摩罗,十四、龙树大士,十五、迦那提婆,十六、罗睺罗多,十七、僧伽难提,十八、伽耶舍多,十九、鸠摩罗多,廿、阇夜多,廿一、婆修盘多,廿二、摩拏罗,廿三、鹤勒那,廿四、师子尊者,廿五、婆舍斯多,廿六、不如蜜多,廿七、般若多罗,廿八、菩提达摩。

达摩为中土禅宗初祖。禅宗在中土的传承为"六代单传,花开五叶"。六代单传指中土法脉传承共有六位祖师递传,达摩来华,递相传授二祖慧可、三祖僧璨、四祖道信、五祖弘忍、六祖慧能,世俗所谓"衣钵传人"是也。

一、达摩面壁付法印

菩提达摩(? —535),婆罗门种姓,南天竺香至国国王第三子,从般若多罗学道,与佛大先并称为门下二甘露门,四十年之后受得法衣钵。

达摩于北魏末年首先活动于洛阳,后来至嵩山少林寺面壁九年修习禅观。

达摩上嵩山面壁的原因是与梁武帝话不投机,即"了无功德"的公案。达摩于梁普通元年(520)来华,至南朝都城建业会梁武帝。梁武帝问达摩:"朕即位以来,造寺、写经、度僧,不可记数,有何功德?""并无功德。""何以无功德?""此但是人天小果,有漏之因,如影随形,虽有非实。""如何是真功德?""净智妙圆,体自空寂,如是功德,不以世求"。达摩的目的是要破除梁武帝对功德的执着,贪执"功德",即落入"有、无"对立的妄执。当时梁武帝一心钦慕佛法,不论是建寺、造经、供僧,皆不遗余力,自认很有功德,达摩祖师却一语道破,告诉梁武帝毫无功德。会晤不契,祖师"一

苇渡江",北上洛阳,后卓锡嵩山少林寺,面壁九年,当时人称他为"壁观婆罗门"。

达摩于此所修的大乘禅法,名曰"观壁"。壁观者喻如墙壁,中直不移,心无执着,遣荡一切执见。以无著之心,契彼真实之理。达摩禅法,旨在于此。

后来有慧可慕达摩之高风,断臂求法。达摩感其精诚,于是传他安心发行之真法,又授彼一宗之心印,改名慧可。

侍奉六年后,达摩将四卷《楞伽经》、佛钵和袈裟传与慧可,并付法偈:"我本来兹土,传法救迷情。一花开五叶,结果自然成。"不久即入寂。东魏天平三年(536)卒于洛滨,葬熊耳山,留下只履西归的传说。

达摩在少林寺有嗣法弟子慧可、道育、总持、道副等,《景德传灯录》卷三等记达摩临终时印证慧可得髓、道育得骨、尼总持得肉、道副(即僧副)得皮,并将袈裟传给慧可,交待他日后"内传法印以契证心,外付袈裟以定宗旨"。

二、慧可断臂求安心

慧可(487—593),原号神光。俗姓姬,虎牢(今河南荥阳县)人。自幼志气不凡,为人旷达,博闻强记,广涉儒书。后栖心佛理,立志出家,到洛阳龙门香山,跟随宝静禅师学佛。受戒后遍游各地讲堂,学习大小乘佛教的教义。为求即生解脱,在香山寺终日坐禅,勤修苦练八年。后来得到宝静禅师的指示,让他去参访天竺祖师菩提达摩大士。慧可前往少林寺,晨夕参拜。但达摩端坐面壁,视若无睹。

慧可求法心切,坚定地守护在洞外。大雪纷纷,他一如既往地站在雪地里。后来大雪埋住了他的双膝,一直埋到腰部。

达摩终于开口问他："你久立雪中,所求何事?"慧可说："我是来求和尚开示的。"达摩对他说："求法的人,不以身为身,不以命为命。诸佛无上妙道,岂以小德小智,轻心慢心,随意就能得到?"

慧可为了表示自己求道的恳切和决心,挥刀砍断左臂,呈在达摩面前。并问道:"诸佛法印,可得闻乎?"

祖师道:"诸佛法印,匪(非)从人得。"

慧可听了很茫然,便说:"我心未宁,乞师与安。"

祖师回答道:"将心来,与汝安。"

慧可沉思了好久,回答道:"觅心了不可得。"

祖师于是回答道:"我与汝安心竟。"

慧可听了祖师的回答,当即豁然大悟。

慧可开悟后,继续留在达摩祖师的身边,时间长达六年之久,后继承了祖师的衣钵,成为禅宗的二祖。

后来慧可禅师将衣法付给弟子僧璨,说:"我有宿累在邺,将往偿之。善去善行。"即前往邺都,韬光养晦,变易形仪,随宜说法,或入诸酒肆,或过于屠门,或习街谈,或随厮役,一音演畅,四众皈依,如是长达三十四年。

据说,因为知道他禅法而来学习的人日渐增多,引起了其他恶僧的嫉妒,遭遇到非法迫害,慧可怡然受之。灯录上记载,慧可禅师活了一百零七岁,寂于隋文帝开皇十三年(593),谥大祖禅师。

三、僧璨至道信心铭

僧璨禅师(? —606),出生年月及姓氏均不详,是先开悟后出家的特殊人物。

北齐天保二年(551),有一居士,年四十许,不称姓名,趋前礼

拜而问慧可说："弟子身缠风恙,请和尚忏罪。"慧可说:"将罪来,与汝忏。"居士良久云:"觅罪了不可得。"可曰:"我与汝忏罪竟,宜依佛法僧住。"

居士言下大悟,于是慧可为其剃发云:"此法宝也,宜名僧璨。"执侍巾瓶两年后,慧可说与付法偈:"本来缘有地,因地种花生;本来无有种,花亦不曾生。"

二祖授法付衣后,诫之曰:"后必有难,汝当远引避之。"僧璨听从嘱咐,遂隐于舒州皖公山。后周武帝毁灭佛法时,僧璨经常往来于司空山(也称思空山,今安徽省太湖县东北)、皖公山(即天柱山,今安徽省潜山县西北)之间,积十余年无人知晓。直到宣政元年(578)禁佛运动结束,武帝驾崩,佛教开始兴盛与发展,僧璨才出山弘法,公开驻锡山谷寺,建立道场,开坛说法。

隋仁寿元年(601),僧璨把衣钵传给了在自己身边服劳九载机缘成熟的道信。之后到广东罗浮山行化,两年后又回山谷寺弘教,为四众广宣心要,宗风大振。

隋大业二年(606),僧璨禅师告诉大众:"余人皆贵坐终,叹为奇异,余今立化,生死自由。"说完,便用手攀着树枝,奄然而化。唐玄宗谥为鉴智禅师,塔曰觉寂。

三祖僧璨著有《信心铭》,强调远离一切对立、差别、是非得失之妄念,而住于平等自在之境地,如云:"至道无难,唯嫌拣择。但莫憎爱,洞然明白";"莫逐有缘,勿住空忍,一种平怀,泯然自尽"等,被视为以中国化思想解说禅法真髓的重要著作,对后世禅宗的发展,产生了极为深远的影响。

菩提达摩、惠可和僧璨三位祖师的时代均未形成正式的禅宗,只称楞伽宗或楞伽师。三人均命途多舛,这与他们的禅法尚未被佛教其他宗派认可,慧可、僧璨二人遭遇北周武帝灭佛有关,所以早期的禅宗影响并不大。禅宗的转机来自于僧璨的弟子道信的问世。

四、道信传法双峰山

道信（580—651），河内（今河南沁阳）人，后移居薪州广济县（今属湖北省）。俗姓司马，生而超异，幼慕空宗诸解脱门，宛如宿习。

隋大业年间（605—617），道信被允许正式得度为僧，配住吉州（今江西吉安）寺。道信在僧璨的启发下开悟而成为付法弟子。

道信问："愿和尚慈悲，乞与解脱法门。"

师曰："谁缚汝？"

曰："无人缚。"

璨曰："何更求解脱乎？"

道信于言下大悟。

道信二十六岁时被三祖授以衣钵。僧璨付法偈云："花种虽因地，从地种花生；若无人下种，花地尽无生。"

道信后住庐山大林精舍十年。唐武德七年（624），应薪州道俗信徒之请前往江北，移居黄梅双峰山，大弘所得之法，四方学士，云集法筵。他在双峰山领众修道，立寺传法，直至圆寂，历时近三十年。长年习禅，坐不倒单，胁不至席者六十年。

道信的双峰山僧团最兴盛时有五百多人，"诸州学道，无远不至"。五百弟子中，弘忍、牛头法融最为杰出。

高宗永徽辛亥岁（651）闰九月初四日，忽垂诫门人曰："一切诸法，悉皆解脱，汝等各自护念，流化未来。"言讫安坐而逝。世寿七十二，塔于本山。代宗谥大医禅师，元泰定年时加号"妙智正觉禅师"，塔曰慈云。

自菩提达摩以四卷《楞枷》授慧可以来,禅门的修持一直以如来禅为主,即以如来经教为凭传法印心。当时,尚无禅宗之名,只称楞伽宗。道信以《楞伽》心性之禅为基础,融摄了江南盛行的菩萨戒和般若禅。他依据《文殊师利所说般若波罗蜜经》制定有《入道安心要方便》,主张以坐禅观心为主的五种禅要,即:知心体、知心用、常觉不停、常观身空寂、守一不移等。

在生活方式上,也起了很大变化。以前禅者多为散居,兼修头陀行。道信主持的双峰山道场,则集中居住,共同修持,同住者五百余人,一衣一钵的散居生活转变为团体生活,形成了秩序井然的和乐僧团。此种生活方式上的变化,是禅宗独立僧团的开始,为后来的禅林制度奠定了基础。

四祖道信有个旁出法嗣,是牛头宗的创始人法融禅师(594—657)。

法融精于坐禅,曾入江宁牛头(首)山幽栖寺北岩的石室专修禅定,感百鸟衔花之瑞。四祖道信闻之,前往点拨并付其法,由是法席大盛,自成一派,此为禅宗分派之始。牛头宗于唐代盛极一时,门下著名祖师有玄素、道钦、鸟窠道林等人,然至宋代以后则衰竭不振。

五、弘忍东山创法门

弘忍(601—674),祖籍浔阳(今江西九江),后迁居蕲州黄梅(今湖北黄梅),俗姓周。《祖堂集》称他"幼而聪敏,事不再问"。传说他前生是破头山中栽松道者寄宿再来之人。他七岁时,被四祖道信遇见,带到了双峰山(又名破头山)道场。年十三,弘忍正式披剃为沙弥,奉事四祖。

道信遇到法嗣弘忍也有一段传奇。道信一日往黄梅县,路逢一小儿,可七岁许,骨相奇秀,异乎常童。

祖因问曰:"子何姓?"

答曰:"姓即有,非常姓。"

祖曰:"是何姓?"

答曰:"是佛性。"

祖曰:"汝无姓耶?"

答曰:"性空,故无。"

祖默识其为法器,即顾侍者道:"此儿非凡之器,后当大兴佛事。"于是请求他的父母舍为弟子。道信为之剃度,名曰弘忍。

弘忍少言寡语,宽忍柔和,在日常生活中,心心在道,行住坐卧,起心动念,无时无处不在觉照中,而且经常干苦活重活,甘为大众服务。晚上则摄心打坐,通宵达旦。道信常以禅宗顿渐宗旨考验他,弘忍根性敏利,触事解悟。永徽三年(651),道信付法传衣给他,付法偈曰:"花种有生性,因地花生生。大缘与性合,当生生不生。"

道信圆寂后,弘忍继任双峰山法席,领众修行。其后,参学的人日见增多,他又于双峰山东冯茂山另建道场,取名东山寺,安单接众。因此他的禅法,被称为"东山法门"。他先后住双峰山和东山寺两地数十年,足不下山,唐高宗曾两次遣使请他到京城,都被婉拒。

龙朔元年(661),弘忍为觅法嗣,乃命门人各呈一偈,表明悟境。当时上座神秀呈偈曰:"身是菩提树,心如明镜台,时时勤拂拭,勿使惹尘埃。"慧能听说之后,在此基础上作偈曰:"菩提本无树,明镜亦非台,本来无一物,何处惹尘埃。"弘忍认为慧能的悟境高于神秀,遂将衣法密传给慧能,命他连夜南归。

弘忍禅师入寂于唐高宗咸亨五年(674)二月,春秋七十四。

唐代宗谥号大满禅师。

达摩以来，以《楞伽》印心。至四祖道信，又增加了一行三昧的修持方法。弘忍继承禅学传统，并增加了以《金刚经》印心的新内容。

弘忍对禅法的弘扬使中国禅宗进入了一个大发展阶段，学禅的人数空前壮大，门徒数以万计，门下有十位得意的弟子，如慧能、神秀、智洗、刘主簿、惠藏、玄约、老安、法如、智德和义方等。

在此十人中，最突出和影响最大的是神秀与慧能。此二人虽然是同一师承；但所传禅法则不尽相同。慧能在南方，其禅法宗《般若》为顿门；神秀在北方，其禅法宗《楞伽》为渐门，世称南能北秀或南顿北渐。

六、慧能广弘顿悟禅

六祖慧能(638—713)，俗姓卢，先世河北范阳(今涿县)人，其父谪官至岭南新州(今广东新兴县东)，唐贞观十二年(638)生慧能，遂为广东新州人。

关于慧能的出世，古德已有预言。据传梁天监元年(502)，智药三藏自西印度来广州，于法性寺刘宋求那跋陀罗所建戒坛之畔，亲植菩提树一株。并预言一百七十年后，当有肉身菩萨至此地演化得道，随他学道修道者将如树林一样多。后来果然预言应验。所以慧能大师是受佛慧命，乘愿再来的高僧，开教外别传一代宗风，托中华之沃土，开五叶之法脉。

慧能幼年丧父，后移南海，家境贫困，靠卖柴供奉其母。有一天，在市中，闻客店有人诵《金刚经》，心即开悟，便问此经何处得来，客人告以从黄梅东冯茂山弘忍禅师受持此经。他因之有寻师之志。

佛教八宗教理行果

慧能于咸亨三年（672）到湖北黄梅参拜弘忍学法。初次见面，弘忍见他机锋伶俐，不便回绝，就安排他随众劳动。慧能在碓房踏碓八个月。当时东山禅众达七百人。有一天弘忍为了考验大众禅解的浅深，命各人作偈呈验。众僧上座神秀和尚，半夜三更时分，独自掌灯，在佛堂南廊写下一偈："身是菩提树，心如明镜台，时时勤拂拭，勿使惹尘埃。"一时传诵全寺。弘忍看后对大众说，后世如能依此修行，可得胜果，并劝大众诵之。慧能在碓房，闻僧诵这一偈，以为还不究竟，便改作一偈，请人写在壁上。偈云："菩提本无树，明镜亦非台；本来无一物，何处惹尘埃！"众见此偈，皆甚惊异。弘忍见了，即于夜间秘密传与衣钵，并付传法偈云："有情来下种，因地果还生，无情亦无种，无性亦无生。"交待衣钵至他不要再传。随后即送他往九江渡口。临别又叮嘱他南去暂作隐晦，指示"逢怀则止，遇会则藏"，待时行化。

因此慧能回到广东曹溪后，隐遁于四会、怀集（今广西怀集县）二县间，在唐高宗仪凤元年（676），因法性寺（今光孝寺）"风幡之议"的机缘，遇到印宗法师，泄露了禅宗衣钵传人的身份。印宗法师为他剃发、授戒，应了智药三藏的预言。

不久，慧能辞众归曹溪宝林寺，印宗与道俗千余人相送。那时，韶州刺史韦璩仰其道风，率同僚入山请慧能大师入城于大梵寺讲堂为众说法，兼授无相戒。僧尼道俗集者千余人，法席大盛。唐开元元年（713），慧能在新州圆寂，其遗体回曹溪，肉身法相保持至今。

慧能在曹溪宝林寺说法三十余年，在禅宗的地位得到确立，被称为"六祖大师"，而神秀则在北方传法，受到唐宫室敬重。从此，形成禅宗南北两派。慧能得法弟子四十人，其后支派并起，门下开出五家七宗，成为唐以后中国佛教的主流。

何以"衣钵"只传至六祖,便不再传下去?原因有三:

一者,衣钵是纷争之端,因为传衣、传钵会造成门徒弟子之间的纷争;每个人都认为自己的修行和悟性不错,应该得到"法"、得到"衣钵"。六祖想到衣钵是争端,因此不传。

二者,六祖根据达摩祖师"至吾灭后二百年,衣止不传,法周沙界"的预言,知道因缘如此,因此决定以"法"印证,而不传衣钵。

三者,所谓衣钵相传只是表信,衣钵只能传一个人;如果不传衣钵而传法,则不限于一个人得法,会有更多的人得到传法印心。

后来,六祖准备回新州入灭之际,又有门徒们向六祖大师请示:"大师既曰不传衣,只传法,法当传付何人呢?"

六祖说:"法已付给大家,不须再问。我灭后二十余年,邪法惑乱,扰乱我的宗旨,届时会有人不惜生命,出来替佛教厘清是非,树立宗旨,那就是我现在只传正法,衣不复传的原因。"

果然,后来六祖弟子神会禅师,在滑台无遮大会中,高树法幢,大作狮子吼,为六祖定位,使得六祖大师功垂中国文化史,光辉灿烂,照耀古今。这是后话了。

第四节　花开五叶,宗门大盛

自达摩东来以后,禅的新生命和新的形式潜滋暗长。从最初的南天竺一乘宗,到达摩传至四祖道信的楞伽宗,再到六祖慧能的南宗禅宗经历了一个较顺利的发展过程,花开五叶,宗门大盛。

一、慧能门下三大派

慧能著名弟子有南岳怀让、青原行思、荷泽神会、南阳慧忠等,形成禅宗的主流,其中以南岳、青原两家弘传最盛。据传,慧能逝后神会之时，当时禅师有几千数（指开山传教的），归纳起来有十室七家，除了北宗外，最著名的是三宗：洪州宗、牛头宗和荷泽宗。

荷泽宗、洪州宗与石头宗，同为慧能门下三大派，前者早盛早衰，昙花一现；后二者后来居上，传灯不绝。

（一）荷泽宗力彰南禅

荷泽宗以荷泽神会（686—760）为宗祖。神会于唐玄宗时，住洛阳荷泽寺，故后世以荷泽称之，其宗派亦被称为荷泽宗。神会初受大通神秀的提携，后至曹溪，入大鉴慧能之门，北游增广见闻，复随侍晚年的慧能而嗣其法。慧能大师圆寂后，神会在洛阳荷泽寺，订定西天东土列祖之传承，并为六祖慧能建祖堂。唐开元二十二年（734），他在滑台设无遮大会，宣称神秀等人的北宗禅并非达摩正系，只是渐悟之教；慧能才是禅宗顿教的真正衣钵传人。一生致力于彰显南宗禅，致使六祖后的禅风形成北渐南顿的对立情势。

神会的荷泽宗至宗密之后则渐衰落。而宗密身兼华严与荷泽两脉传承，主张"教禅一致"，他的禅学已不复神会原貌，而是融会了很多华严宗旨，所以后世往往将这种思想称为华严禅。

神会为宣扬顿悟宗旨付出了极大努力，但最终将南禅弘传开来的是青原行思与南岳怀让两位祖师。

（二）洪州宗马踏天下

洪州宗，又称洪州禅，始于南岳怀让禅师，但它的实际建立者，为洪州道一（又称马祖道一）禅师（677—744），下开临济、沩仰二宗。后世以马祖之法系为禅宗正系，而承继菏泽宗的圭峰宗密

则为傍出。

洪州为江西南昌县之通称,相当于现今江西修水、锦江流域与南昌、丰城、进贤等地;8 世纪中叶,慧能的二传弟子马祖道一在洪州大扬禅风,故其门派称为洪州宗。

此宗主张一切起心动念、扬眉瞬目等日常生活皆是佛性之显现。马祖道一的禅法,分为三个阶段:"即心即佛"、"非心非佛"、"平常心是道"。以常情来看,这些语句自然是自相矛盾,然在禅者的眼里,却是泯灭事理、同归一趣的了义语。

以马祖道一为首的洪州禅最终赢得了"马踏天下"的称号,可见其影响力之大。

(三)石头宗石头路滑

石头宗为行思弟子希迁和尚创立。以常居衡山南寺,结庵坐禅于寺东石台上弘禅,世称石头和尚。石头希迁(700—790)在开辟有别于南岳一系洪州宗的门风方面,发挥了决定性的作用,一度形成与洪州宗势均力敌之势。时江西以马祖为主,湖南以石头为主,四方学徒多辐辏于二师之门。

希迁的禅法理念集中于他所撰的《参同契》。相传希迁因读《肇论》至"圣人会万物为己"句,得到启发,对于《肇论》中所说的"法身不隔自他,圆镜体现万象"之旨深有契会,作了《参同契》一文。系由五言四十四句二百二十字组成的古诗,诠明万法交参无穷,由本同契,镕融涉会之义。全文如次:

> 竺土大仙心,东西密相付。人根有利钝,道无南北祖。
>
> 灵源明皎洁,枝派暗流注。执事元是迷,契理亦非悟。
>
> 门门一切境,回互不回互。回而更相涉,不尔依位住。
>
> 色本殊质象,声元异乐苦。暗合上中言,明明清浊句。

200

四大性自复，如子得其母。火热风动摇，水湿地坚固。

眼色耳音声，鼻香舌碱醋。然依一一法，依根叶分布。

本末须归宗，尊卑用其语。当明中有暗，勿以暗相遇。

当暗中有明，勿以明相睹。明暗各相对，比如前后步。

万物自有功，当言用及处。事存函盖合，理应箭锋拄。

承言须会宗，勿自立规矩。触目不会道，运足焉知路？

进步非近远，迷隔山河固。谨白参玄人，光阴莫虚度。

《参同契》中反复阐明一心与诸法间的本末显隐交互流注的关系，看清楚从个别的事上显现出全体的理的联系。体认一切事象，自然事存理应，举足知路，而达到"即事而真"的境界。其禅法运用之妙，圆转无碍，如环无端。和希迁同时异派的禅家马祖道一，对于希迁的禅风，常有"石头路滑"之说，很足以道出它圆转无碍的特征。

青原一系石头宗后来又分化为曹洞、云门和法眼三宗，影响颇大。

二、一花五叶衍七宗

"一花开五叶，结果自然成"，是初祖达摩对东土禅宗的预记。六代单传称为"一花"，是禅宗的根系、主干，禅宗衣钵至此止而不传。"五叶"是指六祖慧能门下把禅宗的宗旨发挥至炉火纯青、登峰造极的五家禅，即五家七宗。五家七宗皆出于慧能门下的南岳怀让、青原行思二支。南岳门下出沩仰宗、临济宗；青原门下分曹洞宗、云门宗、法眼宗，是为五家。临济门下又分为黄龙派、杨岐派，合称七宗。其中以临济宗的杨岐派门庭最为繁茂，成为中国汉地佛教的主流。

（一）沩仰宗师资唱和

沩仰宗由灵祐（771—853）和他的弟子慧寂（804—890）创立，因灵祐住潭州沩山（今湖南宁乡县西），慧寂住袁州仰山（今江西宜春县南），故称沩仰宗。

沩仰宗的特色在于师徒之间的问答应对，默契十足，看似平衍，实则深邃奥秘，事理并行，明暗交驰，体用双彰。

灵祐的顿悟因缘，是从寻思纯熟，机缘凑泊而发，深得马祖、百丈的"理事如如"之旨。传授给他的弟子慧寂，师徒同以全体显现大用作修养的宗旨。而慧寂承接师风，又别出一手，以画圆相，接机对物。"圆相"的运用是沩仰宗的一大禅风特色，贯彻于慧寂接化学人的全部过程之中。圆相具有六种含义，即暗机、义海、字海、意识、默论、圆相。沩仰家风，举缘即用，忘机得体，所谓"月落潭无影，云生山有衣"。

沩仰宗风细密，灵祐接引学人顿超得妙，慧寂功行绵密，不是大根器不易继承。五家中，沩仰宗兴起最早，衰亡也最早。传承六代以下，史籍不载，湮没无闻。其法脉延续150年左右（唐代下半叶至北宋初）。

（二）临济宗门风峭峻

临济宗是继沩仰宗之后兴起的宗派。因开宗祖师义玄（？—867）在河北镇州（今河北正定）临济院举扬宗风得名。

该宗门风峭峻，"四宾主"、"四料简"与"四照用"为本宗经常使用的传教方法，单刀直入，机锋峻烈，剿绝情识，猛烈痛快，使学者忽然省悟，为其独具之特色。

临济宗是禅宗里最发达、流播最广远的宗派，是中国禅宗的主流,临济门下枝叶繁茂,至北宋又分出黄龙、杨岐二派,法脉至今不绝。今日的禅门弟子大都属临济的法脉,黄梅四祖寺、五祖寺都是临济宗寺院。

禅宗五宗中,沩仰、法眼入宋不闻;云门不及南宋;曹洞一脉孤传,仅东南一隅;只有临济宗遍布华夏。"临天下,洞一隅",今天也是如此。到国内各大丛林一游,问及各禅寺禅院的法脉,十有八九皆属临济宗,而属于曹洞宗的则寥落可数。

(三)云门宗云门三句

云门宗创始人为晚唐五代的文偃禅师(864—949),因其住广东韶关云门山光泰禅院而得名。

该宗以"云门三句"、"一字禅"等施设接引学人。"云门三句"指涵盖乾坤、截断众流、随波逐流,云门宗禅僧将三句比喻作"云门剑"、"吹毛剑",表示该剑极为锋利,能迅速斩断文字语言,乃至思虑迷执的闲葛藤。

"一字禅"是说云门文偃每次上堂时,都先"顾"视大众,良久不语,然后突然说:"鉴!"一旦有人要出来对答,他就长叹一声:"咦!"这种玄妙的机法,常令禅僧摸不着边,盛传为"一字禅"。

云门宗勃兴于五代,北宋时最为鼎盛,尤其在上层社会,广受归投,在当时,与临济宗同为禅宗的主流。入南宋以后,宗风渐衰,然其法脉仍能延续至今,广东乳源县云门寺就属此系。

(四)曹洞宗君臣五位

唐宣宗大中年末,良价禅师(807—869)来到江西的洞山弘禅。门徒中,曹山本寂(840—901)深得妙旨,将洞山禅风发扬光大,世人因而合称本宗为曹洞宗。

洞山良价提出"偏正五位"之说：正中偏、偏中正、正中来、偏中至、兼中到，作为勘验禅僧悟境的施设。曹山本寂绍继洞山的偏正五位说，提出"君臣五位"说，借君臣相对之谊，来说明洞山五位的妙旨。

曹洞的宗风绵密殷实，妙用亲切，接引学人时，就像田地上精耕细作的农夫，温和细密，言行相应，随机应物，就语接人。不像临济的宗风峻烈辛辣，一派阳刚气概，势如叱咤风云的大将军，因此禅林向来有"临济将军，曹洞土民"的说法。

曹洞宗法脉绵绵不绝，千年以来，曹洞宗与临济宗并行于世。江西云居山真如禅寺、湖北汉阳归元寺都是曹洞宗寺院。浙江宁波天童寺为日本曹洞宗祖庭。

（五）法眼宗禅净合一

法眼宗是禅门五家中最后兴起的一门宗派。创始人为五代文益禅师（885—958），因南唐中主李璟赐谥号为"大法眼禅师"而得名。

该宗门风详明似云门宗，隐秘似曹洞宗，讲求理事圆融，闻声悟道，见色明心。法眼宗与云门宗在法脉上有较近的关系，故兼具了云门宗的风格。

法眼宗在宋初之际，盛极一时，文益入室弟子多达六十三人。其中，以天台德韶的门庭最兴隆，分化各方，震动天下。天台德韶的门下，以永明延寿最有名。延寿撰有《宗镜录》一百卷、《唯心诀》一卷，彰显佛法要诀，又著《万善同归集》，提倡禅净共修，世人媲美为慈氏下生。法眼禅风因延寿流布到海东。

此宗在教学上的最大特征，是强调禅旨与净土思想的融和，开后世禅净合一之风，也是中国佛教从教禅竞弘转入诸宗融合的一个重要转折点。

五家中,该宗创立最晚,衰微也较早,宋代中叶,法脉断绝。其间只传三、四代,历时一百多年。

(六)黄龙派三关难契

黄龙慧南(1002—1069)为临济宗第七世,住在江西隆兴黄龙山(在今江西南昌市)举扬宗风,盛弘教化,久之衍成黄龙派。

在禅门,黄龙慧南特别以他的"黄龙三关"驰名远近。他在接引禅僧时,首先就问:"人人都有生缘,上座的生缘在何处?"当被问的人正要答话时,他却又伸手问:"我手何似佛手?"随后又垂下一脚,问:"我脚何似驴脚?"慧南设"生缘、佛手、驴脚"三转语勘验无数的学人,三十余年能够契入玄旨的却寥寥无几,世人称为"黄龙三关"。人称其宗风如龙。

日僧荣西至中国习禅时,就是在黄龙派下受学的,归国后,开衍出日本临济宗建仁寺一派,成为日本禅宗二十四流中的黄龙派。黄龙派三关难契,故从兴起到衰微,只传了一百多年。

(七)杨岐派门庭繁盛

临济宗第七世石霜楚圆的弟子杨岐方会禅师为杨岐派开宗者。杨岐方会(996—1049)开悟后,栖止在江西袁州杨岐山(今江西萍乡县北)的普通禅院,举扬宗风,接引学人,门庭繁茂,蔚成一派,后世称为杨岐派。杨岐宗风不衰,后世临济弟子大多出于杨岐门下,所以杨岐宗又被视为临济正宗,特别受到后世重视。

本派的宗风以拈提先人古则,拂拳棒喝,勘辨公案为悟入的机要。人称其宗风如虎,与同门慧南禅师的黄龙派同时并立。

杨岐派门徒大慧宗杲大倡"看话禅",与曹洞宗的"默照禅"并

立于世。

在宋代以后,杨岐派的门徒几乎囊括了临济宗的全部道场。后恢复临济宗之旧称,成为中国禅宗的代表。

五家七宗传世,因门庭与宗风上的差异,而有不同的派别。除临济和曹洞以外,其余各家,短的只有一百多年,长的也不过两三百年。在本质上,五家皆直接继承慧能南宗顿悟禅而来,代表了祖师禅的风格。

但五家的禅风与慧能的禅风已有很大变化。慧能之禅朴质无华,不加文饰,径直倡导"明心见性",即所谓"直指人心,见性成佛"。五家宗风不同,门庭各异,以机锋、棒喝等激烈手段,取代了慧能朴质的直指人心,禅风于是为之一变。

第五节　禅的类别,佛祖顿渐

一、如来禅与祖师禅

如来禅与祖师禅是禅宗大兴以后提出来的区分。

《楞伽经》最早提到如来禅的概念,列举了愚夫所行禅、观察义禅、攀缘如禅、如来禅四种名目。第一种愚夫所行禅是指二乘人的修习,了知"人无我"的道理;后三种是大乘禅的修习次第,由证"法无我",遣除二边,最后契合于"如来藏心"。第四种如来禅只是佛果境界的观慧,并不是一种具体的禅修方法,因此早期尊崇楞伽的禅宗是非常尊崇如来禅的。一般来讲,如来禅是经教中之禅法,因如来所说故。

五代时的宗密明确指出,如来禅是菩提达摩门下代代相传的禅法,将达摩弘传的禅法视为最高的如来禅。与宗密同时代的黄檗希运禅师也肯定如来禅是最高禅法。可知禅宗早期先是以般若智慧和顿悟清净本心为如来禅的本质规定,祖师禅名称提出后,为了区别禅风,才强调以主张渐悟和言说为如来禅的特征,并偏于贬斥。

何谓祖师禅?祖师禅为祖师所提倡。亦称"南宗禅",特指慧能门下五家七宗之禅法。最早提出"祖师禅"的是仰山慧寂。仰山慧寂是由洪州宗分衍出来的伪仰宗创始人之一,他把如来禅作为与祖师禅相对举、在悟道层次上低于祖师禅的禅法,其实仅是一时对治性举措,却成了对如来禅的贬低之实。史载:

师(仰山慧寂)问香严:"师弟近日见处如何?"严曰:"某甲卒说不得。"乃有偈曰:"去年贫未是贫,今年贫始是贫。去年无卓锥之地,今年锥也无。"师曰:"汝只得如来禅,未得祖师禅。"意思是并没有顿悟,只是渐悟而已;或得空意,未得空空意。其实仰山并不是有意把祖师禅与如来禅加以区别,也不是在肯定祖师禅高于如来禅,而是在公案中,提醒香严,要抛却有所得的情见。

且仰山慧寂所说的如来禅并不是《楞伽经》中所说的如来禅,仅是一种抽象的认知概念和悟境,为破除众生着"如来"相而用,后世借用他的这句公案大加发挥,遂有了如来禅与祖师禅的对举。

祖师禅名称出来后,如来禅与祖师禅的内涵就有了以下区分:

第一,从有言无言来讲,如来禅重言说,重经教;祖师禅则是超越语言文字,强调"离四句,绝百非"。如来禅分别大小乘禅境,祖师禅扫却法见、佛见、众生见、悟见、禅见等一切分别说和分别见。

第二,从修行下手处来讲,如来禅是以佛境界为最高理想;而

祖师禅则是超佛越祖的名言差别，一切法执皆不许，心即是佛，佛即是心，不许于自心更安一心，于自佛上更安一佛。

第三，就修学方法而言，如来禅是渐进的，渐修的；而祖师禅是顿悟的，当下即成。

总之，禅宗把祖师禅看作最高，只是对治法门，是对治认为悟有所得的工具，并无真的贬低之意。禅的实质是将大乘道的修行，总摄于一心与真如相应的"祖师禅"，以"丈夫自有冲天志，不向如来行处行"的气魄，力图当念解脱，顿悟成佛。事实上，祖师禅只是禅宗祖师另辟返归清净心的禅修途径，是禅宗接引学人的风格而已，与如来禅不是对等、对举的关系。

历代禅师很少有明确指示如来禅和祖师禅之含义的，因为这不符合祖师禅的基本精神。禅是不下定义，不参与比较的。

二、南宗禅与北宗禅

唐代中叶，禅宗五祖弘忍门下分为慧能、神秀两支，慧能以"顿悟"立说，主要在南方传教，时称"南宗"；神秀以"渐修"立说，主要在北方传教，时称"北宗"，并称为"南顿北渐"。

南北顿渐的分野乃慧能、神秀身后之事。慧能弟子神会出来大肆宣扬并论定南北宗优劣，论定神秀之禅是由方便入为渐门，慧能禅直指人心，故为顿门，于是有南顿北渐之分。

（一）南宗禅自性顿悟

顿悟是慧能禅宗的主要特点。南宗认为，众生的心性本来清净，悟与不悟，只在一念之间。因此他强调回归自性，对传统的修行法门都加上了"自性"二字，以加强心性的自觉自悟，认为归依、发愿、往生西方等法门都应该回归自性，颇具顿教特色。

第一,皈依自性三宝。六祖大师主张,吾人自心本性里都具备佛法僧一体的三宝,真正的皈依三宝,就是要皈依我们的自性三宝。因此,他在《坛经》里面传授三皈,不是说"皈依佛,皈依法,皈依僧",而是"皈依觉,皈依正,皈依净",当下悟入自心自性。

第二,提倡自性忏悔。强调修行勿向外驰求,而应向心觅。慧能所说的忏悔称为无相忏或自性忏,这种忏悔不要求在佛像前发露忏悔,或念诵经文,是直接从心念忏,做到前念、后念及今念,念念不被愚迷染,断除一切导致恶行的各种矫诳、嫉妒等杂心。这种忏悔强调心忏、自性忏,是最无上的忏悔法门。

第三,建立唯心净土与自性西方。由于净土法门的流行,许多人迫切求生净土,忽略当下身心。禅宗把西方净土直接归于当下的清净心。慧能大师认为执迷的人才会著相念佛求生西方,觉悟之人只求净化自己的内心。因为佛与佛国净土本来就在人们自己的心中,只要净心修善,西方净土就立即显现在眼前。并解释说西方净土距此十万八千里,十万喻指十恶,八千喻指八邪,众生能够去除十恶与八邪,净化自心,则当下便是净土,不须远求。慧能大师又通过对善恶法的比喻和对比,强调修行必须从自性觉照入手,去除人我烦恼,常行十善,如此则此地不异西方。体现了禅宗对唯心净土的独特看法。唯心净土与西方净土之区别,只在以真俗立言。依真而说,唯心净土;从真不碍俗说,唯心也不反对西方净土。

第四,重视般若自性的开发。六祖认为凡夫即佛,烦恼即菩提,二者区别在迷悟之间。摩诃般若波罗蜜是三世诸佛成道之因。以般若智慧观照,于一切法不取不舍,即是见性成佛道。其具体行持是修般若行,并以持诵《金刚般若经》作为见性的般若行之一,因为众生自心具有本性般若之智的缘故。

慧能还作了《般若无相颂》，阐述法门本无顿渐，因众生迷悟而有差别。常以智慧观照烦恼，观照修行方能显出菩提本性。

此外，慧能还提出顿教法门的禅修原则是无念为宗，无相为体，无住为本。

"无念"并不是要停止一切意识的活动，而是要人于念中去除虚妄的分别、执着，一念心开，是为开佛知见。

"无相"是不执取对象的相对相、差别相，"于相而离相"，"外离一切相"，修证的过程，就是舍离因执着而产生的实在之相，回归万法本有的无相之相。

"无住"是指没有任何住着、执着的心灵状态。《金刚般若波罗蜜经》云："菩萨于法应无所住。"于一切法上无住，于一切法上念念不住，面对外境，不能执着，不能粘住，离却系缚。

三无特色是曹溪禅法的特色，说明并不是将禅融于日常生活中，而是将日常生活提升为禅境。修行者不拘形式，念念体悟真如自性在日常生活中的妙用，将日常生活变为大道场。

（二）北宗禅看心渐修

神秀一系的禅法主渐修渐悟，主要在北方（湖北当阳、东京洛阳一带）弘扬，后世称其法系为北宗禅。神秀（606—706）继承了四祖道信、五祖弘忍以心为宗的传统，以"心体清净，体与佛同"立说，反对"将心外求"。受《楞伽经》如来藏思想影响，神秀强调自心本净，客尘所覆，因而不见净心。正如其偈所云："时时勤拂拭，勿使惹尘埃"，他把坐禅习定、住心看净作为一种悟入真如的观行方便。

神秀的弟子普寂（651—739）等人把神秀禅法发展为"凝心入定，住心看净。起心外照，摄心内证"十六字。意思是入定、看净是禅修的"方便"，是为了保持清净心；外照、内证是净心的体用。外照是因性起相，内证是摄相归性，性相不二，即是净心的呈现。宗密把神秀禅法归结为"息妄修心宗"，并将其特点总结为"拂尘看净，方便通经。"据此，总结出神秀禅法的特点有三：

第一，以"拂尘看净"作为观心看心法门。尘垢喻指烦恼，"拂尘"比喻扫除烦恼，"看净"是静坐观看象虚空一样的净心。以修行来说，修持者要不断去除妄想杂念障缘，以显示出清净心的光明、寂静，通过观心，来实现心灵自觉，由始觉回归本觉。

第二，以"方便通经"作为悟入禅修之方便。神秀著有《大乘五方便》，涉及多种经论，依据经论中所讲的观心知见悟入空性、佛性。五方便门就是依据与《般若》相近的五种经典，开显出五种方便法门：一是依《大乘起信论》说心体离念而成佛。二是依《法华经》通过无念不动开示悟入佛之知见。三是依《维摩经》说定慧不二，无思无想为解脱。四是依《思益经》说心不起离自性，无心无境，悟入自性。五是依《华严经》悟入无差别的智慧和无碍解脱。神秀是深达义理的高僧，对大乘佛法有很深研习，被弘忍认为"悬解圆照，无先汝者"，故重视以对大乘经教的圆解作为悟心的依凭。

神秀还特别重视《般若经》。《楞伽师资记》记载：则天大圣皇后问神秀禅师曰："所传之法，谁家宗旨？"答曰："禀蕲州东山法门。"问："依何典诰？"答曰："依《文殊说般若经》一行三昧。"说明神秀的确重视依通经之慧悟入心性。

第三，把念佛与观心融为一体，提倡正念念佛，从念佛达到念心观心。神秀强调，念佛在心不在口，应修正念，排除邪念。所谓念佛的正念是"觉察身心，勿令起恶"，"坚持戒行，不忘精勤"，这也就是把念佛与去恶从善，除妄显净的"观心"统一起来，把念佛

— 211 —

纳入了观心的禅修之中。以事理来说,是由事显理。与南宗禅的全理即事略有差别。

神秀一系强调看净和离念,主张离妄乃真,而不是即妄而真,所以他的禅修被认为是一个渐入的过程。

从神秀一系的禅法看来,虽以渐修为主,也不乏顿悟的思想,如《大乘无生方便门》说一念顿超:"如来有入道大方便,一念净心,顿超佛地。"在《观心论》中也说:"超凡证圣,目击非遥;悟在须臾,何须皓首?"神秀的看心看净,也强调一物不见,看而无看,与南宗的无修之修也很相近。

总体来看,神秀禅法是以"时时勤拂拭"为特点的渐悟法门,如宗密说的"犹如伐木,片片渐破,一日顿倒"。

东土禅宗以《楞伽经》为传心法要,主张渐修理悟,从达摩到弘忍皆是如此。如果说神秀是守成的话(继承东山法门),那么慧能就是创新。南能北秀的禅法与各自的修行背景和学问也有很大关系,并不分优劣,只有契机与否的情景。

三、看话禅与默照禅

看话禅、默照禅是宋代临济宗和曹洞宗两种不同的禅观法门。看话禅是临济宗大慧宗杲禅师所倡导的,专就一则古人的话头,历久真实参究,以至于悟道的观行方法。默照禅是曹洞宗宏智正觉禅师所倡导的,摄心静坐、潜神内观、内息攀缘以至于悟道的观行方法。曹洞主知见稳实,临济尚机锋凌厉;曹洞贵宛转,临济尚直截。看话禅先慧后定,默照禅先定后慧,二者大异其趣,成为中国禅法的主流。

(一)看话禅参究话头

唐末五代,禅门修行以拈提古则公案来摧破知觉情识之风极为兴盛。至宋代大慧宗杲(1089—1163)则极力主张专门参看一则话头,后之临济宗皆奉为圭臬的"看话禅"就是他创立的。

"看话禅"也称"看话头"。看,见之意;话,公案之意。通常话头是选自公案古则中的某些语句作为焦点来勉力参究。

宗杲的看话禅,可以溯源到赵州从谂禅师的狗子无佛性公案,《五灯会元》卷四记载:

> 僧问:"狗子还有佛性也无?"
>
> 师曰:"无。"
>
> 又有僧问:"狗子还有佛性也无?"
>
> 师曰:"有。"

说狗子有佛性,或狗子无佛性,都是落在相对境上,都不符合超越相对存在的佛性。若能不落相对有无的格局,直下提撕,就能顿悟见性。

依宗门典籍所载,禅家初期的诸祖,师资传授,宾主唱酬,即已隐含参究之意。如《景德传灯录》等所载初祖达摩和梁武帝的问答以及"二祖安心"、"三祖忏罪"等,都可以看作参究的端绪。

大慧宗杲从公案中提出某些语句作为题目来参究,以扫荡一切思量、知解,力求获得真正的禅悟。看话禅特别强调活句(活语)和死句(死语)的区别。强调要参活句,不参死句。即对于文字语言一定要活学活用,要透过语言参究出真精神,而不能拘执,滞于其中。

看话禅还强调必须经过"断"和"疑"才能达到"悟"境。所谓"断",就是必须将心中的一切知识、观念,通通放下,甚至连世俗精神活动的主体"心"也一并休歇,然后以虚豁空寂的胸怀去参究话头。所谓"疑"就是疑问、疑情。大疑大悟,小疑小悟,不疑不悟。参话头的功夫,贵在起疑情,如:生命从何而来?死至何处?

这个能追问的是个什么人？念佛是谁？如此疑情顿发，疑来疑去，疑到山穷水尽，无处可疑了，就会豁然疑团迸散，大悟现前，发现了自己的本来面目。

看话禅形成后，参究赵州无、云门顾、柏树子、麻三斤、须弥山、平常心是道等著名公案，成为佛门禅风，历经元、明、清，以至今天，仍流行不绝。

（二）默照禅守默观照

曹洞宗人宏智正觉（1091—1157）认为临济大慧宗杲的看话禅，滞于公案功夫，不利解脱。与看话禅相对立，他提倡默照禅的观行方法。正觉出于慧能以下第十四世，著有《默照铭》及《坐禅箴》，说明既非思量，又非不思量的灵明默照之禅妙。

宏智正觉禅师在最初游方参学的几年，曾参学于香山寺枯木法成禅师，法成以"枯木禅"名闻于世。后来他又参谒丹霞子淳开悟，并在子淳圆寂后，承其法嗣。宏智正觉深受这两位大师影响，极重视禅坐。"默"指沉默专心坐禅；"照"是以智慧观照原本清净的灵知心性。默照禅就是守默与般若观照相结合的禅法，在形式上以打坐为主。

正觉认为默照禅能使慧的作用活泼，能自然照彻心性之源底，乃佛祖正传之真禅。他在禅坐的方法上，以"枯寒心念，休歇余缘"教众，"但直下排洗妄念尘垢，尘垢若净，廓然莹明"，透露出默照禅是倾向于禅宗北宗渐派系统之风格。在心性修持上，认为实相即是无相之相，真心即是无心之心，真得即是无得之得，真用即是无用之用，故主张以"坐空尘虑"来默然静照，兀兀坐定，不必期求大悟，唯以无所得、无所悟的态度来坐禅。

关于默照禅的渊源，应是始于菩提达摩以"壁观"为安心的法门,《续高僧传》说明壁观的相貌:"舍伪归真,凝住壁观,无自无他,凡圣等一,坚住不移,不随他教,与道冥符,寂然无为。"默照与壁观在用功方法上非常类似。

参话头凭借的是疑情的力量,向心识深处钻去;而默照禅凭的是源源不断的灵明觉照力,照到无可照处,朗然大觉,照见一切。宏智禅师所谓"廓尔而灵,本光自照;寂然而应,大用现前"。

第六节　禅门修证,洒脱成佛

明心见性是禅宗修行要达到的开悟境界。禅宗的顿悟超越了一切时空、因果、过去、未来,而获得了从一切世事和所有束缚中解脱出来的自由感,从而"超凡入圣",获得身处尘世之中,而心在尘世之外的"无念"境界,而"无念"的境界要求的不是"从凡入圣",而更是要"从圣入凡",洒脱成佛,自在度生。

一、明心见性本清净

明心见性是顿悟法门,是上根利器者所修。所谓心者,并不是我们胸膛里的肉团心,也不局于无形的赖耶心,而是包举真如生灭二门的本心。它不属迷悟,体绝凡圣。修行就是要回归这样的清净本如。

如何明心? 释迦牟尼佛在《楞严经》中说,众生长期在轮回中不能出离,是因为两种原因:一、不知道什么是自己的真心;二、是把攀缘心即妄心当成是真心。众生的心是虚幻不实的,它只是六尘落谢的影子,而六尘(即世界万物)又由无明妄结而幻现,本不可得。心物既俱虚幻而不可得,修行者一旦梦醒,了得身心世界本空,这就是明心。于本空处,非如木石无知无觉,而是虚明了

了，虽了了虚明而寂然不动，一念不生。当此自体豁然显露时，一把擒来，这就是亲证本来面目，也谓之见性。

明心见性，并不像很多书上说的高不可攀，其实"很容易"，难的是一般人"不敢相信"，往往怀疑"我真能见到自性佛吗?"不敢直下承担。临济禅师上堂云："赤肉团上有个无位真人，常从汝等诸人面门出入，未证据者，看! 看!"这是告诉我们，开悟的秘诀在于直下承担成佛大义，可惜人人错过。无位真人即佛性，佛教修行次第有十信、十住、十行、十回向、十地、等觉、妙觉等阶位，无位真人即指不住于上述任何阶位的自由人，亦即人人本具的佛性。

所谓见性，并不是用眼睛去看见什么东西，而是心地法眼亲切深彻的体会与神领。经云："见见之时，见非是见。"故明心见性，是在于打破妄知妄见，狂心息处，身心消殒之时，即是彻见真性也。如二祖神光大师断臂求法，向达摩说自己心未安，请祖师为他安心。达摩喝道："把心拿来，我为你安!"神光愕然地说："我找不到心呀!"达摩微笑说道："与汝安心竟!"慧可身心俱无，言下大悟。

慧可于找不到处，而有一个转身入处，终于豁然大悟。此即于觅心了不可得处（前念断，后念未起时）而彻见这不落断灭，了了灵知的本性。

欲得开悟，明心见性，最直截的办法是参话头，待发生疑情时，以禅机问答为开悟的契机。祖师虽创立参话头门庭，但绝非教大家千篇一律地参一则刻板话头，而是因人施教，就不同的来机，参不同的话头。因为话头的得力处在起疑情，如疑情起不来，即毫无作用。故宗下有大疑大悟、小疑小悟、不疑不悟之语。禅机问答，也没有固定模式可寻，纯粹是对根当机，因材施教。而且必须有明眼人指点方可，如自参话头略有悟境，也必须经公认开

佛教八宗教理行果

悟的大德作印证或点拨。

参禅参话头，不能特别要求修行环境顺从自己，不能躲到深山冀求开悟，而随着某种机缘，偶然契入悟境，苦求不得。禅宗修证过程列有三关："不破本参不入山，不到重关不闭关。"开悟时是破本参，本参指参话头有省而开悟，然后去住山才有意义。否则在深山圣地里面，有好山好水，若不开悟，住山顶多算个逍遥的隐士而已。开悟以前为什么不入山呢？因开悟以前要在大众中磨练自己的心志和个性，且要广积福德，培养开悟的资粮。因此没有悟道以前，是没有资格到山里住的，因为身心的烦恼还没有清净，即使到了最清净的地方，仍然有烦恼，要悟了道，破了本参，破了初关，明心见性，才有资格入山。

行者破本参后，就要开始入山，专心修断内心的细微妄想、执着。水边林下，长养圣胎。如六祖隐在猎人队里十五年，韬光晦迹，养护心性，待那果熟香飘，龙天推出，方乃出山。

初关是见空不见有，到了重关是起有而修，此时，昼夜都在定中。不到重关不闭关，"重关"是对境如如不动，对法也能如如不动，达到这种境界，闭关是为了破善恶业异熟识。因此传统的修行人不随便闭关，闭关必须有见解上的突破，具大定大机才行。"不破本参不入山，不到重关不闭关"这两句话都强调开悟后仍须起修，入山和闭关都不是为了躲避。

二、三般见解参禅境

禅宗认为见地代表悟境，见地比一切形式都重要。"只贵子眼正，不说子行履"，这是对那些修行多年仍然迷于善恶事相之人的棒喝。禅宗重视见地，祖师之间通过机锋式的谈话就能了知对方功夫如何，见地高明与否。

见地就是《金刚经》中五眼的修行层次,凡夫是肉眼,世界观庸俗;天眼看世界美妙,却也滞留于美妙;慧眼、法眼、佛眼都是出世间眼,因悲心和对真俗二谛的把握而有差别。知人者智,自知者明,修行开发出世见地,自然智明俱发,洞知对方的参禅境界。

唐代青原惟信禅师提出关于参禅的三般见解,正是见地的逐步加深。《五灯会元》卷十七载有青原惟信禅师的一段著名语录:"老僧三十年前未参禅时,见山是山,见水是水。及至后来,亲见知识,有个入处,见山不是山,见水不是水。而今得个休歇处,依前见山只是山,见水只是水。大众,这三般见解,是同是别?有人缁素得出,许汝亲见老僧。"

青原惟信这"三般见解",后来成为禅宗一桩著名的公案,昭示了参禅前后的境界。

参禅前:大多未进入修行的人沉迷于物质的戏剧中毫无自觉,"见山是山,见水是水",见名利是名利,见美人是美人,身处"色即是色"的功利境界;

参禅中:进入佛门后,以空观而见万物皆因缘而生,诸法性空,虚妄不实,"见山不是山,见水不是水",因看到了万事万物的无常性而生"出离心",则见名利如枷锁,见美人如骷髅,身处"色即是空"的道德境界;

参禅后:真正顿悟见性后,能将空观再次观空,不着空,不着有,"依前见山只是山,见水只是水",视名利为度生大用,见美人皆未来诸佛。以游化人间之心全然投入到凡尘生活,而臻于"空即是色,色空不二"的审美境界,与第一境界貌似而实有天壤之别。

著名哲学家冯友兰将此三般见解与苏东坡的一首诗对应起来:"庐山烟雨浙江潮,未到千般恨不消。及至到来无一事,庐山烟雨浙江潮。"第一句和最后一句是一样的,于此也正是其神髓及禅意所在。"未到千般恨不消"正是我们的"有所求"心。凡夫妄心不达到目的不肯罢休,不断追求,"及至到来无一事",当那些苦苦的追求达到了之后才发现不外乎如此。参禅者抱着一句无味话头,咬着含着,就是吞不下吐不出,一下碰个正着得见本来面目,才知一切参话头,参公案,不过是敲门瓦子一般,终是要抛却。逼拶到水穷山尽处,忽然一念顿歇,彻了自心。古人形容如十字街头见亲爷一般,更无可疑。如人饮水,冷暖自知。

冯友兰还举了个例子说,这个过程,犹如溺水而不会水的人,因了求生之念,拼命挣扎,徒然加速下沉;等见到了水龙王,会晤了无常兄,无牵无挂,不求不动,那百十来斤的肉却浮上水面了。不动就是实相。这种实相,也即是佛家常讲的"真如","真实无妄,如如不动"。由此看来,"实相"的本来面目,在离妄见和识神的境界中才能呈现。

正像青原惟信禅师自己所描述的这番参禅经历一样;三十年前,未参禅时,见山是山,见水是水,只是凡人那种以眼见为实有妄生分别。在老师的指导下参禅时,见山不是山,见水不是水,则悟出了这一切无非是虚无和幻象,一切皆空;而三十年后,达到了最高的大乘菩萨境界时,则见山仍是山,见水仍是水,只不过那山那水已是真如的全体显现,山色无非清净身。

灿烂之极归于平淡,最终平平淡淡才是真。禅的了悟并非将人带入彼岸的净土,也不是让心灵超出三界外、不在五行中,相反,它只是智慧的觉醒,念头的转换。所以,悟到了禅旨意的人都还是原来的人,所作的事也都是原来的事,平平贴贴,实实落落,一味平常,更无玄妙。只不过他们的心境不同、精神状态不同,故处处所见,无非法身境界,事事所行,皆是佛心流露。

三、修禅次第十牛图

禅宗主张见性成佛,对如何见性,历代祖师多有指示。宋代临济宗杨岐派廓庵禅师在清居禅师《八牛图》的基础上绘成《十牛图》,描述禅修次第。且每图皆附以偈颂,共十首,称为《十牛图颂》,全称《住鼎州梁山廓庵和尚十牛图颂》。此颂是阐释行者从修行,到见性,到世出世间圆融无碍的整个生命历程,与《信心铭》、《证道歌》、《坐禅仪》合称禅林四部录,对于参究佛法有重要价值。

《十牛图》以牧牛为主题,寓意修心证道如牧牛。牧牛之说出自《佛遗教经》:"譬如牧牛之人,执杖视之,不令纵逸,犯人苗稼。"此中,牧童喻修道者,牛即心也。凡夫的这念心,犹如一头牛般,有牛脾气,很难调伏。想调伏心中这头牛,必须有相当的耐力及智慧。

十牛图的大意为:每个人的心中都有一头牛,若不牧牛,这头牛始终是一头到处吃草的野牛,将来就会被人宰杀,苦不堪言;正如凡夫的这一念心追逐声色名利等尘缘,起贪瞋痴等烦恼,继而造恶业,就得受三涂苦报。若想超凡入圣,就必须时时刻刻鞭索不离身,勤于牧牛。当驯服了牛脾气,野牛就成了"露地白牛"。露地,为门外的空地,喻出离三界火宅,到达平安稳当的地方;白牛,为清净无染的牛,喻最究竟的一乘教法。露地白牛是《法华经》中的著名譬喻,在禅宗则用以形容契悟本具的妙明真心。意为经过一番保任,让这一念心达到真纯不二、净无瑕秽、了无牵绊、自在无碍的境界。

在修行的过程中,从开始寻找道在哪里,到见道、修道、养道,最后证得究竟的菩提道,要经历十种心的境界,《十牛图颂》就是

佛教八宗教理行果

说明修行的十种心路历程。《十牛图颂》如下：

一、寻　牛

忙忙拨草去追寻，水阔山遥路更深。

力尽神疲无处觅，但闻枫树晚蝉吟。

二、见　迹

水边林下迹偏多，芳草离披见也么？

纵是深山更深处，辽天鼻孔怎藏他？

三、见　牛

黄鹂枝上一声声，日暖风和岸柳青。

只此更无回避处，森森头角画难成。

四、得　牛

竭尽神通获得渠，心强力壮卒难除。

有时才到高原上，又入烟云深处居。

五、牧　牛

鞭索时时不离身，恐伊纵步入埃尘。

相将牧得纯和也，羁锁无拘自逐人。

六、骑牛归家

骑牛迤逦欲还家，羌笛声声送晚霞。

一拍一歌无限意，知音何必鼓唇牙。

七、忘牛存人

骑牛已得到家山，牛也空兮人也闲。

红日三竿犹作梦，鞭绳空顿草堂间。

八、人牛俱忘

鞭索人牛尽属空，碧天辽阔信难通。

红炉焰上争容雪？到此方能合祖宗。

九、返本还源

返本还源已费功,争如直下若盲聋?

庵中不见庵前物,水自茫茫花自红。

十、入廛垂手

露胸跣足入廛来,抹上涂灰笑满腮。

不用神仙真秘诀,直教枯木放花开。

降伏心是有层次的,从开始的寻牛(寻找真心),到见迹(阅教知踪)、见牛(闻法修学)、得牛(略伏妄心)、牧牛(悟后调心)、骑牛归家(见本来面目)、忘牛存人(回归本觉无为)、人牛俱忘(凡圣共泯)、返本还源(真空妙有),到最后的入廛垂手(游化人间),共有十个过程,每一过程都须用心去做。

牛是现成的,人人都可以骑牛归家,但要有功夫,才骑得上去。骑牛归家以后,还须心境双忘;当返回心地之本源,更得发大慈悲心,"入廛垂手"化导众生,令皆能明悟心性。因此驯服牛并不是终局,"返牛还源"与"入廛垂手"是修证后要成办的度生事业,是从凡入圣,再从圣入凡的成佛规律。

依十牛图次第用功,如是"降伏其心",如是"护念其心",方能圆满自利利他的菩萨行,依此心证成圆满佛身。

四、生死自在无挂碍

明心见性的境界最大的功用是生前无烦无恼,死时洒脱自在。

《高僧传》记载,开悟的禅者采取死亡方式各不相同,有的田园荷锄而亡,有的自我入棺而终;有的吹箫奏笛,泛舟而逝;他们对生死的来来去去,根本就不用挂怀。正如衣服破旧了,要换一套新衣；房屋损坏了，要换一间新屋；连老旧的汽车都要淘汰更新，何况人的身体老迈了，怎能不重换一个身体呢？这是看淡死亡如同弃舍旧物一样舒畅自在。

唐隐峰禅师在五台山金刚窟前将要示灭，他知道古人有坐化而亡的，也有站立着去世的，他决心要现一番奇怪的死相给弟子们看看。于是问弟子们："头朝下脚朝上，倒立而死的你们看过吗？"弟子们都说闻所未闻。禅师得意极了："好吧！既然没看过，我就死给你们看！"

禅师言毕，马上倒立过来，头着地，脚顶天，入于涅槃。他的衣服居然还贴在身上，没落下来。弟子们惊慌失色，来不及哀恸，赶快处理师父的后事。但是准备收殓他的身体时，任凭弟子们如何地摇动，禅师的身体像铁柱般坚定地矗立着，无法动摇分毫。远近瞻睹，惊叹无已。后来被禅师的妹妹，一位道行高深的比丘尼呵斥说："老兄，你在生时神奇古怪，迷惑世人，死了之后还要使用神通令人惊异吗？"

说完用手推之，禅师的身体应声而倒，然后大家才得以把他火化，收舍利建塔。事实上隐峰禅师并不是要以神通来眩惑大众，他的用意是让人们了解一个修行人不受生死羁绊，来去自如的境界。

还有一种生死自在是更高的境界，是对生死有自主权，可以控制死亡的时刻，不像凡夫六神无主，彷徨无助。

《高僧传》里，记载了普化和尚生死自在的一段故事：有一天，他到处向人化缘要一件衣服，可是当信徒给他衣服时，他却皱皱眉头说不要。后来临济禅师知道了，就送给他一口棺材，他高兴地扛着棺材绕街嚷嚷："临济为我做了衣物，我要去城东门转世去了。"街上的人都尾随他看热闹，禅师又说："今天的日子不合适，

明天去南门转世。"次日众人又到南门相送,他又说:"明日出西门方吉。"就这样连着三日,人烦意倦,送者渐少。第四天看热闹的人都没有了,普化一人从北门出城,自己钻进棺材里,请路人帮他把棺材钉上。消息传开,大家都跑来观看,打开棺材一看,里面空空如也。

其实,普化和尚要化的缘不是衣缘,而是生死;生死这件衣服,却往往是该穿的时候不肯穿,该脱的时候不肯脱。一个真正成就的圣者,对生死的了脱自如是多么令人羡慕啊!

欧阳修曾经问老僧:"古之高僧,临生死之际,类皆谈笑脱去,何道致之耶?"对曰:"定慧力耳。"又问:"今仍寥寥无有,何哉?"老僧笑曰:"古之人,念念在定慧,临终安得乱?今之人,念念在散乱,临终安得定?"

欲知临终生死自在不自在,但验寻常于尘境自由不自由。一个人在日常生活中,随妄念欲作,犹如狂人,被尘境所转,心不自由,临终之时必被业牵。如果能够在日常修持时,但顺是非之理,不由爱恶之情,则处处无碍,即能生死自在。

生死自在既是禅师们如实修行和体证的自然流露,也具有很深刻的内涵——超越了生死的界限。呵!禅者虽有生死,却在生死中得大自在。

第六章

信愿念佛的净土宗

佛教八宗,以禅净二宗最为盛行。禅净二宗能够脱颖而出,是他们本身所具有的特点决定的。他们都是以"简易、平实"的特点为社会大众普遍接受,深得老百姓的欢喜。净土一宗的弘传,尤甚于禅宗,历经两千多年的风风雨雨而生生不息,饱受数次的法难而盛行不衰。

净土教本无意成宗立派,本宗祖师之间也没有任何法脉传承关系,完全是由于历代祖师大德的亲身实践和极力弘扬,以及净土理念适合人们对终极关怀的需求,故而形成了风靡天下的局面,成为八宗共同趣归的终极托付。

净土宗是八宗中最简便、最直捷、最容易修学的宗派,只要一句"南无阿弥陀佛"坚持无间地念下去,念至一心不乱,临命终时,定蒙阿弥陀佛接引往生西方极乐世界。即使不至一心,只要信愿坚固,亦能仰仗佛力"带业往生",这法门显然适合中国人好简恶繁的特性。

净土是诸佛菩萨愿力形成,提供给修行者继续修持,增进道业的场所。净土并不仅仅指西方,依《阿弥陀经》说有西方净土,依《药师功德经》说有东方净土,还有弥勒菩萨的兜率净土等,诸经多有述及,而以阿弥陀佛的极乐净土最受中国人欢迎。

净土宗在中国的创立,始于东晋庐山东林寺慧远大师,他在

东林寺建立了莲社,与当时僧俗名贤一百二十三人,共同期愿念佛往生西方,由那时起,念佛法门渐渐普及,且为广大佛弟子乐于修持。

和他宗相比,修持净土宗就像吃中药一样,表面上治疗进展缓慢,不能即身成佛,但无任何毒副作用。不像其他宗派,稍不留意,就会有落入狂傲或着魔的危险,因此对自视甚高的众生有很好的对治作用。而且,由于修行念佛法门,毕生为期,使人变得更加踏实诚恳,行事不会急于求成,这一平实的修持特点,无形中使念佛人比那些急于即身成佛的信众更容易一生成就,横超三界。

第一节　净土祖师,后人仰推

求生西方净土的最早文献记载,是西晋的阙公则,其后愿生之人日增,最有名的为东晋庐山慧远大师。他于庐山结社念佛,依《般舟三昧经》修念佛三昧。在他的影响下,南方念佛之风很快兴盛起来。

南北朝刘宋以后,净土信仰渐次传布各地,讲解注疏净土经论、造立阿弥陀佛像都很兴盛。后周及隋代,对净土经典的研究也很风行,以净影慧远、嘉祥吉藏、天台智者等诸师为最有名。他们各自站在自己宗派的立场来理解净土经义,独到精深。当时长安等地不少高僧临终都归趣净土,对净土法门的广泛流行起到了推波助澜的作用。

净土法门修行种类极多,但中唐以后的中国佛教,一说净土几乎专指弥陀法门而言。净土宗是八宗中唯一一个没有师承关系的宗派,历代祖师皆是后人仰推。

一、法统不师承

净土法门收机甚广，又容易成就，所以在不同时期，不同朝代，净土宗的高僧大德层出不穷。在宋以前，本宗虽流布广泛，但没有师资授受的法统。现在遵奉的净宗十三祖谱系，是经宋元明的逐渐推选形成的。

东晋慧远法师没有开宗立派的用意，成立莲社时，但期同愿，无取传承。净宗立祖之说始于宋代，南宋宗晓法师立莲社六祖（未立宗）。以慧远为莲社始祖，善导、法照、少康、省常、宗赜五人继之。立祖缘由是"是五师者，莫不仰体佛慈，大启度门，异世同辙，皆众良导"。宋代的志磐法师则在《佛祖统记》中以慧远、善导、承远、法照、少康、延寿、省常为莲社七祖。他在宗晓的排名基础上，略有删增，删除宗赜，增加承远与永明延寿，后人排列大致依志磐所述。当时还没有净土宗的称谓。

元朝东林寺普度法师，鉴于当时白莲教假借佛教别有作用，于是撰《莲宗宝鉴》十卷以辨派系正邪，在传承上远承庐山慧远净土法门，将白莲宗纳入净土正系。又著《庐山复教集》一卷，希望众生不为邪说谬解所惑，而自称白莲宗，但是却无定祖之说。

到了清朝中叶，将宗晓、志磐的莲社七祖和净土宗的名称相提并论，增加了明代的莲池大师为八祖。清道光间，悟开法师增推蕅益大师为九祖，省庵大师为十祖，彻悟大师为十一祖。民国四大高僧之一印光大师又改推截流大师为十祖，省庵大师、彻悟大师递降为十一祖、十二祖。印光大师往生后，四众弟子加推印光大师为十三祖。

因此净土宗的祖师推戴，只是景仰先德，祖师之间没有师资相承的关系，而是由后来的人以其对净土法门的弘扬及贡献推为

祖师的。

隋唐时还有著名的净土教祖师,除了慧远外,还有昙鸾、道绰、善导诸大师。昙鸾、道绰二大师,对净宗根本理念的建构,有着不可磨灭的功绩,且专修净业,志求往生,属于"功高德盛"之列。

二、净宗十三祖

净宗十三祖的修行弘化事迹见于历朝高僧传及《净土圣贤录》,为净宗行人耳熟能详,以下就各师最为著名的弘化事迹略作介绍。

净土宗初祖慧远大师(334—416),俗姓贾,雁门楼烦(今山西原平市)人。精通六经及老庄之学,年二十一,闻道安法师讲《般若经》,悟而出家。他所住持的庐山东林寺为南方佛教中心。在中国佛教史上率先结莲社念佛,当时有 123 人参加,悉属法门龙象,儒学泰斗。三十年不下山,专志求生西方。初十一年三睹圣相,而沉厚不言。临终前又再次见阿弥陀佛身满虚空,观音、势至侍立左右。社中佛陀耶舍、刘遗民等已往生者,皆在佛侧,共同接引。次日寝疾,至七日端坐入寂,卒年八十三。

净土宗二祖善导大师(613—681),山东临淄人。少年出家,居长安三十余载,精勤念佛,广弘净土。常念佛一声,有一道光明从口出,十声至百声,光明亦如此,世称"光明和尚"。

净土宗三祖承远大师(712—802),汉州人。居南岳衡山设净土教法,建弥陀寺(今祝圣寺),修持般舟三昧念佛法门,受其教者万计,后被唐代宗恭称为"般舟道场"。

净土宗四祖法照大师(747—821),籍贯不详,居衡洲云峰寺精勤修行。于钵内见五台圣境,后诣五台,亲见文殊,为说念佛法门。提倡五会念佛法,说修此法能速成就五分法身。于五台山建竹林寺广弘净土法门,唐代宗于京城感应到法照大师在五台念佛之声,甚为惊异,礼请入宫尊称为国师,教导五会念佛法,故又称"五会法师"。

净土宗五祖少康大师(?—805),浙江缙云人。少年出家,博通经论,志心净土,专修念佛。后到睦郡,在城内乞食得钱,诱小儿念佛一声,即与一钱,月余,念佛求钱者众,竟至佛声盈路。于乌龙山建净土道场,筑坛三级,每逢斋日,云集三千多人,众见师高声念佛一声,即口出一佛,十声出十佛,如连珠出现。

净土宗六祖永明延寿大师(904—975),浙江余杭人,将军出身。本为禅门法眼宗第三代祖,后归心净土,精进念佛。住永明寺,日行百八佛事,常为七众受菩萨戒,每夜于旷野施食于鬼神等。买赎生命,皆以回向西方,日诵《弥陀经》,佛号十万声。作《四料简》提倡禅净双修。著有《宗镜录》一百卷及《万善同归集》等传世。

净土宗七祖省常大师(959—1020),浙江钱塘人,生平戒行谨严,继庐山远公遗风,住杭州昭庆寺,专修净业,并结净行社。自刺指血和墨书《华严经净行品》,每书一字,三拜三围绕,三称佛名,刊行千卷,分施千人。

净土宗八祖莲池袾宏大师(1523—1615),浙江杭州人。年十七岁中秀才,以学问德行著称。出家后博学经教,闻谯楼鼓声大悟,悟偈曰:"三十年前事可疑,三千里外遇何奇;焚香掷戟浑闲事,魔佛空争是与非。"融通禅净二宗,以禅理疏《弥陀经》。制定水陆仪文,瑜伽焰口法,以济幽冥之苦。著作甚丰,有《云栖法汇》刊行于世,为明代四大高僧之一。

净土宗九祖蕅益大师(1599—1655),名智旭,江苏木渎人。

初时受学儒门,作《辟佛论》数篇。十七岁阅读莲池大师《竹窗随笔》始大有反省,焚所著辟佛论。出家后博学诸宗教义,主张儒释道三教一致,统禅教律三学为一而归净土,开创灵峰派。世称灵峰蕅益大师。

净土宗十祖行策大师(1628—1682),字截流,宜兴老儒蒋全昌之子。二十三岁出家,参习禅定,精进不懈历时五载,因而顿悟诸法要义。后于江浙一带专弘净土,大阐净宗。康熙九年(1670年),住虞山普仁院,复兴莲社,倡导集众七日念佛共修,乃为"佛七"之始。

净土宗十一祖省庵大师(1686—1734),字思齐,号省庵,江苏常熟人。十五岁出家,用功修行,广学多闻,博通性相。曾于阿育王寺佛陀舍利塔前,先后五次燃指供养,发四十八大愿,感得舍利放光。撰《涅槃忏》,作《劝发菩提心文》,激励四众,诵多泪下。晚年居杭州梵天寺,结社念佛,专修净土。

净土宗十二祖彻悟大师(1741—1810),名际醒,丰润县人。幼通经史,二十二岁病悟出家,洞达宗门教下,而后独归心净土。于乾隆、嘉庆之际,树净土法幢。率众精修,莲风远播。后退居红螺山资福寺,归者日众,遂成莲宗道场。

净土宗十三祖印光大师(1861—1940),法名圣量,字印光,陕西郃阳(今合阳)人。少读儒书,出家后博通经藏及各宗教法,平生力倡念佛。复建天台道场江苏灵岩山寺,教人以伦常因果为基础,念佛生西为归宿。在苏州创办弘化社,印经布施,广结善缘。晚年以灵岩山寺为净土专修道场。大师振兴佛教尤其是净土宗,居功至伟,是对中国近代佛教影响最深远的人物之一,其著作被编集成《印光大师文钞》、《印光大师全集》等行世。

三、家家阿弥陀

在佛教中，净土教以其独特的至极简易的修持方法和殊胜的功德成就，吸引着千千万万善男信女。深入民间以至明清时期形成"家家阿弥陀、户户观世音"的局面，成为中国民众的宗教精神砥柱。其影响之大，为任何一种宗教所望尘莫及。

净土法门，不须深解，只求深信，信便能入。《大智度论》云："信为能入，智为能度。"一句"阿弥陀佛"，不论男女老幼，贫富贵贱，士农工商皆能念。一句"阿弥陀佛"，不论行人闲忙，行住坐卧，语默动静，穿衣吃饭，上班下班，随时随地，皆可称念。净土法门如此简便易行，正如印光大师所说："净土法门，无一人不堪修，亦无一人不能修。"因此，"阿弥陀佛"遂成为中国一般佛教信仰者的主流。佛教徒彼此见面，招呼、告别，必冠以"阿弥陀佛"。小孩子见到僧人，必呼"阿弥陀佛"。世人想到佛教，第一印象必是"阿弥陀佛"。民国高僧太虚大师说：一句阿弥陀佛，代表了整个中国佛教。持名念佛几乎成了净土法门的代名词。

"南无阿弥陀佛"的圣号洪名含义非常深广，无量寿、无量光明、无量法身、无量报身、无量大慈……因为其尊贵和含义太多，故采用了音译以保留它的全部含义。此四字浓缩了阿弥陀佛无量的功德、庄严，不可思议的愿力和威力。恳切的称名念佛，即是与这种大愿力和大威力相契合，蒙佛加护和临终接引。也正是因为如此简单、容易、方便，摄受了大多数的中国人。

净土宗的修持既没有深奥的理论，也没有复杂的仪轨，简单易行、方便快捷。在没有文化，连字也不认识的老婆婆、老爷爷当中，也出现了很多成功往生极乐世界的例子，《善女人往生传》、《居士往生传》等记载了这些事迹。

净土是中国人的心灵归宿。在佛教界人士中，特别具有了生死观念的正信佛教徒当中，百分之九十几以上都是求生极乐世界。不论僧俗，日常修持，多回向极乐；不论何宗，临终助念，必唱诵弥陀。

有精神寄托的人，生命会更加充实，临终寄托是中国人的心灵需求。唐代著名大诗人白居易"中年皈佛，亲近高僧，从受净戒，习禅法"。他到了晚年，诗可少做，但佛却不肯不念。他曾有一首《净土要言》五言古诗说：

予年七十一，不复事吟哦。看经费眼力，作福畏奔波。

何以度心眼，一声阿弥陀。行也阿弥陀，坐也阿弥陀。

纵饶忙似箭，不废阿弥陀。日暮而途远，吾生已蹉跎，

旦夕清净心，但念阿弥陀。达人应笑我，多却阿弥陀。

达又作么生，不达又如何？普劝法界众，同念阿弥陀。

诗中表述，白居易晚年体衰不再作诗，而是心地清净，行住坐卧一心念佛，而且还普劝法界众生，同念阿弥陀佛。

阿弥陀佛的净土法门，已经融入现实人间的每一个角落，念佛对现实人生的好处，在历代的著述中也得到颇多证实。随着阿弥陀佛圣号的深入人心，净土教在唐代中后期更是普及到送终、下葬和为亡者营斋荐福等风俗活动。

四、八宗归净土

中国大乘佛教，承袭印度佛教的古老传统，深信诸佛及其净土的存在。自古以来，弥勒净土信仰的影响面不太大，时间也不太长。西方净土却被人们当作诸佛净土的代表而信奉，历代求生的僧俗信众络绎不绝，难以数计。

净土宗是八宗之所归。除了唐以前唯识宗弘扬弥勒净土，三

论宗不明显提倡求生净土外,其他行解并进的各宗均以净土为归。宋元以后,诸宗融合,统统归极净土,定期修持念佛法门。无论禅、净、律、教各宗寺院丛林的围墙,千篇一律地赫然写着"南无阿弥陀佛"名号。日常早晚课,一律少不了诵《阿弥陀经》,念阿弥陀佛。各大寺院,必设念佛堂,打念佛七。

尽管早期禅宗对于净土的念佛法门是反对的,但是由于念佛法门的简单易行,影响力很大,使禅宗不得不重视念佛法门。

五代时永明延寿大师为了克服禅宗人士对于净土宗的偏见,写下了著名的《四料简》:"有禅有净土,犹如带角虎,现世为人师,来生做佛祖。无禅有净土,万修万人去,若得见弥陀,何愁不开悟。有禅无净土,十人九蹉路,阴境若现前,瞥尔随他去。无禅无净土,铁床并铜柱,万劫与千生,没个人依怙。"四料简高推净土法门,宋代僧俗禅净双修之风,受永明大师的影响甚巨。元代中峰明本、天如维则等禅师,皆心归安养。

天台宗主张"教宗天台,行归净土"。天台宗十七祖宋代四明知礼大师创设念佛施戒会,结合僧俗男女一万人,同修念佛,发菩提心,求生净土。每年春天都共集一次,万人同心,誓生净土。知礼大师是天台宗的中兴之祖,净土宗也因为他的提倡而得以更大范围的弘扬。

天台慈云忏主遵式大师在《往生净土决疑行愿二门》所撰的发愿文,一千多年来被选入了寺院早晚课本中,作为信徒们发愿往生西方极乐世界的专用祈愿文。

华严宗以普贤行愿会通华严与净土。智旭大师认为净土宗历代祖师都是以文殊的一行三昧和普贤的十大愿王作为修行的根本,故有普贤菩萨十大愿王导归西方极乐世界的净土之行。

律宗方面,著名的灵芝元照律师弘南山律同时弘扬净土,为

《观经》等作疏。

　　念佛法门是贯通于各宗的,自宋初以后,禅宗、天台宗、律宗、华严宗等各宗学者,多兼弘扬净土法门,因而形成了一种台净融合、禅净双修、净律合一的思潮。净土宗自宋以后,成为诸宗学者共同修学的中心。

　　元明时,禅净双修之风越发风行,净土教寓于天台与禅宗之中,作为僧俗的实际信仰而广泛流传。清代,禅宗、天台、华严等宗派的对立气势消失,互相混融会通,只在名义上保持着宗派的独立和传承。莲池大师、藕益大师等诸师的融汇各宗会归净土的主张影响很大。近代佛门耆德如敬安法师、谛闲法师、弘一律师、虚云禅师、圆瑛法师等无不归信净土法门。

　　总的来看,从古至今各宗派著名的高僧、大德,在自身的修学和弘法过程中,最终无不对净土教表现出极大兴趣而倾心归仰。

第二节　五经一论,指归净土

　　印度传译至中国的诸多大乘经论,讲述佛国净土的经典中,以阿弥陀佛及西方极乐净土的经论最多,它不但有数部正明经典作专题说明,而且在许多的经典和论著中都旁提和涉及。经里附带介绍净土的,在《大藏经》里至少有一百多种。

　　净土信仰传入中国,以东汉灵帝光和二年(179)支娄迦谶译出《般舟三昧经》为标志。此后,西晋时有《大阿弥陀经》、《平等觉经》译传;又有姚秦罗什、刘宋宝云、畺良耶舍译出《阿弥陀经》、《十住毗婆沙论》、《无量寿经》、《观无量寿佛经》等。净土经典相继而来,僧俗之间渐生信仰。

　　净土三经是隋唐以前宣扬净土思想的依据。三经指:《无量寿经》二卷(曹魏康僧铠译)、《观无量寿经》一卷(刘宋畺良耶舍译)、《阿弥陀经》一卷(姚秦鸠摩罗什译)。

清朝咸丰年间,魏默深居士将《华严经·普贤菩萨行愿品》附在三经之后,称为"净土四经"。民国初年,印光大师将《楞严经·大势至菩萨念佛圆通章》又附在净土四经后面,成了"净土五经"。加《往生论》,为净土五经一论。印光大师对五经一论的选定,使净宗的修学与弘传有了明确的依据。大凡净土缘起、因果、事理等精义,五经内容详略互异,侧重面各有不同。

一、佛说无量寿经

《佛说无量寿经》是净土宗的第一大经典,由于此经是曹魏(三国)时代翻译的,因而文字古老生涩,后来虽有文字优美流畅的会集本,但印光大师指定信众受持"曹魏康僧铠"翻译的《佛说无量寿经》,不提倡"民国夏莲居"会集的《佛说大乘无量寿庄严清净平等觉经》。

之所以称《无量寿经》为净土第一经,是因为此经真正说出阿弥陀佛最初的因地:法藏比丘弃国王位,出家修行,发四十八大愿普度众生。经过长时间的依愿修行,终于福慧圆满,得证佛果。所感得的极乐世界,庄严无量,妙莫能名,十方诸佛咸共赞叹。十方世界的菩萨、回小向大的声闻缘觉、具足惑业的凡夫,只要发愿往生,皆得往生。因此,《无量寿经》的内容是说明西方极乐世界的来历和缘起,也是解说西方极乐世界最完备的一部书。

本经最精髓的部分,是阿弥陀佛的四十八愿,四十八愿是阿弥陀佛在因地行菩萨道,建造西方极乐世界的构想、蓝图。四十八愿不是一次发的,是在五劫修行当中累积起来的大愿,昭示了宏愿的力量与功德。

二、观无量寿佛经

《观无量寿佛经》简称《观经》，刘宋畺良耶舍译。此经进一步发挥了《无量寿经》的净土思想，叙述释迦牟尼佛应韦提希夫人之请，在频婆娑罗王宫为信众讲述观想阿弥陀佛的身相和极乐净土庄严的十六种观想方法（十六观）。

重点有三：

1.净业三福：第一人天之福业，第二小乘声闻缘觉之福业，第三大乘菩萨之福业。

2.十六妙观：念佛行者由观想阿弥陀佛的相好庄严正报与美妙净土依报，得以往生西方，总其观行有十六种。

3.九品因果：说明西方极乐世界九种品位的正因。

唐代善导大师将此经内容分为玄义分、序分义、定善义、散善义等四帖，解释他力信仰的要义。智者大师著有《观无量寿佛经疏》，判此经系以心观为宗旨，以实相为体，以生善灭恶为用，为菩萨藏顿教所摄，历来弘传甚广。

三、佛说阿弥陀经

佛经往往是以弟子启问为缘起开启讲经法会的，《阿弥陀经》一卷例外，是佛无问自说的经，是特意为五浊恶世众生所说的净土法门。此经在中国弘传极盛，曾经三次汉文译出。其中罗什译本，文辞平易而流畅简明，为汉地佛教学人所乐诵，流传最广。

经文内容是叙述佛一时在祇树给孤独园，向长老舍利弗等称说西方极乐国土阿弥陀佛依报和正报的功德庄严，执持阿弥陀佛名号一心不乱即得往生彼国；同时六方诸佛各出广长舌相证成释迦佛所说真实不虚，并对念佛众生共加护念等事，劝众生应当发

愿往生彼国。

《阿弥陀经》提出信、愿、行(执持名号),为净土法门的纲领宗旨。本经摄受力甚广,佛教各宗朝暮课诵均奉为日课。

四、大势至圆通章

《大势至菩萨念佛圆通章》出自《楞严经》,被独立出来后,因字数少,仅二百四十四个字,被誉为净土宗的"心经"。

大势至菩萨,是西方三圣之一,与观世音菩萨同为阿弥陀佛的两胁大士,帮助阿弥陀佛弘扬净土法门。

依《楞严经》所载,大势至菩萨在因地所修的是念佛三昧,因此,他也以念佛法门教导众生,宣说"十方如来,怜念众生,如母忆子。……若众生心,忆佛念佛,现前当来,必定见佛"的念佛感应原理。他开示的法门是:"都摄六根,净念相继,得三摩地,斯为第一。"大势至菩萨的念佛圆通法门,是用"根"修,乃"根性"而不是"六根"。都摄六根,归于一性,将六境转成佛境,转入转深,即转到本性,如此念佛方能自他相应,证成念佛三昧。

五、普贤菩萨行愿品

《普贤菩萨行愿品》出自《华严经》。古大德将《无量寿经》赞为中本华严,《阿弥陀经》赞为小本华严,作为大本华严的最后一品《普贤菩萨行愿品》以十大愿王的功德导归极乐,故殿后为第五经。在《普贤行愿品》中,将日常所修的十大愿王与临命终时往生阿弥陀佛净土世界联系起来,深受净土信仰者重视。本品中,善财童子遍参善知识,末后于普贤座下,蒙其威神加被,所证与普贤等,是为等觉菩萨。普贤以十大愿王,劝进善财,及与华藏海众四十一位法身大士,回向往生西方极乐世界,以期圆满佛果。导归

237

极乐为华严一经归宗结顶之法,更突显了净土一法修行境界的殊胜与究竟。

六、天亲菩萨往生论

《往生论》全称《无量寿经优婆提舍愿生偈》,北魏菩提流支译。本论依《无量寿经》作愿生偈,是天亲菩萨修学净土法门的心得著述。

本论赞叹极乐净土之庄严,阐说修习礼拜、赞叹、作愿、观察、回向等五念门,劝导往生西方。指出修习五念门可得种种成就,并次第得近门、大会众门、宅门、屋门、园林游戏地门等五种功德;前四种功德为“入”功德,能入于莲华藏世界,自受法乐;最后的园林游戏地门则为“出”功德,即回入生死烦恼,游戏神通至教化地,广度众生。如是自利利他,速成就菩提。

第三节　菩萨判教,他力易行

其他宗派的判教基本是据教乘的大小偏圆来判教相,净土宗则是以修行难易角度来判教,相比而言,是比较笼统的判教方法。净土宗的教判有三种:

第一,难行易行二道:这是约行论教相,出龙树《十住毗婆沙论》。昙鸾大师依此论,判释迦如来一代教法为难行、易行二道。以陆路步行之难,比喻众生于五浊恶世欲凭自力而期入圣得果之修行,称为难行道;以水上航行之易,此喻众生依佛之慈悲与广大智慧,而往生净土、证果开悟的法门,称为易行道。

第二,自力法门与他力法门:天亲菩萨《往生论》所判。依自身之力来造就一切智慧功德,称为自力;依佛菩萨的力量,成就智慧功德,则称他力。八万四千法门中,唯净土一门为他力法门,其余修道法门悉为自力法门。

第三,圣道净土二门:这是约证之教相来判,出道绰《安乐集》。依靠自己的能力修行,在此世间能获得开悟者,称为圣道门;相信阿弥陀佛的誓愿,并依靠此一愿力,死后蒙佛接引至净土而获得开悟者,称为净土门。

一、难行道与易行道

"难行道"和"易行道"都是学佛修行的菩萨道,并非小乘。龙树所著的《十住毗婆沙论》卷五《易行品》从修行的方法与成就方面,将一代时教,八万四千法门,概分为两类:一者难行道,靠自力勤修戒定慧,于无量劫受劳忍苦,次第破见思惑、尘沙惑、无明惑,竖出三界,历劫修证,是为难行道。二者易行道,仰赖佛力,一心执持名号,得佛愿力加持,此身得至阿惟越致地,即不退转地,疾速圆成菩提,是为易行道。

龙树在《大智度论》中提到以诵阿弥陀经、如阿弥陀诸经中所说称名忆念,作为易行道的修行方法。但龙树所说易行道的修行方法,是包括称念善德等十方十佛、阿弥陀佛等一百零七佛,乃至善意等一百四十三菩萨名号。可见,龙树菩萨所说的易行道,是以称念诸佛菩萨来求生十方净土。至中国昙鸾大师的《往生论注》卷上,则鼓吹专念"阿弥陀佛"一佛名号,宣扬弥陀的他力本愿,乘佛本誓愿力,即得往生彼佛净土,以佛力加持,得入大乘正定聚。到了彼佛净土之后,由于所见所闻,都是阿弥陀佛说法教化的设施,耳濡目染,无非念佛、念法、念僧,所以比较容易成就菩提,且能直至阶位不退。

难行道之"难"到底"难"在哪里?就是以三大阿僧祇劫的时

间,修难行能行、难忍能忍的菩萨道,这是修行佛法的通途。以菩萨道修行次第来说,第一步要先成就信心。依据《璎珞经》说,修行信心,须经一劫、二劫、三劫,便得信心不退而入初住位。《起信论》则说:"修行信心经一万劫。"信心成就,然后进入初住位,那才是第一阿僧祇劫的开始;至初地是第二阿僧祇劫的起点;过七地是第三阿僧祇劫的发端;十地满足,三大阿僧祇劫修毕,成为等觉菩萨。

佛教八宗教理行果

初住位前的十信位中,若遇魔障、业障、烦恼障、种种报障等,尚有退失信心的危险,所以叫做"有退"。正是这一"有退"使得无数人放弃难行道,选择了保险系数很高的净土法门。

其实,经中对难行道也是颇为赞许的。因为一旦曾经发起菩提之心,就已种下了成佛之因,不论此因的力量强弱,总还有机会再度修行。中国的贤者、豪杰,一向有"鼎镬甘如饴"的襟怀,知其不可为而为之。故佛法的他力法门,如阿弥陀佛的净土法门,龙树与马鸣认为是为志性怯劣的初心人说。

不过阿弥陀佛的净土法门,也不全然是信心薄弱者所修,依据《观无量寿经》所示,九品莲花往生,上品往生的条件,即有修三福业及发菩提心的菩萨行,故也不是全赖弥陀的他力往生。唯有下品往生,是全仗阿弥陀佛本誓愿力的他力救济。

二、自力法门与他力法门

天亲菩萨《往生论》判佛教为自力法门与他力法门,以昙鸾弘传最著。昙鸾大师是阐扬净宗他力本愿理念的承前启后者。他认为,在末法时期,众生断惑证果,求"阿鞞跋致"(不退转法),靠自力的为难行道,靠他力的为易行道。

昙鸾大师强调仰赖一佛,即专指称念阿弥陀佛,而非龙树所说的十方诸佛,宣传的只是阿弥陀佛西方净土。昙鸾所说的阿鞞跋致是指往生净土之益,而不是指现世此土得益。

印光大师曾说,仗自力修持,"自"有何种力?但是无始以来的"业力",所以万劫千生,难得解脱。仗阿弥陀佛的弘誓大愿力,自然一生成办。净土法门超胜一切法门者,在仗佛力。自力与佛力相较,何啻霄壤之隔。所以从古愚夫愚妇,老实念佛,多有往生。故净土实是"万修万人去"的省力法门。省庵大师说:"一切法门,皆自力出生死故难,唯念佛兼仗他力故易。"

念佛往生西方阿弥陀佛的净土,需要自力和他力结合。自力是什么?就是信、愿、行三结合,信仰要坚定,愿力要诚恳,再结合专一行持。同时,在主观上对于五浊恶世应该有厌离心。如此念佛,就会起很大的作用,再加上阿弥陀佛的愿力,自力和他力两种结合起来,肯定往生。凭借弥陀本愿的他力,虽然是见、思惑未断的凡夫,也得和地上菩萨同入真实无漏的报土。因此,一般称之为他力念佛法门。

当然,自力与他力,必须互相辗转增上。如果专靠他力而忽略自力,即与神教无异。

三、圣道门和净土门

继昙鸾二道二力说之后,净土系道绰大师又提出了圣道门与净土门的判教说。道绰大师是隋唐时净土宗高僧,他继承和发展了北魏昙鸾的净土思想,大力提倡称名念佛,取得了千百万信众的支持和响应,使净土宗真正成为一个拥有广泛群众基础的佛教新宗派。道绰大师于圣净二门中,主张于末法之世,圣道之理甚深难证,唯得以净土一门蒙获接引。

所谓"圣道门",即是"超凡入圣",是圣人根机才能通行的窄

道；所谓"往生净土门"，就是"厌秽欣净"，是五浊凡夫都可以进入的大门。

圣道门的要求较高，对修学的根机有较高选择，如修行者必须有坚忍不拔的毅力，具有圣人的品格和颖悟力，精进修学的善根等。圣道门是自力修行、此土得证的法门，适合三根众生。净土门的修行起点要求不高，即使内心不清净，烦恼深重，但是仰靠阿弥陀佛不可思议誓愿的力量，今生也可以达成解脱。末法众生显然更适合选择净土门，此法下手易而成功高，用力少而得效速。

《观无量寿经》讲的净业三福可以会通他力净土门与自力圣道门。净宗念佛法门仰仗佛力，往生净土，深具他力果教的特质，但也含摄奉持戒律、广修六度万行等圣道门的内涵。三福修持的浅深也影响到往生品位的高低与净土获益的优劣。

四、特别法门和通途法门

除了以上古德判教外，近代印光大师判佛法修行为"特别法门"和"通途法门"，其中净土法门为特别法门，其他法门为通途法门。各类修行法门都可在这两大类法门中找到相应的位置。印光大师关于特别法门和通途法门的开示散见于诸多书信中。

印光大师在《近代往生传》序中开示："窃维修持法门，有二种不同。若仗自力修戒定慧，以迄断惑证真，了生脱死者，名为通途法门。若具真信切愿，持佛名号，以期仗佛慈力，往生西方者，名为特别法门。通途全仗自力，特别则自力、佛力兼而有之。"他以步行登程比喻通途法门的难、迟，以乘转轮圣王轮宝比喻特别法门的易、速。特别法门的宗旨是仗佛力，信愿念佛就是仗佛力，离开信愿念佛别无佛力可仗。

通别之判最早源于彻悟际醒禅师，他将二者做了三方面

佛教八宗教理行果

比较：

1.大乘通途佛法，须见道而后修道，修道而后证道。而见道殊为不易。教下必大开圆解，宗门必直透重关，然后得论修道。否则便为盲修瞎练，不免撞墙磕壁，堕坑落堑。而净土一门，无须见道，只要深信圣言量，信愿持名，决定往生净土，一得往生，便永不退转。

2.余门修道，先须忏其现业，若现业不忏，即能障道，进修无路。而修净业，乃带业往生，不须忏业。

3.余门修道，须断烦恼，若见思烦恼分毫未尽，则分段生死不尽，不能出离秽土。唯修净业，乃横出三界，不断烦恼，从现在的同居秽土（娑婆世界），生彼同居净土。一生彼土，则生死根株永断。

通过以上比较，证知净土一门的殊胜在于：最初省去求悟门，末后不待发慧，不须忏业，不断烦恼，至极省要，至极径捷；及其证入果德，又至极广大，至极究竟。

彻悟大师早年参禅得悟，因多诸病缘，思忖文殊普贤等诸大菩萨、马鸣龙树等诸大祖师，智者、永明、楚石、莲池等诸大善知识，皆悉归心净土，我何人斯，敢不皈命？于是辍止参禅，专一念佛。

此外，依声闻菩萨二藏、渐顿二教来判，此宗于声闻菩萨二藏中，菩萨藏收。于渐顿二教中，属顿教所摄。

第四节　修持特点，一生成就

一、极乐界依正庄严

西方极乐世界，梵语须摩提，亦名安乐、安养、清泰、妙意等。极乐意为超越世间苦乐对待的绝待之乐，是清净、法喜的正报依报庄严之乐，此乐是阿弥陀佛大愿大行称性功德之所成就。

极乐世界是修行净土法门的人所要到达的目的地，是一生修行的最后归宿。那么，极乐世界究竟有多好？极乐世界的圣众，他们生活的情形又是怎样？经中说，西方极乐世界依正二报，严净光丽，形色殊特，穷微极妙，无能称量。古印度天亲菩萨在《往生论》中，将西方极乐世界依正庄严概分为三类二十九种功德成就：一者彼佛国土庄严功德（凡有十七种），二者阿弥陀佛庄严功德（凡有八种），三者彼诸菩萨庄严功德（凡有四种）。每种功德成就均以偈颂加以精要的概述。

（一）依报庄严

在《无量寿经》中，世尊告诉阿难："彼极乐世界无量功德，具足庄严。"极乐世界是阿弥陀佛无量劫来修诸功德，而成就的庄严国土，"永无众苦、诸难、恶趣、魔恼之名"，远离各种痛苦。

西方净土依报庄严可分为地下庄严、地上庄严、虚空庄严三大类。地下庄严指整个国土没有江流大海，也没有丘陵坑坎以及杂草碎石等零乱之物的存在，更没有铁围山、须弥山等高山遮挡。唯以自然七宝，黄金为地，宽广平正，不可限极，所以无论多少人往生彼国，都不会造成人口过多的问题。

生存环境极其生态。极乐世界的八功德水有如下特征：澄净、清冷、甘美、轻软、润泽、安和、除饥渴、长养诸根。

极乐世界没有春夏秋冬四时的差别，更没有寒冷、暑热与雨天阴天等种种不调顺的气候，有的是花雨飘香，风光无限。

地上庄严是指极乐世界的建筑为七宝楼阁，上覆珠络。极乐世界的讲堂、精舍、宫殿、楼观，都是庄严的七宝自然化成，又以真珠、明月、摩尼、众宝为交络，覆盖在这些建筑上面。

七宝楼阁大小随意，自然受用。其国众生需要宫殿和楼阁等，便可以随意获得，而且宫殿和楼阁的高度、长度、宽度、形状各随人意。楼阁中有许多床座，床座铺上了极为美妙高雅的绒布，并且以种种宝物来庄严和修饰，自然出现在众生面前。这与天道众生的受用非常类似。

虚空庄严指极乐世界的音乐设施。楼阁的两边，各有华幢，以无量的乐器为庄严。八种清风，鼓吹这些乐器，演说苦、空、无常、无我的法声和三十七道品修持之法。

极乐世界还有种种奇妙杂色之鸟、白鹤、孔雀、鹦鹉、舍利、迦陵频伽、共命之鸟。舍利鸟即中国的鹭鸶，亦名百舌鸟。迦陵频伽，译为好声鸟。共命之鸟是单身双头的鸟。如经中云："是诸众鸟，昼夜六时出和雅音，其音演畅五根、五力、七菩提分、八圣道分，如是等法。"这些鸟一天当中不停地发出和雅美妙的声音，而这些声音都是在演说三十七道品等根本法。此诸众鸟是阿弥陀佛不可思议的愿力所成就的，并非畜类。因为娑婆世界的众生爱好美妙的音声，所以阿弥陀佛在极乐世界里成就了种种胜妙音声，助长其善根与佛法！

极乐世界的本质是无量的庄严、清净、光明、美丽。蕅益大师把极乐世界的依报庄严，用胜妙五尘四个字来形容。到极乐世

界,在宝树下经行,微风吹动诸宝行树及宝罗网,出微妙音,譬如百千种乐同时俱作,闻是音者,自然皆生念佛念法念僧之心。多美妙的一个修行道场啊!

佛经中所谈到的极乐世界正报依报种种殊胜庄严,其目的是为了接引众生相信净土法门,欣求往生极乐世界。

(二)正报庄严

极乐世界有教主阿弥陀佛、观世音、大势至等诸大菩萨及诸声闻、天人等诸圣众。《阿弥陀经》说极乐世界有无量无边的声闻,具有无上智慧与福德神通,"威力自在,能于掌中持一切世界"。极乐世界里边的声闻众,尚且有如此广大神通,更何况佛菩萨呢?

《无量寿经》说,极乐世界诸声闻众的身光只有一寻(八尺)。菩萨的光明有百由旬,一由旬在印度分四十、六十、八十里三种,可知光明至少在四千里以上。极乐世界有二位大菩萨,其光明能遍照三千大千世界。一名观世音,一名大势至,常在阿弥陀佛左右协助弘法,接引众生。二位大菩萨与娑婆世界的众生有殊胜因缘,念佛堂里供奉西方三圣,原因就在于此。

所有往生极乐世界的众生,都具有像佛陀那样庄严、美妙而且圆满的色身。出生到极乐佛国以后,就失去本来的形体,而成就像佛陀那样尊贵和庄严的相貌。神通自在,福德具足,受用各种宫殿、园林、衣服、饮食、香花、璎珞,随意所须,悉都如愿,譬如他化自在诸天。极乐世界的饮食是随念而至,这些饮食,不同于世间饮食的口味,甚至也不是天界的饮食所能比美,这些饮食都是自然化生的甘露精品,香美无比。"钵中充满百味饮食,酸咸甘淡,各如所愿。"诸位菩萨和罗汉的心念都非常清净,不会慕恋

饮食。

极乐世界有无量高尚美妙衣服、宝冠、环钏、耳珰、璎珞、华鬘、带锁及各种庄严的珍宝(饰物),百千种颜色美妙的衣服和饰物,自然穿戴于身,来庄严正报。

净土诸经,只是略说净土菩萨圣众的真实功德,若广说者,百千万劫不能穷尽。

二、往生净土三资粮

信愿行即信仰、发愿、修行,信是信娑婆之苦,极乐之乐,信念佛能往生。愿是即信而发愿,立深誓愿,欣求往生。行是修行万善,同归念佛法门。此三是往生西方的必备条件,称为净土三资粮。资粮者,譬如远行,一要资财,二要粮食,若缺此二事,则绝难到达。信愿行三者缺一不可,非信无以发愿,非愿无以导行,非行不足满所愿、证所信。

(一)信

净土法门与大乘通途法门相比较,特重信愿。大乘通途法门修行次第是信解行证,由信生解,由解起行;净土法门是由信启愿,由愿导行。通途法门信解行证中,最难通过的一关是开圆解。而净宗念佛法门则以发愿代替圆解,便将这最难的一关通过了。通途法门行门深广,净宗念佛法门行门简易。只要能透过信关,一切将迎刃而解。

蕅益大师云:"得生与否,全由信愿之有无;品位高下,全由持名之深浅。"信心最主要的是要信佛以及佛的圆满,与佛所成就的净土功德。最忌今日信一法门,明日又信另一法门,不能积久成功,犹豫不决。

《华严经》说："佛法大海，信为能入，智为能度。"信是得度的前提，净土宗强调的信包括两点：

（1）相信极乐世界依正二报的庄严。

（2）相信一心念佛可以往生。

彻悟禅师说到净土法门有十种"信"，就是这两部分的开展。十信为相信"生必有死"、"人命无常"、"轮回路险"、"苦趣时长"、"佛语不虚"、"实有净土"、"愿生即生"、"生即不退"、"一生成佛"、"法本唯心"。彻悟禅师所说的十信，前四种是厌离轮回之苦，后六种是对佛净土和修持法门生信。

信看似容易，实则难，凡夫时常心有反复，信疑参半。《无量寿经》说："若闻佛号，心中狐疑，于佛经语，都无所信，皆从恶道中来。"听到佛号而不相信，不能接受，这种人是从三恶道中出来的。"宿殃未尽，未当度脱，故心狐疑，不信向耳。"因为他往昔所造的罪业还未消尽，所以，解脱生死的因缘尚未成熟，由此产生种种的怀疑，对净土法门发不起信心。

《占察善恶业报经》讲末法时代"信心成就者亦复甚鲜"，现代社会能够具足信心的人都很少了。

（二）愿

愿是求生净土的愿望，主要是指欣厌心：一厌离娑婆，二欣取极乐。对娑婆世界一定要有极大的厌离心，对极乐世界一定要有无限的欣取心。有的人对佛的信心有了，但是不肯厌离世间决心往生净土，如果当下因缘已具而不肯舍弃俗缘往生，就是愿不具。

为何要厌离娑婆？梵语娑婆，汉译堪忍。意为娑婆世界的众生安于十恶，承受种种烦恼与痛苦的折磨而不肯出离。娑婆世界的众生长时随顺业力流转，受生老病死、爱恨别离等苦，免不了三涂八难、四生九有之堕。

相比之下，极乐世界无苦纯乐，不闻苦难之名，每日法喜充满，身心悦乐，二土适成鲜明对照。从修道证果来看，二土的难易苦乐亦有霄壤之别，慈云大师将之归纳为十条：

一者此土有不常值佛苦，彼土但受花开见佛、常得亲近之乐。

二者此土有不闻说法苦，彼土但受水鸟树林、皆宣妙法之乐。

三者此土有恶友牵缠苦，彼土但受诸上善人、俱会一处之乐。

四者此土有群魔恼乱苦，彼土但受诸佛护念、远离魔事之乐。

五者此土有轮回不息苦，彼土但受横截生死、永脱轮回之乐。

六者此土有难免三途苦，彼土但受恶道永离、名且不闻之乐。

七者此土有尘缘障道苦，彼土但受受用自然、不俟经营之乐。

八者此土有寿命短促苦，彼土但受寿与佛同、更无限量之乐。

九者此土有修行退失苦，彼土但有入正定聚、永无退转之乐。

十者此土有佛道难成苦，彼土但有一生行满、所作成办之乐。

由欣厌心发愿往生极乐世界，愿力就是强烈欣厌心的结果。《阿弥陀经》说："众生闻者，应当发愿，愿生彼国，所以者何？得与诸上善人聚会一处。"蕅益大师说，假如信愿真切，临命终时，一念十念均可带业往生，若信愿不具，即便一句阿弥陀佛圣号持得绵绵密密，风吹不入，雨打不透，犹如铜墙铁壁般的坚固，也不能往生极乐世界，所以信愿十分重要！

在信愿行三资粮中，愿为枢纽，由愿往生的原理主要依据阿弥陀佛的第十八愿："设我得佛，十方众生至心信乐，欲生我国，乃至十念，若不生者，不取正觉。唯除五逆，诽谤正法。"信是信心，乐是意愿，十方众生愿往生心与阿弥陀佛摄生之愿感应道交，成办往生大业。明了这一义蕴，念念不舍，如是愿行即与弥陀愿心相应。

（三）行

信愿具足以后，应该老实持名念佛，此为行。

行，分正行与助行二种。正行是发菩提心，持名念佛；助行是勤修三福，力行众善。

阿弥陀佛的意思是"无量光"、"无量寿"，称念佛名，便能转化吾人的烦恼恶习。弥陀名号如净摩尼珠，投入凡夫浊染心水中，即能转垢浊为清净。阿弥陀佛功德不可思议，故弥陀名号亦不可思议。又兼愿力摄持，称念名号，必定往生。

执持名号是心行，也是音声法门。"声音"本身是一种能量，能量累积了这么多年，加上弥陀名号是很多人同时在念，由此可以想象"阿弥陀佛"这个声音的能量极大；所以如果我们能够诚心诚意地念佛，念至一心不乱，就能和"阿弥陀佛"这股能量产生共鸣，那就能与宇宙的能量接轨。如果真正念到一心不乱，无论行、住、坐、卧时下意识都在念，命终时得蒙阿弥陀佛来接引的机会就很大。从科学的角度而言，可以说是能量接轨，从信仰上说是阿弥陀佛和其他菩萨来接引我们。

蕅益大师称赞持名念佛法门说："念佛法门是方便中第一方便，了义中无上了义，圆顿中最极圆顿。"因为念佛是系念于佛的法身、功德、相好、名号而摄心不乱，是为正行。

助行，指勤修三福，力行众善。一、世福，又名世善，是世间伦常基础的孝悌忠信等善法，如孝养父母，奉事师长，慈心不杀，修十善业等。二、戒福，又名戒善，是佛陀出世所制定的戒法，包括人天、声闻、菩萨所受持的三皈、五戒、十戒乃至具足戒，以及三千威仪、八万细行等。三、行福，又名行善，为凡夫起大乘心，自行化他，深信因果，读诵大乘经典，劝导促进一切修行用功的人，发愿往生西方。

三、三根普被超三界

（一）三根普被

净土宗以信愿念佛求生净土，其法涉理甚深，而又至为简易。一句"南无阿弥陀佛"即是村夫农妇，无不能持。不仅出家僧尼在静中持，在家信徒于营生办事之隙，也可修持。而往生净土一事，恶人愚人皆可往生；见道证果之人，也回向往生。正所谓"普摄三根，广被群机"，被称为"易行道"。不仅净土中人弘扬，其余诸宗大德，也以往生净土为归宿。

正如印光大师所说的："净土一门，三根普被，利钝全收。上自观音势至文殊普贤，不能超出其外；下至五逆十恶阿鼻种性，亦可预入其中。"说明净土确实是三根普被的广大法门。念佛无须崇高的师资、明利的根器，也不必经过诸如其他宗派的皓首穷经，历劫苦修，累世功德，只需"口诵佛名"，且一心向西，就可顿超三界，根据往生时品级不同而渐次成佛。

《净土圣贤录》记载二千余年来历代往生事迹，直到现在仍继续编辑出版《近现代往生见闻录》。这些从古到今的大量往生事例，无不证明念佛法门，是三根普被、利钝均收的方便易行法，若老若少、若男若女，只要诚心念佛就可万修万人去。

三根的分别和我们所谓的聪明才智并无关系。佛法所言三根，与功德善业和信受奉行的行动力有关。如有人以一些老公公，老婆婆，大字不识一个，却念佛往生，谓之下根，这是错误的衡量。他们能够承担念佛之法，听后就信，信了就行，一点不打折扣，这样的人正是上根之人，是能够得佛法雨露滋润的最大受益

者。犹如我们熟知的禅宗六祖大师，一字不识，却能承当最上乘法，这是上上根机。

经中说，肯发心念佛是一种巨大的善根。若有众生，听到阿弥陀佛的圣号生起慈悲心、清净心，欢喜无量，或"衣毛为起或泪出者"，不知不觉地泪流满面，发大惭愧心，此人"皆是前世曾作佛道，故非凡人"。这种人，在多生多世前就已用功修行，所以此人不是一般的凡人。

省庵法师曾开示净土法门说，上根人学佛一本经书就足矣，此类众生闻法就信，信了就行，就有受用，如六祖大师，能够听一句《金刚经》就有悟入，这就是根器的作用。

但是中根人、下根人，就如省庵法师所言，决不可抛弃经教。否则理路不清，学法不明，不仅不能避免魔事，再鄙视经教，增上慢的罪过也是很麻烦的。特别是末法时代一些愚人，信心既不如古人，又不学古人的智慧德行，却跟着高喊："三藏十二部，留与他人悟"，实在愚不可及。如果不能了解基本的经教，就无法从念佛中生起觉照的智慧，如有些人念佛贪图感应，执境为实，不能了悟缘起性空的至理；结果将佛当成神一般，徒向外求。

莲池大师对此最有体会，他说："予一生崇尚念佛，然勤勤恳恳劝人看教。"这才是实修净土，弘扬净土的典范。

（二）末法契机

净土是末法最为适时契机的法门，一般说末法众生，善根浅，福报薄，业障重，退缘多。纵能修行，不易证果。《大宝积经》说："末法亿亿人修行，罕一得道，惟依念佛，得度生死。"说明佛陀早已洞察及此，特为我们末法众生留下念佛法门这个特效药。

经中说，佛法将要消灭时，最先消失的是《楞严经》，其他经典依次消失,最后留下《无量寿经》住世一百年,广度有缘;本经消失后,又留下"阿弥陀佛"四字,住世一百年,此后世间就没有佛法。说明阿弥陀佛确实是我们最后的依靠。

人生短暂,转瞬即逝,加上福德因缘的缺乏,众生没有更多的精力和能力,接受一个理论繁琐,行持艰难的法门,即使有一些收获和受益,却又老死将至,无所适从了。因此,念佛法门是释迦牟尼佛看到娑婆世界众生的根机低劣,修其余法门难以成功,故特地为末法时期的众生说了这个法门。

故念佛往生的成就常常被称为"横超三界"。

成佛了生死不外有两种方法:一种是竖出三界,一种是横超三界。三界就是指欲界、色界和无色界,代指生死轮回。竖出三界指依法修行,次第断惑证真,出离轮回。

由于竖出三界很难,因此有一个方便法门可以横超三界,此即净宗法门。古德比喻说,三界好比竹子一节一节的共计二十八节,竹底的虫想出竹外,要一节节咬破才能出去,那多么难!若是在竹壁上咬个洞,不就出去了? 念佛横超三界二十八天就是如此不可思议,所以净土法门是最圆满、最迅速,也是一代时教中最殊胜的法门,佛陀早已为我们选好了。一旦横超,用不着三大阿僧祇劫,就可以成佛。径登四土,一生成就。

修净土法门,如在光天化日下,沿着康庄大道前进,不会迷失方向,不致误入歧途。处此末法时代,明师难遇,魔外甚众,邪说纷纭,不易识别;修其他法门,若无明眼人指引,歧途较多,易于迷误;盲修瞎炼,走火入魔,也是常见事。修净土法门便不同,不用到处参访,不用探索道路,只须深信、切愿,众善奉行,一心念佛,念到放下娑婆牵绊,便能横超三界,带业往生净土。

第五节　恪修净业，正助行门

一、四种念佛法门

古德将念佛方法从难至易归纳为四种：一、实相念佛；二、观想念佛；三、观像念佛；四、持名念佛。这四种，摄尽无量的念佛法门，依此修持，确保可以往生西方极乐世界，其中第一种是理持，后三种是事持；事与理结合起来，方能圆满。

（一）实相念佛

实相念佛是念佛法门的最高修行境界，实相，就是诸法的真实相状，即诸法空相。既不能执着于有，也不能执着于空，行在中道，理事通达无碍。实相念佛，是以实证诸法实相的功力来念佛，把念佛的行为契合于诸法实相的妙理毫不违背。实相念佛，属于理持法门，非常高深，不是语言文字所能表达的，其道理正如古德所说"生则决定生，去则实不去"的道理是一致的。

会集《大经》的夏莲居居士曾作一首偈子说："弥陀教我念弥陀，口念弥陀听弥陀，弥陀弥陀直念去，原来弥陀念弥陀。"实相念佛重在"自念自听，自呼自应"，体悟"是心作佛，是心是佛"，此亦即禅门"识自本心，见自本性"。念实相佛，说之似易，修之证之，实为难中之难。它是用般若智慧之光，去照见一切诸法的现象。天台止观和禅宗参究一路向上，都是用这种方法。

《大集经》曰："若人但念阿弥陀，是即无上深妙禅。"可见持名不但是禅，且是无上深妙之禅。盖万缘放下，一念单提，自然暗合道妙。从事持达理持，即凡心成佛心。所以元代中峰禅师指出：

"禅者,净土之禅;净土者,禅之净土。"

(二)观想念佛

观想念佛的原理是以诸佛的智慧、功德、神通、妙行当作自己内心的念想,把自己的念想系缚在这些善美净的依正庄严上面,念念不离佛之想。

观想佛的三十二相,或者观想佛的眉间白毫相光,乃至观想佛的足下千辐轮相等妙相。从上至下,从下至上,辗转循观,都叫作观想念佛。

观想念佛有一相观、多相观、全相观之别。如果能于佛之三十二相,专观其中一相,能灭九十亿那由他恒河沙微尘数劫之生死重罪;若观其全身相好,须端坐正受,系念佛身,莫念地、水、火、风等诸余法,常念佛身,见十方三世诸佛悉在目前,可灭除无量劫之罪。

观想念佛在《观无量寿经》里一共说明十六种观法,其中为古德最常用的是日观:首先面朝西方,端身正坐,仔细观想太阳落山处,使心念牢牢安住在这一境界上,不移不动,集中精神,专注观想,内心平稳。太阳即将西落时,彤彤日轮,状如空中悬鼓。日观修成时,无论开眼或闭眼,这种所观的境相都是清晰明了的。

十六妙观每种观法,皆具不可思议的妙用。因众生智慧浅薄,而所观的境界又极其微妙,所以修此观想念佛,也并非易事。

有一云水僧书壁念佛摄心偈,开示念念存想莲华,即西方胜境而安心,摄六根而念净。昔德森法师将此呈似印光大师,印光大师亦赞妙善。其偈云:

若问念佛法,摄心自有方。每念一声佛,口作莲华香。
因我清净心,所以有此香。华从口中出,朵朵向西方。

一佛华一朵,有色复有光。念到一声佛,青色放青光。

念到二声佛,黄色放黄光。念到三声佛,赤色放赤光。

念到四声佛,白色放白光。如是轮转想,念念不可忘。

不必记其数,但想色香光。果能心不乱,决见大愿王。

(三)观像念佛

观像念佛也称观相念佛,是以泥塑、木雕、石刻、纸画佛像为所缘境,心系佛的形相。修法时,先安立一尊所要观想的佛像,或坐或站,或是静止或是缓行,把心念安住在这尊佛像的相好上,随后在自己的内心生起所观佛像的形相,清晰明了。

观像念佛源于《大宝积经》。经中说,释迦牟尼佛因地修行,名大精进菩萨,未出家时,看见一比丘在画佛像,非常庄严,从而生起大恭敬心,随即发心出家。出家后,向那位比丘礼请其所画的佛像,比丘满足了他深切的心愿。于是,他诚心诚意地恭请佛像到深山里供奉,专修观像念佛,即眼观佛像,心里念佛,这就是观像念佛的起源。

观像念佛的利益在于,由眼观佛像,口称佛名,则心不散乱,本性佛从而显现,如是则念念不断,纯一无杂,即生成就。

(四)持名念佛

持名念佛是最为常见的念佛法门,口中称念佛的名号,声声称念,意意相注。或计数念佛,数十声,或数千声,或千万声,多少随自己的条件而为。或不计数念佛,只管一心去念,数目不计多少,随心随意佛号不断。

持名念佛法门,源于《阿弥陀经》所说:"若有善男子、善女人,闻说阿弥陀佛,执持名号,若一日、若二日……若七日,一心不乱,其人临命终时,阿弥陀佛与诸圣众现在其前,是人终时,心不颠倒,即得往生阿弥陀佛极乐国土。"这是说,专心称念佛之名号,于昼夜间一心专注,岁月既久,则念念不断,纯一无杂。如能做到七日一心不乱,临终之时,必蒙阿弥陀佛与观音、势至及诸圣众亲临接引,往生西方。古德曾说:"末法时代的众生不修念佛法门,非愚即狂。"愚就是没有智慧,不懂得修。狂就是狂妄,盲目自大,不能修行。因此,对于一个正常学佛的人来说,还是依念佛来得坚固。持名念佛应该不缓不急,历历分明,行住坐卧,穿衣吃饭,任何时候,一句佛号绵绵密密,正如印光大师所说的:"随忙随闲不离弥陀名号,顺境逆境不忘求生西方。"

持名、观像、观想、实相,四种念佛方法中,唯持名最契机。持至一心不乱,实相妙理,全体显露;西方妙境,彻底圆彰。而观想念佛,境广心粗,不易成就。观像念佛,有像可观,离像难现。实相念佛也相当不易契入。唯提起一句洪名,妄想立即转化,简单易行,故持名最为殊胜。持名念佛,下手最易,成功最快,只要念念相继,一心不乱,实相妙理,即在其中了。不劳观想,不劳观像,如子忆母,一定能够依靠佛的加持力量,往生西方,一旦往生,即出轮回,成佛也就不远了。

二、持名念佛修持

一句名号三岁小孩都能念,如将弥陀名号尽形寿不间断地恒常执持,却是八十岁老翁亦难为。关于持名念佛,古往今来诸多祖师大德在精修净业中积累了诸多的方法,以作末法修行者的轨范,现代净业行人可结合自己的工作生活状况,择一相宜方法修持。

(一)晨朝十念法

十念法是慈云忏主依据阿弥陀佛第十八愿的意趣,为事务忙碌者所立,其实是无论僧俗闲忙均可奉持之法。其法是:每日清晨服饰已后,面西正立,合掌,连声称阿弥陀佛,尽一气为一念。如是十气,名为十念。但随气长短,不限佛数,唯长唯久,气极为度。其佛声不高不低,不缓不急,调停得中,如此十气,连续不断,意在令心不散,专精为功故。

十念的原理是借气束心,心自不散。但须随气长短,不可强使多念,强则伤气,只可十念,不可二十三十,多亦伤气。如早晚十念,或早午晚三次亦可。如家有净室或佛堂,仍须对佛像焚香礼拜,立念跪念均可。

楚石禅师晨朝十念,终身不缺;幽溪大师奉为日课,至老不休。古崑法师亦虔持此法。此法能制心一处,一心念佛,决定往生。念数虽少,功德颇深。

(二)十念记数法

此法是印光大师为对治妄波沸涌者而立。所谓十念记数法,当念佛时,从一句至十句,须念得分明,仍须记得分明。至十句已,又须从一句至十句念,不可二十三十。随念随记,不可掐珠,唯凭心记。

如果十句一气念下来较困难,也可以分为两口气,即从一到五,从六到十。如果还是觉得费力,可从一到三,从四到六,从七到十分作三口气念。念得清楚,记得清楚,听得清楚,妄念无处落脚,时长可以得一心不乱的境界。

从一到十,从一到十,即使每日念数万声,都这样记。不但能去妄念,还最能养神。随快随慢,没有一点停滞防障,从早念到晚,没有不合适的。十念记数,以全心力量施于一声佛号,虽欲起妄,力不暇及。此摄心念佛之妙法。

(三)随息念佛

是结合数息观念佛的方法。于气静心平时,先观想己身处在圆光中,默想鼻端,想出入息,每一息念南无阿弥陀佛一声。吸气时念"南无",呼气时念"阿弥陀佛",方便调息,不缓不急,心息相依。随其出入,行住坐卧,皆可行之。勿令间断,纵令昏寐,含佛而寝。觉即续之,常自密持。摄心既久,息念两忘。即此身心,与虚空等。持至纯熟,心眼开通,三昧忽尔现前,得大受用。

(四)反闻闻自性

娑婆众生六根中,耳根最利,意根功德最全。持名的殊胜在于自念自听,反闻自性,也可藉此修耳根圆通。《楞严经》偈云:"此方真教体,清净在音闻。欲取三摩提,实以闻中入。"观音菩萨的反闻闻自性,有声音无声音都是闻。先用耳根听佛声,以意根或记数或作观想。摄住耳根与意根,其他诸根自然臣服,所谓一根既返源,六根咸解脱。反闻闻自性,性成无上道。

三、净业三福正因

净业三福是往生西方的助行,也是以善根福德因缘助成往生西方的妙行,出自《观无量寿经》。

在《观经》中,摩伽陀国频婆娑罗王王后韦提希夫人,贵为皇后,却遭遇逆子弑夫君事件,深感世间是苦,求佛带领出离娑婆,释尊于是以神力展示诸佛国土给夫人选择,最终夫人选取了阿弥

陀佛佛国。佛陀开示说:"欲生彼国者,当修三福,一者孝养父母,奉事师长,慈心不杀,修十善业。二者受持三皈,具足众戒,不犯威仪。三者发菩提心,深信因果,读诵大乘,劝进行者。如此三事名为净业。"这就是净业三福。

净业三福含摄五乘佛法(人、天、声闻、缘觉、菩萨)的一切善行功德。三福依浅深次第,可例分为:一、人天福(世善);二、二乘福(戒善);三、大乘福(行善)。此三种业是三世诸佛净业正因,三世诸佛净土莫不由此净业以为正因而得以成就,阿弥陀佛极乐世界亦复如是。故欲生彼国者当修三福,以契正因。

(一)人天福(世善)

净业三福中第一福为"孝养父母,奉事师长,慈心不杀,修十善业",可得人天福报,亦是往生极乐世界的首要条件。孝养为百行之先,孝心即是佛心。为人子女者并非供给二亲衣食住便是孝,要宠不生骄,劳不生怨,承顺颜色方为孝。

孝养父母、奉事师长是敬上行,慈心不杀之慈是慈下行。

奉事师长,尊师重道是中国优良的人文教育理念,儒家有程门立雪之恭谨,禅宗有断臂求法之至诚。师长开显吾人法身慧命,是故吾人应竭诚尽敬。

慈心不杀,慈悲心是成就佛道的因种。慈心的培植,宜从戒杀放生入手。且杀业招众生怨气,障生净土,中国净宗祖师力行倡导戒杀放生。是故净业行人宜应谨奉慈心不杀之教敕。

修十善业以不杀为首,其内容是:一不杀生,二不偷盗,三不邪淫,四不妄语,五不绮语,六不恶口,七不两舌,八不悭贪,九不瞋恚,十不邪见。十善分上中下三品,分别招感天、人、阿修罗三善道报。十善的反面即是十恶,十恶亦分上中下三品,分别招感地狱、饿鬼、畜生三恶道报。修十善业是在人天善行善果的基础上求生净土。

(二)二乘福(戒善)

第二福为"受持三皈,具足众戒,不犯威仪"。这是在人天善行的基础上修出世间法。

三皈是皈依佛、法、僧三宝。吾辈众生在无明长夜生死苦海中,惟依佛法僧三宝方可解脱困苦厄难,圆成本具佛性。三皈是净业修持的必要前提。

戒是一切善法功德的根本,也是念佛往生的重要条件。戒的种类甚多,有五戒、八关斋戒、比丘戒、比丘尼戒、菩萨戒等,都是以五戒为基础,即杀盗淫妄酒戒。威仪是行住坐卧,轻重粗细,常时行持,熏习成性,故说"具足众戒,不犯威仪"。儒家礼仪以诚敬为核心,佛家尤以尊重、恭敬、赞叹作为威仪的基本精神。净业行人能如是护持身口意三业威仪,不犯小恶,冰清玉洁,定能得到诸佛护念,人天恭敬,成办净业。

(三)大乘福(行善)

第三福为"发菩提心,深信因果,读诵大乘,劝进行者"。这是修行者自身行持已经有了较高修为,自利已善,故要发大乘心利他。

菩提心是万善中王,是诸佛之本源。净业行人宜以弥陀大愿为己愿,以上求下化为己任,弘毅精进。以持戒念佛功德,回向法界众生,普愿一切怨亲同生净土。

"深信因果"是修信,深信三界六道生死轮回苦,不敢再造任何罪业。"读诵大乘"是修解,经教如明镜,读诵能开发智慧。若

开大乘圆解能增上品位,早证无生法忍。"劝进行者"是修利他。净宗念佛法门惠予九法界众生离苦得乐的究竟大利,是故弘扬念佛法门,劝令众生信愿持名,求生西方净土,称佛本怀,功德甚大。净业行人应以知恩报恩之心,随分随力弘扬宣说念佛法门,自信教人信,自行令他行;作阿弥陀佛使者,为娑婆众生之胜友。

除上述净业三福外,《阿弥陀经》提到往生极乐世界的条件必须要有善根、福德因缘。善根是指发菩提心,持名念佛,厌离娑婆,欣求极乐。福德因缘是指受持禁戒,广作诸善,勤修三福。吾人宜在信愿持名的前提下,随分随力行之。

四、称名正行助行

有鉴于一门深入的殊胜效用,净土宗注重专修念佛法门,不杂他修。蕅益大师在《佛说阿弥陀经要解》中指出:"诸经示净土行,万别千差。如观像、观想、礼拜供养、五悔六念等,一一行成,皆生净土。"因而提倡正行和相关的助行。净土正行就是真信切愿,持佛名号。净土助行就是修行众善,回向往生。

(一)五种正行

净土正行以信、愿、行三法,为往生的正因。印光大师认为净土法门可以用信愿行一句话概括:"一句者,信愿行也。非信不足以启愿,非愿不足以导行,非持名妙行,不足满所愿而证所信。净土一切经论,皆发明此旨也。"信愿行是净土宗的修行宗旨。

正行包括哪些?善导大师把往生净土的行业分作正、杂二行。正行是专依净土经典所修的行业。杂行是其余诸善万行。正行分作五种:

1.读诵正行,专读诵净土宗正依的《观经》、《弥陀经》、《无量寿经》。

2.观察正行，专思想、观察、忆念弥陀净土依、正二报的庄严。

3.礼拜正行，专礼拜弥陀一佛。

4.称名正行，专称弥陀一佛的名号。

5.赞叹供养正行，专赞叹、供养弥陀一佛。

五正行中，"称名"一项特别符合弥陀的本愿，故称正定业，其余四项则称助业、助行，二者因相对而作此称。若在专修念佛（称名）之外，兼修其他四行者，则称助正兼行。又就往生净土的正因来说，五种皆是正行。

对于以上正行，应当以四修来巩固，即恭敬修、无余修、无间修、长时修。意思是，修习净土法门时，应当恭敬礼拜阿弥陀佛及一切圣众，专心持名，不以余业间断，不以贪、嗔诸烦恼间隔。受持念佛法门以毕命为期，誓不中止。

除以上五种行门之外，其他的诸善行业，都称之为杂行。善导大师的净土法门是舍杂行，归正行。一心专念弥陀一佛的名号，念念不舍，以往生净土为期。

祖师殷勤劝勉净业专修，不唯言传，更重身教。善导大师三十余年专精笃行念佛法门，每入室长跪唱佛，不到力尽终不休歇。寒冰天念佛入室长跪唱佛，直念到汗湿衣衫方止。从不与人聚谈俗事，恐怕耽误净业。一生说法唯说净土法门，以示精专。道绰大师每日念佛七万声，为众讲《观无量寿佛经》近二百遍，聚众念佛，散席之后，念佛的音声回响于林谷间，长久不息。临终往生瑞相昭然。

印光大师六十余年称念佛名，自励不懈，临终自在往生，终于超凡入圣，位列净宗十三祖之尊。证知一门深入，专精不移，便能获致殊胜法益。

(二)净土助行

后世将所修一切事相功德回向净土的的万善杂行,都称为助行。助行包括一切世间和出世间善行。印光大师开示说:"至于日用之中,所有一丝一毫之善,及诵经礼拜种种善根,皆悉以此功德,回向往生。如是则一切行门,皆为净土助行。犹如聚众尘而成地,聚众流而成海,广大渊深,其谁能穷。"修行众善,皆可成为净土资粮,其中关键在于回向往生,众善若不回向求生净土,就不能成为往生资粮。也就是说信愿念佛是直接往生净土之因,修行众善并不直接成为往生之因,必须通过回向发愿求生才能成为净土生因。

正行与助行的关系是正行为主,助行为宾。印光大师开示:"念佛之人,各随己分。专念佛号亦好。兼诵经咒,并广修万行,亦好。但不可了无统绪,必须以念佛为主,为正行。余皆为宾,为助行。则善矣。否则如一屋散钱,皆不上串,不得受用。又如入海无指南针,无所适从矣。"这说明助行之善如散钱,必须通过念佛将其贯穿成串,方可成为往生资粮。

正助合行,利益甚大。印光大师开示说:"凡修行人,必须以念佛为正行。以持咒诵经,及作种种利益事,为助行。正助合行,则如顺水扬帆。在此生死苦海,速得入于萨婆若海矣。"

有些人执着念佛为正行,于是不再做任何福业功德。这是过于偏激了。殊不知专修正行,不破助行。印光大师举例说,如吃饭,但吃一饭,亦可充饥。兼具各蔬,亦非不可。能专念佛,不持咒,则可。若专念佛,破持咒,则不可。况往生咒,也系净土法门的重要助行。念佛人,尤其是在家居士,除了念佛外,还有工作和生活。如果一心念佛,诸事不参与,不但与世法有碍,亦不与佛法相合。因此,净宗人以生活为助缘杂修福慧亦无不可。

永明大师指出若能将所修六度万行功德回向净土,则为成就往生资粮。所以无论是念佛、诵经、坐禅、持戒还是布施,行善都可以回向往生,集万善而同归极乐。

修万善助行回向往生净土,也是阿弥陀佛的愿力所致。晋译《无量寿经》阿弥陀佛第十九愿云:"十方众生发菩提心、修诸功德、志心发愿欲生我国,临寿终时,假令不与大众围绕现其人前者,不取正觉。"第二十愿云:"设我得佛,十方众生闻我名号,系念我国,植诸德本,至心回向,欲生我国,不果遂者,不取正觉。"

唐译《大宝积经·无量寿如来会》云:"若我证得无上觉时,余佛刹中诸有情类,闻我名已,所有善根,心心回向,愿生我国,乃至十念,若不生者,不去菩提,唯除五逆,诽谤正法及诸圣人。"

以上二种译本中,阿弥陀佛四十八愿都强调若将修行的种种功德善根回向净土,皆为往生资粮,即得往生极乐净土。因此,发愿回向是往生弥陀净土的正因,修诸功德是成就往生助缘,毫无二致。

第六节 三辈九品,往生净土

往生西方极乐世界虽不是修行的最终目的,但净土的巨大法益是圆证不退,果位顿超二乘,直取无上佛果。这就是一些开悟的高僧大德也发愿往生西方极乐世界的原因,"超出常伦诸地之行,现前修习普贤之德","其国众生多是一生补处",可以早日成佛度众生,何等欣庆。

对照众生在世间的修行因行,净土宗有明确对应的果报说,那就是三辈九品的往生论。三辈出自《无量寿经》,九品往生出自

《观无量寿佛经》。三辈九品是佛随顺九法界有情安立对应的位次。一切众生同生阿弥陀佛的清净国土，无一遗漏，这是畅阿弥陀佛度生的本怀之说，但往生果位高下有差别，则是应机而设。那些精进善巧者，能得到上品上生的利益。那些一生作恶临终悔悟的众生，也能往生下品下生，但是他的莲花要十二大劫才花开见佛。

一、三辈行业

三辈之说出自《无量寿经》，指往生弥陀净土的人，其业行之深浅分为上中下三类：

（一）上辈往生：舍家为僧，发大菩提心，一向专念无量寿佛，修诸功德，愿生彼国。临命终时，无量寿佛与诸圣众前来迎接，于七宝华中化生，得不退转，智慧勇猛，神通自在。

（二）中辈往生：虽不能作沙门，还能修大功德，发大菩提心，一向专念无量寿佛名号，修诸功德，奉持斋戒，造塔供僧等，以此回向，愿生彼国。临命终时，化佛来迎。住不退转，诸德智慧次如上辈者。

（三）下辈往生：十方众生至心愿生彼国者，虽不作诸功德，亦当发菩提心，称无量寿佛名号，乃至十念；或能闻深法，欢喜信乐，不生疑惑，乃至一念，以至诚心愿生彼国。临命终时，梦见彼佛，亦得往生，功德智慧次如中辈者。

总之，三辈往生，行虽有别，然而共同的正因是必须发大菩提心，专念阿弥陀佛圣号，修诸福善及回向愿生等四行，方得往生。

莲池大师认为三辈高下的区分是所得事一心理一心修行有深浅。理是理悟，事是事行，上辈往生是双得事理一心者；中辈往生是得事有余，得理不足者；下辈往生是仅得乎事，未得乎理者。

说明往生的境界与平时修持确有很大关系。

二、九品往生

九品往生出自《观无量寿佛经》。净土法门摄受上、中、下三根众生，依此三根修行功德分为九品。

往生有九种差别，迎接往生者的莲花台也有九种，称为九品莲台。九品莲台，在经文中除中品下生于文中省略外，余由上品上生至下品下生依次为：金刚台、紫金台、金莲华、莲华台、七宝莲华、宝莲华、莲华、金莲华。（其中有两个金莲华，或许大小庄严有异）。来迎的阿弥陀佛有九种（九品弥陀），所结的手印也有九种。九品手印分别指上上、上中、下上三品作转法轮印，上下、中上二品作安慰摄取之印。九品业行分别如下：

1. 上品上生：先发三心，即至诚心、深心、回向发愿心。次修三业，即慈心不杀，具诸戒律、读诵大乘经典、修行六念，精进勇猛。此人临命终时，观世音菩萨执金刚台，与大势至菩萨至行者前，阿弥陀佛放大光明照行者身，与诸菩萨授手迎接。

2. 上品中生：亦发三心，然于大乘法不能受持读诵修行，唯能解了第一义谛，深信因果。此人临命终时，阿弥陀佛与观世音、大势至等无量大众，持紫金台，授手迎接。

3. 上品下生：亦发三心，然于大乘法不能受持读诵解义，唯信因果。此人临命终时，阿弥陀佛与观世音、大势至及诸眷属持金莲华，化作五百化佛授手来迎。

4. 中品上生：受持五戒，持八戒斋，修行诸戒，不造五逆，无众过恶。此人临命终时，阿弥陀佛与诸比丘眷属围绕，放金色光，至其人所；其人见已，心大欢喜，见己身坐莲花台。

5. 中品中生：一日一夜持八戒斋，或一日一夜持沙弥戒，或一

日一夜持具足戒，威仪无缺。此人临命终时，见阿弥陀佛与诸眷属放金色光，持七宝莲华至行者前。

6.中品下生：若有善男子、善女人孝养父母，行世仁义。此人临命终时，遇善知识为说阿弥陀佛国土乐事及法藏比丘四十八愿，至心信乐即得往生。

7.下品上生：或有众生作众恶业，诽谤方等经典，多造恶法，无有惭愧。此人临命终时，遇善知识为赞大乘十二部经题，除却千劫极重恶业，又教他合掌称"南无阿弥陀佛"名号，除却五十亿劫生死重罪。此时阿弥陀佛即遣化佛、化观世音、化大势至来迎。

8.下品中生：或有众生毁犯五戒、八戒及具足戒，偷僧祇物，盗现前僧物，不净说法，无有惭愧，行种种恶法。如此罪人，临命终时，地狱众火一时俱至。遇善知识为赞阿弥陀佛十力威德，除八十亿劫生死重罪，地狱猛火化为凉风，吹诸天华，华上有化佛菩萨迎接此人。

9.下品下生：或有众生作五逆十恶，具诸不善。此人临命终时，遇善知识为说妙法，教令念佛。如是至心，令声不绝，具足十念称"南无阿弥陀佛"。于念念中，除八十亿劫生死重罪，即见金莲花犹如日轮，住其人前。

由九品行业比较可知，上三品人具诸戒行、读诵大乘及修行六念；中上、中中人受持五戒、八戒等戒法，中下行世善；下三品人以临终遇善知识劝称名为生因。

九品的分类是释迦牟尼佛诱导众生的方便，"九品咸令登彼岸"是佛设教的目的。各修其品的修行者，有来迎之真化，花开之迟速，悟道之早晚。安立品位后，所有九品的众生都会觉得往生有希望，也都能找到自己合适的位置，因而精进修行，力争上位。

莲池大师《佛说阿弥陀经疏钞》对九品也作了所得事一心理

一心修行的区分。上三品是双得事理一心；中三品是事盈理歉；下三品是有事无理。他认为细分则有九品，如果分之又分，则有百千万亿无尽辈品，都是因为事理所得深浅不同而有次第。

往生西方除了莲花化生外，还有胎生之说。胎生指对净土法门产生轻微的疑惑，但仍然修持福慧。边修边疑，虽往生，却产生障碍，不能直达西方世界见佛闻法，如人处暗钝之胎内，所以比喻为"胎生"。胎生者所生为边地疑城。边地疑城是一个比喻的说法，"边地"是八难中闻不到佛法的地方，"疑城"指往生者夹杂疑心求生到极乐净土，不能见闻佛法僧三宝。住在边地疑城时，阿弥陀佛仍然放光加持疑城的人。边地往生者会透过佛光来反省自己见不到佛、闻不到法、见不到菩萨声闻僧的原因，乃是自己有怀疑，由此生起惭愧、忏悔心。忏除疑根，便从疑城出来，生到正式的极乐国土，与诸上善人相聚了。

三、往生事例

历代关于往生净土者的事迹颇多记载，不胜枚举。往生者基本的瑞相有预知时至、佛光照耀、空中显圣、异香满室、天乐鸣空等，不一而足。下面略述几则历史上最为人津津乐道的往生事例。

（一）预知时至

一些修行功夫甚高的高僧大德或者居士，圆寂之前数日、数月甚至数年，就预知自己往生的日期，这就是"预知时至"。这是因为生前已经心得自在，故临终时能得生死自在。念佛往生要达到预知时至，是非同一般的功夫，生前证到"念佛三昧"，自然预知时至，甚至可以自己驾驭去世的时间。《净土圣贤录》里记录了僧

俗往生净土的许多实例,这些实例基本上都是在临终时预知时至,自在往生的。能预知一年以上的往往是公认的得道高僧。

预知的另一方式是佛亲自来告之往生者的时日,这就是自力与他力感应道交的境界。晋朝净土宗初祖慧远大师就是一个实例,是阿弥陀佛亲自来告诉他往生的日子。

慧远大师以禅观证悟念佛三昧,栖神净土。远公禅定中三次见佛,十年皆沉厚不言。晚年最后一次,又见阿弥陀佛,身满虚空,圆光之中,有诸化佛。观音、势至,左右侍立。蒙佛告之曰:"我以本愿力故,来安慰汝。汝后七日,当生我国。"果然七日后自在示寂。这是远公三昧力深,方能致此。

他所创的莲社,以修念佛三昧为主,莲社其他同伦大多有定中见佛的体验。史料记载:刘遗民专念禅坐,始涉半年,定中见佛,佛于空现,光照天地,皆作金色。莲社 123 位同仁,或禅定中、或在梦中、或在临命终时见到阿弥陀佛,见到西方极乐世界的胜境,与佛典所记载的无二无别。

又,近代净宗第十三代祖印光大师亦是预知时至。公元 1940 年十月二十七日,印光大师示现一点小病,隔日即召集大众,宣布妙真法师为苏州灵岩山寺住持。选定十一月初一日为升座日期,三天后,于初四凌晨五点,说:"蒙阿弥陀佛接引,吾去也。大家要念佛,要发愿,要往生西方净土。"说完,端坐含笑安详往生,如入禅定,时年八十岁。往生百日后荼毗,得五彩舍利珠百余颗,大小舍利花及血舍利千余粒,头顶盖骨裂成五瓣如莲花形状。

(二)誓取金台

往生西方品位的高低是行持的功夫所致,念佛功夫转高深可以使品位升高。历史上有两位法师是通过加倍精进使品位增高的。

唐台州怀玉禅师，一生念《弥陀经》三十万遍，常坐不卧，精进念佛。一日见西方圣众，多若恒沙，阿弥陀佛拿着银色的莲花台来接他。怀玉禅师心想自己一生精进，一心希望得金台，没想到银台来接，很惭愧。念头一动，银台消失。于是倍复精进过了二十一天，见佛满空中，阿弥陀佛持金台来迎接他，满心欢喜，咐嘱众弟子后，说偈含笑而逝。

当时太守段公见闻了这一事迹，非常感动，作诗纪念："我师一念登初地，佛国笙歌两度来。惟有门前古槐树，枝低只为挂金台。"

金台是理一心不乱的境界，上品上生就得金台。怀玉禅师一生用功，常坐不卧，尤其最后二十一天加倍的精进，得理一心不乱，所以赞叹他一念登初地。"佛国笙歌两度来"是指阿弥陀佛来接引他两次。寺院前有一株古槐树，因为金台太重了，将槐树的枝压得很低，突显金台的贵重，同时表敬仰义。

另一个誓取金台的事迹发生在宋朝。宋徽宗政和年间有宪章法师，字仲悯，三衢人。一生讲解天台教义，颇有盛名。为人气势豪迈。将终之时，急归本业寺，召集大众于大法堂上，法师登师子座，刚刚跏趺，忽见西方银台而至，乃喝一声曰："吾平生解第一义，誓取金台往生，何为不然！"于是瞑目而终。见者莫不惊呼。解第一义是理悟，故按他的理想应当是上品上生，故对来迎接的银台不满，大喝一声，换了金台，方肯去西方。

其实九品莲台中没有银台，金台的下一品是七宝莲花。银台象征修理一心或理悟不够圆满，有督促之意。所以两位法师誓取金台的志气仅是一种示现。

（三）居士往生

居士往生的案例中，以明末打铁匠的念佛往生最为人们津津乐道。

明末，湖南衡阳人王姓铁匠，一家四口，靠打铁维生。一日，见一行脚僧过路，问有没有既不花钱，也不妨碍生产，又能离苦得乐的妙法？僧人劝他修念佛法门。

打铁匠如获至宝，从此推一下风箱，念一声佛号；打一下铁锤，念一声佛号，从不间断。他的妻子说："你站在炉边已经够热，打铁已经够累了，还要念佛号，会把人累坏的！"他说："平时站在炉边感到热，现在念佛不觉得热；平时打铁肩膀酸疼，现在念佛肩膀不疼，也好睡了。"

很久以后，有一天他跟妻子说："我要回家了。"妻子说："这不是你的家吗？"他说："回极乐世界去。"便说一偈曰："叮叮当当，久炼成钢。太平将近，我往西方。"然后就站着往生了，往生后有一股香气在他家里停留了三天才散去。此事在当时引起轰动，后来打铁匠那个镇上的人纷纷效仿学习打铁匠，不少人也念佛往生。

与不识一字的打铁匠相反的，是才华卓越的明代文学家袁宏道的往生事迹。《净土圣贤录》记载，袁宏道往生后以方便神力，将其弟袁中道摄持到极乐世界对他进行开示，这开示便是袁中道写的《附纪梦（出《珂雪斋外集》）》。此文是唯一被祖师大德承认的极乐世界往生情况反馈书。

袁宏道，字中郎，号"石头居士"，湖北公安县人。与其兄袁宗道、弟袁中道并有才名，合称"公安三袁"。三兄弟先后都中进士，皆好禅宗。

袁宏道最初学禅于李卓吾，悟解锐利，妙契禅宗蕴底，后来归心净土法门,早晚礼拜课诵,秉持戒律。修持有心得后,又采录经教,作《西方合论》一书,圆融性相,皆归于不二法门。其中谈论到五种行门,尤其确切简要。

《西方合论》这一书作成之后,其弟宗道和中道,皆同时发心回向净土。袁中道,官为南礼部郎中,后乞求退休,养老于家,平日精勤礼拜课诵,在一次礼诵过程中似梦非梦发生了这么一个小插曲,并把他梦中听到的袁宏道的教诫记录下来。

书中写到袁宏道自述往生净土的情况:"我往生净土的愿力虽然很深,但是情执染着的习气未除,刚开始化生于此边地一小段时间!现今已经居住在净土了。但是终究因为以前持戒不够严谨精进,因此只能在地面居住,不能与大菩萨们一起飞翔于广遍的虚空和七宝楼阁之间,仍需要再进一步的修行。所幸我宿世生来智慧猛利,又曾经作《西方合论》,赞叹如来不可思议度化众生之力,感得飞行自在,可以游行于十方的诸佛刹土,十方诸佛说法,我皆可前往恭听。"又说"我没有想到极乐世界快乐到这种程度,假使我前生时能够严持戒律,我的境界尚不止是如此而已。……"并告诫弟弟要持戒严谨、不可浮华等。

《西方合论》一书,为蕅益大师极力推崇,认为"非真见理,那有此胆识",多次刻印流通。

四、临终助念

死亡是人人必须面对的人生大事,佛教的临终关怀,尤其是净土法门对人生的临终关怀,通过临终助念和善巧劝慰,帮助亡灵往生极乐世界,脱离轮回,是最圆满的临终关怀,是最崇高的慈悲喜舍。

净土宗第十三祖印光大师在《临终三大要》中开示了临终三

件最重要的大事：

第一，善巧开导安慰，使病人树立正信。

加强树立临终信念很重要。不少病人经久病折磨，容易唉声叹气，怨天尤人。念佛也没以往日的信心和勇猛心。此时应针对病人内心的障碍，加以对治化解，开导病人发起三种心。

一是忏悔心。让病人认识到，这些病痛都是自己过去、今生所造罪业招感而来的，应自作自受，安心坦然受报，不要怨天尤人。内心忏悔清净，念佛就容易感应。

二是发菩提心。劝病人发菩提心，自念过去、今生父母仍在六道轮回，其恩德未报，如能往生西方，再回入娑婆度父母家人及一切有缘人，意义非常重大。

三是发信愿心。引导病人常念净土发愿文，坚定往生极乐的信愿心。只要自己信愿不变，老实念佛，今生必定蒙佛接引，必定往生极乐，绝不怀疑。时时念佛想佛，不想家事世事，时刻静候阿弥陀佛及诸圣众前来接引。

第二，大家换班念佛，以助成病人的净念。

一般人临终无论病否，都因神识将脱离身体，思维开始散乱，平时的世智辩聪都随身体分离，不免颠倒糊涂。且病人心力衰弱，若是平时不念佛的人，不容易提起心力念佛。就是平常念佛的人，到这时，也全靠他人助念，才能得力。因此，家里的亲属们，都应当发孝顺慈悲心，为他助念佛号。如果病情还未到最后阶段，可分班念。能够成就一个人往生净土，就是帮助一个人成佛，因此助念功德不可思议。

念佛的法器，只用引磬，其他一概不用。引磬声清，听到使人心地清净。木鱼声浊，所以不宜在临终助念时用。助念开始时，念几句六字佛号，以后专念"阿弥陀佛"四字，不念"南无"二字，因为字少容易念,病人或是跟着念,或是收心听,都省心力。

在念佛时,不让亲友到病床前说安慰话。只可请莲友作多次临终开示,说"放下一切,老实念佛,必定往生"之类的话。

助念至何时?断气后应持续助念八小时以上,但为确保无虞,可延至十六小时,甚至二十四小时更佳。最正确者,助念至遗体冰冷、毫无体温,方表示神识已经完全脱离。

第三,切忌搬动啼哭,以免误事。

病人临终的时候,正是凡、圣、人、鬼分路的时候,一发千钧非常要紧。这时只能用佛号去开导他的神识,千万不可洗澡、换衣或移动别处。不管他怎么坐卧,一定要照他原来姿势躺放,不可稍有移动。因为这时身体已不能作主,一动他,使身体手足均受扭折的疼痛,疼痛便生起嗔心,致念佛停息,神识随嗔心去,多半堕落毒蛇猛兽一类。

也不要让老伴及不懂事的儿女孙子们,在临终的病人前哭泣,大声呼喊,或说家中难事等,以免扰乱心识。病人看见家人悲伤啼哭,便产生情爱心,致使念佛停息,神识随着情爱心去,造成生生世世无法解脱的缠缚。这时候最有益的,莫过于一心念佛。

断气而遗体未冷透前,须严禁家属探摸遗体或哭泣,切不可依世俗之见,说"不哭凶星不退"、"应趁体有余温,早为更衣"或"人死不早搬铺、会欠眠床债"等迷信言论,而铸下大错。须待二十四小时后,方可谨慎轻探遗体。等全身冷透后,方可停止助念,在佛前代亡者回向,往生西方。

人在临终时,热气从下向上的是超生善道现象;从上向下,是堕落现象,所以有"顶圣眼生天,人心饿鬼腹,畜生膝盖离,地狱脚板出"之说。但千万不要常去探摸,如果亡者神识还没有离开,因感受刺激,内心产生烦恼、疼痛,以致不得往生。

还有几点生死大忌需要注意：

（一）万不可自杀：佛制戒律，严禁自杀，自杀也是杀生，犯杀戒，毁乱因果，罪恶极重。自杀者的心态，多为恐惧、无奈、报复，故必堕入地狱。

（二）不送医院抢救：重病绝症病人不应送医院抢救，应在家念佛往生，或送有往生堂的地方去往生。因医院抢救时，往往不顾临终者安详离世的请求，对临终者的身体按压推翻，容易让他们起嗔恨之心，必堕地狱。送重症临危病人就医意义不大，更不可借此买孝。

（三）不要轻易捐赠人体器官：修行功夫深，于色身毫不执着，可将器官捐赠给需要的人。一般人对色身都是执着的，捐献的器官一般在刚气绝身体未冷时就割下，神识尚未离体，割器官仍有疼痛易起嗔心而堕三恶道。

（四）不赞成安乐死：植物人的家属要求病人安乐死，或绝症病人自己要求安乐死，佛教都是不赞成的。植物人六根虽不起作用，但生命还存在，神识并未离体。将植物人实行安乐死等于杀人，自己要求医生实施安乐死，等于自杀，都是违背因果。

因此，作为一个对自己负责的修行人，病者应在平日就向家人交待，一切往生之事，均按佛教规矩办理。要将印光大师的临终三大要、临终须知等开示，拿出来与家人商讨。

第七章 难行能行的律宗

佛教教团是以戒律为修身指南和运作规范的。戒律是佛陀制定的,印度传来的四部律中,唯《四分律》在中国最为盛行,并发展为律宗,中国律宗因创始人道宣律师住终南山,又有南山律宗或南山宗之称。

当时和道宣相并弘传四分律的,还有法砺所开立的相部宗,怀素所开立的东塔宗,由于道宣律师根据佛陀"以戒为师"的遗教,将四分律阐发为一乘圆顿的妙戒,解行相应,将戒律融小归大,使具有大小乘互摄互通的特殊意义,由此律法大弘,南山一派独传到后世绵延不绝。

道宣兼通三藏,精达毗尼,著述南山三大部,依修学内容将佛法判分为"化教"和"制教",定慧二学为化教,戒学为制教,主张三学圆融。在化教中,将律宗判属圆教,与唐时其他诸宗以圆教为最上乘的说法接轨,将权小之声闻律引入如来的一乘之妙法。又以止作二持别摄律学,而广摄一切佛法,提倡以大乘三聚净戒为律学的归宿。所以中国的律宗是大乘宗派,已非原来声闻律面貌。四分律属于昙无德部,以小乘为本位,若依唯识义,则可分通大乘。在对戒体的看法上,以阿赖耶识之心法为戒体,并以三聚净戒为完善圆满戒体,修证法身的最佳途径。修习此大乘戒,证得佛果大圆镜智深妙的觉位,正是此宗之所期。

　　律师的成就往往是在已得上品戒体的基础上现世获证三学,因为上品戒体就已经包含了定慧的功德在内,他们修行时,就可以毫不费劲的由律仪戒提升为定共戒、道共戒,成为现世证得五分法身的圣僧。而且由于戒德巍巍,能感动诸多戒神及护法鬼神拥护,因此古代有天人送供、鬼神乞戒等的诸多感应。

第一节　南山律宗,正宗传承

　　佛教有经律论三藏,八大宗派依经藏、论藏立七宗,独依律藏立律一宗,可知律宗举足轻重的地位。

　　戒律是正法住世的象征,佛入灭前强调:"汝等比丘,于我灭后,当尊重珍敬波罗提木叉,如暗遇明,贫人得宝;当知此则是汝等大师。"波罗提木叉即是戒律,戒律由佛的大弟子们编辑,其传承是摩诃迦叶、阿难、末田地、舍那婆斯(又名商那和修)、优婆鞠多。优婆鞠多以下,有五位弟子成就非凡,但对律藏内容,各自取舍不同,便分为五部律。《四分律》在各部律当中,弘传独盛,其他各律望尘莫及。

　　由于自印度传来的五部律法全属于小乘,而中国却是以大乘佛教思想为主的国家,四分律能适应中国佛教,主要在于道宣律师对《四分律》的开宗弘化,以及综括诸部会通小大的创见。

一、律藏传译弘扬

(一)律典的传译

　　律典的传入迟于经论。汉明帝永平年间佛法初传入中国时,永平十年起至曹魏嘉平元年(67—249)止,这一时期,虽有经藏的传译，独缺律典，没有举行传戒法事。由于缺少戒律，当时出家者仅是剃发以区别于俗人，并非受具比丘，后来有受戒的需求才捎来了律典。魏少帝嘉平二年（250），昙摩迦罗亲自译出《僧祇戒本》一卷，敦请梵僧十位大德，立羯摩法，创立以十大僧传戒之先例，昙摩迦罗尊者因此而成为中国四分律宗的开祖。此时传戒所用是昙无德部四分律的"羯摩法"。羯磨法即受戒时的一种宣告仪式，此羯摩法为昙谛三藏所译。据此，在中国所传的戒法之源，是采取《四分律》。

大部头律典的翻译主要在南北朝完成。最早传入并翻译的律典是《十诵律》，此时据昙摩迦罗译出《僧祇戒本》传戒已是 150 多年。到姚秦弘始六年（404），专精《十诵律》的罽宾沙门弗若多罗，到姚秦的首都长安，诵出《十诵律》的梵本，鸠摩罗什、昙摩流支、卑摩罗又更继续翻译，经过三次的译述，才将一部六十一卷的《十诵律》，完全译就。此后各律陆续译出。弘始十二年（410），佛陀耶舍、竺佛念等，又将《四分律》分五次译出。到了东晋安帝义熙十四年（418），法显从印度将《僧祇律》求来，由觉贤三藏首为翻译，共为四十卷。宋营阳王景平元年（423），佛陀什再译就《五分律》三十卷。故五部律中，于刘宋之前，传到中国的已有了三部。其余迦叶遗部，在东魏孝静帝定武元年（543），始译出《戒本》一卷。即所谓《解脱戒本》，广律始终没有译就。当时诸律，相互弘扬，但光大昌行于后代的，却只有《四分律》而已。

（二）律学的弘扬

律学的弘扬肇始于南北朝，盛行于隋唐。四部律相继译出之后，虽然受到相当程度的研究，但是当时普遍以弘扬《十诵律》为主，一直到北魏孝文帝年间（471—499），《四分律》才渐渐受到重

视，推行于北方。在关中原来盛行《僧祇律》，自洪遵律师入关大倡《四分律》后，《僧祇律》逐渐式微，《四分律》遂一枝独秀的弘扬开来，至唐朝时达到鼎盛。

从译出《四分律》后，先有五台山北寺法聪律师开讲。法聪律师，北魏孝文帝时期人，本学《僧祇律》，后来精研昙无德部的《四分律》，而辍《僧祇律》的讲授，专力弘扬《四分律》，不过只是口授，未有文字著作流传。后来门下弟子云中道覆律师完成《四分律疏》六卷，不过也只有问答，以资抉择而已。

弘扬《四分律》一个较重要的转折点是慧光律师开四分律藏疏释之风。大觉寺慧光律师是北魏弘律高僧，为国中僧统，世称"光统律师"，从学于道覆律师，一生着手《四分律》的研习弘通，本宗才逐渐盛行。他著有《羯磨戒本》的删定本、《四分律疏》四卷，即著名的《光统略疏》，由此奠定律宗基础，并开启《四分律》疏释之风。该疏与后来智首律师的《广疏》二十卷、法砺律师的《中疏》十卷，并称为律宗的"三要疏"。

继后，著名的弘律僧人是隋朝洪遵律师（530—608），尝从慧光之门人道云学律，隋时为十大德沙门之一，曾参与梵僧阇那崛多之译场。十六年，敕为"讲律众主"，在崇敬寺讲《四分律》，使从来仅重视《僧祇律》的关内律学为之一变。

智首律师为初唐专宗《四分律》之大家。他慨叹当时五部律互相混杂，因此研核古今，分判诸部，写成《五部区分钞》二十一卷，影响甚大。南山道宣律师随其受学十年之久，继承遗范，广事著述，以大乘教义解释《四分律》，大兴此宗，为《四分律》的集大成者。

与道宣同称智首门下二哲的道世律师，也于《四分律》深有研究，经常和道宣一同敷扬律部，著有《四分律讨要》及《四分律尼钞》。这两部著作和道宣的《四分律行事钞》都受到当时研究家的重视，以致将偏重研究《四分律行事钞》的学者称为"钞家"，而偏重研究《四分律讨要》的学者被称为"要家"。道世的学说大体和道宣相同，所以一般也归属于南山宗。

南山律宗祖承，历代取舍不一，宋代元照律师乃作《南山律宗祖承图录》，楷定南山九祖。他认为南山道宣传承出于智首，智首以上，为法聪、道覆、慧光、道云、道洪相承。法聪初传四分，其本则承受于昙摩迦罗（法时），而宗于昙无德（法正）部。故元照以四分开宗为始，断自昙无德，而下至于南山（道宣），蹑迹传通共九祖。九祖相承为：法正尊者（昙无德）——法时尊者（昙摩迦罗）——法聪律师——道覆律师——慧光律师——道云律师——道洪律师——智首律师——道宣律师。

四分律弘扬，起于元魏法聪律师，数传至道宣律师，兼通三藏，精研毗尼，作《戒本疏》、《羯磨疏》、《行事钞》之三大部及《拾毗尼义钞》、《比丘尼钞》，合称为五大部。宣以唯识学，融通大小乘，成立一乘圆顿之妙戒，故此宗以道宣律师为高祖。

二、南山律宗确立

（一）律下三宗盛行一时

道宣之前，弘律最负盛名的还有法砺和怀素等人。法砺出于洪渊门下，道宣曾求学于法砺门下，怀素则修学于法砺及道宣的门下。由于持律见解不同，渐渐分为三派，各有传承及著述。怀素的"东塔律宗"，与法砺的"相部宗"、道宣的"南山宗"鼎足而立，并称律学三大宗。

相部宗法砺律师（569—635），十五岁依演空寺灵裕法师出

家,后从静洪律师听《四分律》,数年后转从洪渊律师学律,又于江南研习《十诵律》。隋末战乱,遂隐居钻研律部奥义。唐武德年中,于河南临漳布展法席,宣讲《四分律》,诸方学士会集座前,开悟者甚多。综其一生,讲《四分律》四十余遍。唐武德九年(626)与慧休合撰《四分律疏》十卷、《羯磨疏》三卷,并著有《舍忏仪轻重叙》等。他主张戒学应当兼有定、慧二学,故以止持、作持等二法为宗;又依《成实论》倡戒体"非色非心"论,判《四分律》全为小乘。由于他的学说盛行于相州(今河南临漳)一带,所以称此一系为"相部宗",法砺律师为初祖。

东塔宗怀素律师(625—698),俗姓范,京兆人。母亲李氏,夜梦云雷震骇,因而怀孕。诞生之日,神光满室,多人预卜此子极贵,当为王者之师。贞观十九年(645),投玄奘大师出家,受具足戒后,即从道宣律师习《四分律行事钞》,其后转入法砺律师的弟子道成门下研习《四分律疏》。他以十三年的时间编纂《四分律开宗记》十卷。在对四分律归属大小乘的问题上,认为"佛陀摄化,随机隐现",故不判大小,采用新译有部《大毗婆沙论》、《俱舍论》等论典来诠释戒体,弹斥法砺《律疏》中十六处缺失,斥责南山律宗教门杂乱等。怀素新疏一出,另成一家之言,以其居西太原寺东塔,而名"东塔宗",相对于相部"旧疏"而言,通称此疏为"新疏"。

新疏旧疏由于见地不同,使东塔宗和相部宗发生法义上的论争。相部宗满意律师的弟子定宾,于开元年间(713—741)造《四分律疏饰宗义记》二十卷,详解法砺律疏;另作《破迷执记》一卷,意在破除怀素的迷心,而救护法砺的大义,启东西塔律宗争执之端。唐代宗大历十三年(778),朝廷敕集三宗大德十四人,于长安安国寺律院,欲调和新旧二疏。唐德宗建中元年(780),以如净

（怀素弟子）、慧彻二人为首，写成《敕金定四分律疏》进呈。最终，朝廷判令新旧二疏并行。

后来，相部宗满意律师授法大亮，大亮传昙一。使南山律宗大显于后世，开济的功勋，实在应该归之于昙一。昙一（692—771）是号称"人中师子"的唐代著名律师，度众十万人，荆溪湛然、清凉澄观，皆曾从其习律。一生讲《四分律》共三十五遍，同时弘传相部、南山二宗，并对道宣《行事钞》及法砺《四分律疏》的异同，加以考究，写成《发正义记》十卷，阐扬义理，宣说二部的差别，使南山律宗更加彰显于后世。

"南山宗"、"相部宗"及"东塔宗"三派均系高僧弘律，盛行一时，后来"相部宗"与"东塔宗"渐渐衰微，"南山"一宗独得盛行于世，绵延不绝。尤其南山律宗通于大小乘，特别受到中国人的欢迎。

（二）南山律宗一枝独秀

南山宗道宣律师（596—667），原籍吴兴（今浙江湖州），一说师为丹徒人，俗姓钱，父为陈时吏部尚书。母姚氏怀孕时，夜梦白月，又梦梵僧对她说："汝所怀者，是梁代高僧僧祐，适宜出家，弘扬释教。"九岁能诗，十五岁出家，次年落发，在长安日严寺依慧真律师受业。十九岁在大禅宗寺依智首律师受具足戒并听受律学。前后共听律二十遍，严守戒品，深好禅那。道宣曾参加玄奘大师的译场，历住崇义寺、丰德寺、净业寺。显庆三年（658），奉敕任长安西明寺上座。他平生精持戒律，盛名远播西域。唐、宋二代，分别追加谥号澄照律师和法慧大师。唐朝智升律师称赞他："外博九流，内精三学；戒香芬洁，定水澄奇；存护法城，著述无辍。"唐高宗乾封二年（667）十月，道宣律师示寂，世寿七十二，法腊五十

二。高宗谥其号"澄照律师",令天下寺院绘像供奉。

道宣律师对佛教的贡献主要有三:

1.修持精深,律学德范。道宣律师经常到处参学,自称"居无常师,追千里如咫尺;唯法是务,跨关河如一苇"。当武德七年(624)往住终南山,居仿掌谷白泉寺,修习定慧十余年。生平衣不离身,每日唯食菜椒,行则策杖,坐不倚床。乾封二年(667),冥感天人来谈律宗戒相,改正古译的错误。贞观时代常隐居于泌洲云宝山,有天童侍奉左右;又于西明寺夜行道时,感北方毗沙门天王遣哪吒太子来赠送佛牙以保存供奉。

2.建立戒坛,为众授戒。乾封二年(667)二月,在终南山麓清宫精舍创立戒坛,依他所制仪规为诸州大德二十余人授具足戒。撰有《关中创立戒坛图经》一卷,为后世建筑戒坛之法式。筑戒坛期间,忽然有长眉僧人来坛与道宣律师谈道,乃是宾头卢尊者。又有三果阿那含梵僧来礼戒坛,赞叹曰:"佛灭度后,住像法世,兴起毗尼者,唯师一人。"

3.著述弘律,泽及后世。律师的著作涵盖有:赞、集、观、仪、传、录、疏、钞八大类,即:《住法图赞》等二部赞;《广弘明集》等三种集;《净心诫观》之观;《轻重仪》、《章服仪》、《教诫仪》等五部仪;《感通传》、《续高僧传》等三部传;《大唐内典录》、《三宝感通录》二部录;《羯磨疏》、《戒本疏》等疏;《四分律行事钞》、《拾毗尼义钞》等钞,著作共五十七种,二百六十七卷。因其精博宏富,使律宗独盛于当代,泽及于后世。最有名的便是南山五大部,其中《行事钞》更成为一千多年来律学行事指南,计有一百余家为之注释作疏。

道宣的南山律宗在中国一枝独秀,是得力于他对律法理念的改革和阐发。《律藏》传来之初,被各宗判定为小乘法门,道宣律师据佛陀"以戒为师"的遗教,将戒律融小归大,使具有大小乘互通的特殊意义,由此大弘律法。另一方面,隋唐盛行判教,道宣律师将佛陀一代时教判为化制二教,使《律部》一藏,就占了佛陀教法的一半,提升《律藏》的重要地位。又将戒律依性质分为止、作二持,不仅具有内心自制的作用,同时具备了利他的积极功用。从小乘的自修自度,扩大到修学大乘的慈悲精神,这是道宣律师对律教的卓越贡献,也是南山律宗在律学理论体系上的一大建树。

日本律宗由道宣律师再传弟子鉴真大师(688—763)传入。鉴真在扬州大弘南山律,化导一方。当时有日僧荣叡、普照等前来中国求法,于天宝元年(742)恳请鉴真东渡弘传律法。鉴真抵达日本都城奈良,依道宣律师的《戒坛图经》,于东大寺筑坛,亲自为君民上下传授菩萨戒,并为日僧重授戒法。天皇诏赐"传灯大法师"之号,日本律宗由此肇始,鉴真被尊为日本律宗开祖。

三、律宗弘传兴革

(一)南山律宗法统

道宣门下有受法传教弟子千人,特出的有周秀、文纲、大慈、灵萼、文纲、名恪、融济等。

秀律师依南山道宣深造,凡十六年。以智首之律疏为宗本,综合诸说,终成一家之言,著有《行持钞记》。其后游化黄州与安州一带。于安州十力寺示寂,世寿七十余。或谓道宣门下有周律师、秀律师二人,周律师为同侪之翘楚。

文纲(636—727),会稽(浙江绍兴)人。十二岁出家,勤奋好学,潜心律部,兼及禅那。永徽末年受具足戒,从京兆道成学四分

律诸章疏,该通南山之教。中宗嗣圣二十一年(704),奉敕于歧州迎佛舍利。景龙年中,又敕于乾陵宫,为二圣内尼讲四分律。先天元年(712),睿宗从受菩萨戒。后于开元十五年八月十五日入寂,享年九十二。师毕生弘通南山、相部两宗,从其受戒者千余人。《释氏稽古略》卷三和《百丈清规证义记》卷七下以文纲律师为南山宗第二祖。

文纲及其弟子道岸,相继阐扬道宣遗教,弘化最盛,朝野崇奉,南山一宗风行更广。道岸还请唐中宗敕墨,在江淮间推行南山律宗,使最后奉行《十诵律》的东南一隅,也多改奉南山《四分律》。此后中国佛教律宗以南山《四分律》为依据,千余年来盘根错节,树立不拔之基。

由于道宣律师门庭兴盛,弟子优秀者众多,因此后世关于南山律宗的法统立有两种传承,一种是以秀律师为二祖继嗣法统,一是以文纲为二祖继嗣法统。从法正至道宣南山九祖为宋代元照律师楷定。宋·志磐《佛祖统纪》卷二十九依之,作为南山律宗传承,列有南山律宗的诸祖相承为:道宣——周秀——道恒——省躬——慧正——法宝——元表——守言——元解——法荣——处恒——择悟——允堪——择其——元照——智交——准一——法政——法久——了宏——妙莲——行居——真照等。

又,清初福聚著《南山宗统》,依元照所立九祖次第,于道宣下续文纲、满意、大亮、量一、辩一、道澄、澄楚、允堪至灵芝元照,定为中国律宗十六祖。

唐代末季,经过一次教难和五代的丧乱以后,律宗也和以外的各宗一样,呈现衰微景象。

(二)宋代中兴

宋代时律宗和诸宗一样得到中兴。宋代律师很多,知名者有赞宁、允堪、元照、守一、了然、妙莲等。被称为宋代中兴的是允堪律师和元照律师。

允堪律师（？—1061），浙江钱塘人。弱冠从慧思出家，后从仁和择悟习南山律。庆历年间（1041—1048），主西湖菩提寺，讲《南山律》。广开戒坛，年年度僧，并以道宣的十部著作为本，撰成《行事钞会正记》、《戒本疏发挥记》、《羯磨疏正源记》、《拾毗尼义钞辅要记》等十部注释书，以阐扬本宗精神，世称"十部记主"。不久，于杭州大昭庆寺、苏州开元寺、秀州精严寺等，建立戒坛，弘扬南山律宗。嘉祐六年十一月二十六日，师于昭庆寺示寂，谥号"真悟智圆律师"，后世多称之为昭庆允堪律师。

元照律师（1048—1116），浙江余杭人，幼时依钱塘祥符寺慧鉴律师为童行（沙弥候补者），治平二年（1065）遇度僧考试，因通诵《妙法莲华经》得度，时年十八。熙宁元年（1068）和同学择瑛从神悟处谦（1011—1075）习天台教观，同时博究诸宗，而以戒律为主。

元照律师参究天台、净土之学，以天台教义释律，为南山三大部作记解，即《行事钞资持记》、《戒本疏行宗记》、《羯磨疏济缘记》等一百余卷，剖析精微。同时倡导教、律、禅一致之论，成为一代律学大家，大弘律教，使衰微的南山宗再度复兴。在传戒方面，元照撰有《受戒方便》、《授大乘菩萨戒仪》、《剃发仪式》等文（今收入《芝苑遗编》），详明戒体、戒相、发大乘心受戒等理事全彰的戒仪、戒境。

佛教受戒制度中，增戒一项就是从他开始倡导的。他说：三藏三学，以戒律为首，但受戒的人心有明昧，对于初受戒时未发大心的人，佛开重增（一作重受或增受）一法，是名增戒。他的弟子中如宗利和思敏，就是依律增受戒法的，其一生为人增授戒法达

六十余会。

自道宣以下，解南山律者，共有六十余家，撰述达数千卷之多，其中以元照律师及其门下最为兴盛。允堪的《会正记》与元照的《资持记》，虽然均为道宣《四分律行事钞》的记解，皆受时人尊崇。但是有关绕佛方向的左右、衣制的长短等见解，两书所作的解释各异，遂使南山律宗分裂为"会正"、"资持"二宗，其中以元照的"资持宗"影响较大。后代学者专弘《资持记》，推为南山律宗正统，允堪《会正记》遂不流传。

北宋末年，由于禅宗的盛行，使得律学无人问津，法系也几乎失传，所有唐宋诸家的律学撰述数千卷悉皆散佚。

（三）明末重兴

律宗的再兴已至明末。元、明之际，由于朝廷限制度僧，民间私度泛滥，作为入道之本、定慧之基的戒范律仪，虽隐寓于禅教之中，但律宗本身的法系传承，几至无闻。

尤其嘉靖一朝，佞道黜佛的明世宗朱厚熜，在毁寺焚像、裁汰禁革僧人、强制尼众还俗、停止开度僧童的同时，先后于嘉靖五年（1526）五月、二十五年（1546）七月和四十五年（1566）九月，三次下诏禁开南北戒坛，残酷镇压设坛传戒的僧众。致使戒法无法弘扬，僧尼大多不学律守戒，堕为世俗僧。

后来有远清律师冒死上书，请开戒坛。神宗览疏准奏。远清于是奉旨南来，诏迎师尊古心如馨律师北上，五台山之法戒，终因古心如馨、澄芳远清师徒励力弘扬才得中兴。

明末，律宗即将泯灭之时，弘律的大德，又相继而起，如莲池、蕅益、弘赞、元贤诸大师，有意扶持律学，均有律学的著述存世。但他们均是有鉴于明末僧团败落愤而呼唤戒律的重光，并非专弘律宗。在明代真正使律宗重现复兴气象的是古心律师一系。

最著名的明代中兴者是南京古心如馨律师（1541—1615）。他曾朝拜五台山，感得文殊菩萨于云端授戒。之后在南京古林寺内开建律宗道场，设坛传戒，重兴律宗。历驻灵谷、栖霞、甘露、灵隐诸寺，开坛说戒达三十余处，徒众万余人，再兴南山律宗。神宗为嘉勉其兴教之功，特赐紫衣、钵、杖，并据"敷座之日，起五色瑞云"的灵瑞，赐号"慧云律师"，世称中兴律祖，法系称古林派。因此，南京古林寺被誉为"中兴戒律第一祖庭"，是我国佛教传戒的祖基，今日所有律宗法系的根源。如馨律师编有《经律戒相布萨轨仪》一卷，使唐、宋、元、明四代律学得以延续，近世戒法得以弘传，在律宗史上起到了"承先启后"的作用。

古心门下有性相、寂光、澄芳等杰出弟子，其中三昧寂光律师（1580—1645）成就最大。寂光初习贤首教观，后受毗尼律法，兼习禅观，创戒坛于南京宝华山，建立南山律宗的道场。此后宝华山成为中国戒学中心，至今南北丛林的传戒，无不依循宝华山的轨范。三昧律师所主持的戒席有百余坛之多，受戒弟子满天下，为律宗"千华派"的开创者。他的著名弟子有二人，即香雪律师和见月律师。见月继嗣宝华山的法席，香雪即到常州天宁寺弘律。

见月律师初习华严，不久因景慕三昧寂光律师而投其座下，深研四分广律。见月升座讲《梵网经》时，舌灿莲华，析理精要，三昧律师曾赞叹："老人三十年戒幢，若非见月，几被摧折！"其弟子六十余人，定庵德基嗣其法，著有《大乘玄义》一卷、《毗尼止持会集》十六卷、《毗尼作持续释》十五卷等数十部律仪轨范。

其后见月传定庵，定庵传松隐，松隐传闵传，闵传传珍辉，珍辉传文海，相继领导宝华山一派，使其不失规模。

将千华派分灯北方的是文海的功绩。文海（即福聚）于雍正

十二年(1734)奉召入京,住持法源寺,大兴律宗,世称法源第一代律祖。这是南山律宗千华派在北京分支之始。文海戒子遍满天下,数逾十万众,其法脉由性言、圆先、明如、定静、慧皓、昌苍、海然、印宗、发圆等代代相承。

晚近律学,唯宝华山一系,以开坛传戒为务,使出家受戒的仪制得以勉存,佛法藉以弘扬,其功不可没。

19世纪中叶,太平天国运动爆发,宝华山首当其冲,破坏甚巨。乱后重建,每年戒坛仍常开坛授戒。然南山一脉曾一度失其三大部。至清末,由徐蔚如从日本请归,重刊于天津刻经处。

太平天国运动以后,金山观心、焦山大须、天台敏曦等诸师,都倡传戒律于江浙。光绪二十三年(1897),发朗重建杭州昭庆寺戒坛,时称为律宗中兴。

(四)弘一法师矢志弘律

至近代,南山一脉传承不绝,则主要依赖弘一法师的矢志弘扬。

弘一律师(1880—1942),俗姓李,名叔同,为清末民初一大才子,后出家为僧,初修净土,参访多处名山大寺后,深感律法不明,佛教难以发展,乃发奋钻研律学,以弘扬南山律宗为己任,遍考中外律丛,校正三大部及其他律藏,研讨探究,发扬深显,使南山之律,大放厥光。著有《四分律比丘戒相表记》、《南山道祖略谱》、《戒本羯磨随讲别录》、《四分律含注戒本讲义》等。同时创办"南山律学院",以延续律宗法脉。弘一大师深入研习南山律,身体力行;培育律学人才,著疏立说,为普及律学知识,树立僧尼的戒律观念,鞠躬尽瘁。弘一大师在律学上的成就,以及对中国佛教的影响,受到现代学者一致的肯定。

第二节　律学典籍，四律五论

佛教史上第一次结集即有完整独立的律藏。由优波离尊者把佛的遗诫结集作毗尼藏，此后一百年间，戒律由迦叶、阿难、末田地、商那和修、优波毱多五师相承，如瓶泄水，并无支派。一百年后，由于时地的变迁，优波毱多的五位优秀弟子对戒律的受持产生不同看法，故分为五部。分别是：萨婆多部（有部）《十诵律》、昙无德部《四分律》、大众部《摩诃僧祇律》、弥沙塞部《五分律》、迦叶遗部《解脱律》。各部戒律细部虽不一致，但原则相同，并无优劣之分。唐代玄奘大师到乌仗那国时，其地还是五部并行。各部律当中，传到中国的，有四律。律宗将四律以及与律相关的五论作为律之正本所依。

一、四律和五论

（一）四　律

1.十诵律

姚秦弘始年间，罽宾沙门弗若多罗三藏法师来到长安，于弘始六年（404）诵出萨婆多部（一切有部）的《十诵律》，本书将戒律分为十项叙述，故称"十诵"。据传，大迦叶所传的法藏原为八十诵，至优波毱多时，因恐后世钝根者无法完全受持，遂删为十诵。

此律由弗若多罗与鸠摩罗什共译于长安逍遥园，事半未就，得昙摩流支及卑摩罗叉接续，经三次译成，共六十一卷。此为中国第一部广律，六朝时盛于南方。

2.四分律

《四分律》为昙无德部所传，因全书由四分构成而得名。初分

为比丘戒,第二分为比丘尼戒和二十犍度中的前三个半犍度,第三分为中间十四个半犍度,第四分为最后二犍度等。

姚秦弘始十二年(410),罽宾沙门佛陀耶舍与竺佛念等,召集五百大德比丘,分五次译出,共六十卷。本律属昙无德部(法密部)广律,直至隋朝乃有人弘扬,至唐初而大盛。是汉语系佛教僧尼奉行的一部广律。

3.摩诃僧祇律

东晋安帝义熙十四年(418),法显大师与天竺佛驮跋陀罗尊者于道场寺共同译出《摩诃僧祇律》,计四十卷。

全书分为比丘戒法和比丘尼戒法两大部分。卷一至卷三十五为比丘戒法;卷三十六至卷四十为比丘尼戒法,此律为大众部所奉持,其中多处含有大乘经意,为大乘说法的萌芽。在解释中有53处引用《本生经》,为其显著特点。

4.五分律

刘宋景平元年(423),罽宾佛陀什与于阗沙门智胜、竺道生等共译出《五分律》,此律系弥沙塞部(即化地部)所传之广律,总由五部分组成,故称"五分律"。汉译诸部广律中,本律与南传《律藏》较为近似,然在中国流传不广,研者甚稀。

印度五部律中,四律先后传译中国,唯独缺少迦叶遗部的律本《解脱律》,始终没有译就。直到东魏武定元年(543),才有《解脱戒经》的译出。当时诸部律译出后,各自盛行一时。其中得以光大并流布传承于后代者,只有《四分律》一支。

(二)五   论

1.毗尼母论

《毗尼母论》,八卷,译者不详。此论属萨婆多部,是注释《律藏《犍度品》的典籍。本书卷首有颂云："母义今当说,汝等善听之。……律藏外诸义,母经中可得。"所谓"毗尼母"是指毗尼之母,亦即律藏的摩怛理伽,即有关律藏的论。

2.摩得勒伽论

《摩得勒伽论》,刘宋时天竺沙门僧伽跋摩译,共十卷。摩得勒伽,此云"智母",以生智故。本论解释萨婆多部律。

3.善见论

《善见论》,十八卷,南齐时僧伽跋陀罗译。系注释锡兰所传律藏的典籍。依《历代三宝纪》卷十一所载,三藏法师(或说觉音)持律藏至广州,临离去时将之付与弟子僧伽跋陀罗,永明六年(488),僧伽跋陀罗与沙门僧猗(或僧祎)共译于广州竹林寺。

4.萨婆多论

《萨婆多论》,九卷,译者不详。本论解释《十诵律》。

5.律二十二明了论

《律二十二明了论》,简称《明了论》或《了论》。依正量部律法所作,天竺沙门佛陀多罗著,陈朝真谛译成一卷。全书主要系以二十二首偈颂,列出律藏中的名目,并以散文体解释其义。

二、南山五大部

道宣律师隐居于终南山,精研诸律,著有《四分律删繁补阙行事钞》十二卷;《四分律含注戒本疏》六卷;《四分律删补随机羯磨疏》三卷;《四分律比丘尼钞》六卷;《四分律拾毗尼义钞》六卷。后世学者称前三部为"南山三大部",合后二部,共称"南山五大部",是律宗成立的重要理论依据,后世僧尼持戒、僧团行事的重要指南。

1.四分律删繁补阙行事钞

《四分律删繁补阙行事钞》三卷(或每卷分上中下为十二卷,

以下简称《行事钞》),为南山律宗根本要典,道宣律师以此著作被尊为南山律宗开祖。

《行事钞》立足于《四分律》,以其他经论为补充,引文涉及数百部经论,以经律论三藏及古德著述作为戒律的注解,并参酌诸律诸家之说,分为三十篇详述律行制规,并依此建构修学体系。所谓"删繁",是删除律中过于琐碎的内容;所谓"补阙",是就《四分律》中某些有义无文的部分,引其他四部加以补充。

唐武德九年(626)六月,道宣于终南山丰德寺撰成初稿,贞观四年(630,一作贞观八年)重加修订。上卷12篇属于摄僧统众的事,名为众行;中卷4篇属于自修持犯的事,名为自行;下卷14篇通于僧众及个人,名为共行。自行属于止持,众行、共行属于作持。故本书所诠,总归于依戒行十六事,成此三行,故名行事。

《行事钞》重视戒律的实用性,对很多问题都有精细考订,为后人学习、行持戒律提供了详尽的参考。唐澄观大师称其为"文简理诣,义圆事彰",宋元照律师则誉之为"摄僧护法之仪,横提纲要;日用时须之务,曲尽规猷"。

本书一经问世,便备受推崇,为当时律匠所传诵。后人注释也极多,见于《行事钞诸家记标目》的有62家,其中以元照《资持记》最为精详,为《四分律》学者所共推重。

2.四分律含注戒本疏

《四分律含注戒本疏》四卷(或每卷分上下为八卷,以下简称《戒本疏》)是《四分律含注戒本》的疏释。道宣律师于贞观四年(630)著成《四分律含注戒本》三卷,系对《四分僧戒本》的注释。《戒本疏》是进一步的注疏,为贞观八年(634)所撰,永徽二年(651)重修。所释《含注戒本》是自四分广律抽出戒本,附制戒因缘及字句略释而成。随释《含注戒本》之文,设立广教行法及略教行法二分,并各立序分、正宗分、流通分三段,更以细科分别之。其中,广教行法指二百五十戒之正文,占戒本的大部分,略教行法则指附于其末的过去七佛之略戒。

3.四分律删补随机羯磨疏

道宣律师于贞观九年(635,一说贞观八年)集成《四分律删补随机羯磨》二卷,系采自《四分律》犍度部分有关作持的内容,再依诸部律删补而成。他又作疏对此作疏释,是为《四分律删补随机羯磨疏》,四卷(或八卷),贞观九年(635)初稿(仅二卷),贞观二十二年(648)重修完成(增二倍余)。

《随机羯磨疏》又称《四分律业疏》,简称《业疏》,本疏内容分为十篇,主要阐述羯磨、缘务、结界、受法、安居等的作法。

此疏注释众多,以元照所撰的《四分律删补随机羯磨疏济缘记》在教界广为流传,倍受学者重视。

4.四分律比丘尼钞

凡三卷,或分上下作六卷。撰于贞观十九年(645)。系研核《四分律》中有关比丘尼之诸篇,叙其枢要而成,分劝学、释聚、结界、集众、受衣、受钵等三十篇。本书有宋代允堪律师的《四分律比丘尼钞科文》一卷。

5.四分律拾毗尼义钞

凡六卷。唐代道宣撰于贞观元年(627)。系补充解释《四分律行事钞》之著作,现存上、中四卷,下篇二卷至宋代已散佚不传。自卷上至卷中,共有毗尼大纲、起戒差别等十四段。卷首有元照之序,叙撰述之由、古注异议校本之差误等。

第三节 律宗判教,化制二教

律藏是以声闻教法为主,故在传来之初因其持戒自严自度以出生死的特性,被各家判定为小乘法门。道宣律师根据修持的理论和实践,将佛陀一代时教判为化制二教,化教就是义理方面的经论而言,制教乃是属于行持方面的律藏而言的。

道宣律师的判教,确立了律藏的重要地位,正如《行事钞》一书的意趣,"参取得失,随机知时",契合中土大乘根机,融小入大,确立《四分律》在诸部律中的特殊地位。《四分律》从形式上看属于小乘,而从内容上看则应属于大乘。最早北魏慧光律师也提出这一看法,至道宣时,进一步详细予以论证,对《四分律》作了重大的改革。中国固有文化的性质,不是仅求自了而已,而是要兼顾众生、普济天下的,道宣律师对《四分律》做了一番融小归大的工作,使其成为大乘律法。故使他弘扬的《四分律》压倒其他诸律而独放异彩,成为中国佛教律仪的中心。

一、一代教法诠二教

化制二教,也叫作化行二教。佛化众生,叫做化教;众生依之而行,叫作行教。化教指教化众生的种种随机言教,是佛陀教化众生令发生禅定智慧的教法,是三藏中经论两藏所诠定学、慧学两种法门,如四阿含经和《华严》、《般若》等经,及《大智度论》等论。

制教者,制止过非,是佛陀教诫众生而对其行为加以制御的教法,即律教之所诠,如《四分律》、《十诵律》及各类戒经等。以契证定慧而得解脱为旨趣。

道宣律师《戒本疏》说："今以化行二教，用分诸藏。"即三藏可以用化行二教来分诠。元照律师《资持记》更详细解释说："一代时教，总归化行，开其信解，用舍任缘，故名化教。制其修奉，违反有过，名为行教。"意思是，化教是启发众生信解，制教是修养众生行为。其他各宗，都依据化教开宗；但是戒律一宗，却依据制教而立。通过制教的戒，能摄住三业不犯，便生定慧，由定慧伏断烦恼证入道果。

二、二教立三教三宗

"化教"和"制教"是对三藏的分诠。为了更加明了二教的内涵和主要思想，梳理出最圆满的体系，道宣律师又于二教中各立三教三宗。

化教判分为三教，以摄如来一代说法。道宣律师在《行事钞》说："理大要，不出三种：一者诸法性空无我，此理照心，名为小乘。二者诸法本相是空，唯情妄见，此理照用，属小菩萨。三者诸法外尘本无，实唯有识，此理深妙，唯意缘知，是大菩萨佛果证行。"大意如下：

1.性空教。建立诸法性空无我的教法，这里面含摄一切小乘，指四阿含等经，《僧祇》、《四分》等律，《俱舍》、《成实》等论。依之修行者证声闻果。

2.相空教。建立诸法本相是空唯情妄见的教法，这里面含摄一切大乘深教，主要指直谈无相的诸般若经和般若系的论部。依之修行者证小菩萨位。

3.唯识圆教。建立诸法唯识，圆满菩萨万行的教法，指《华严》、《楞伽》、《法华》、《涅槃》、《摄论》等经律论。依之修行者证大乘佛果位。

这三教的判摄和唯识有、空、中的三时教相近。四分律宗，以化教来看，当判属性空教，然而道宣的本意，在立三学圆融无碍，判属唯识圆教。

制教也判分为三宗，以摄一切戒律的戒体之说。

1.实法宗。以色法为戒体，立一切法为实有，小乘有部所立。此宗在戒律的行持方面，只戒身口之色法，未戒心法，故以色法为戒体。

2.假名宗。以非色非心为戒体，一切法唯有假名，无实体，指大乘空教。此宗虽主张非色非心之二非，但仍重视身口意之违犯，所行以符合十善为主，故胜于前面只重视身口色法的戒体说。

3.圆教宗。以心法种子为戒体，谓万法唯识，倡大乘唯识圆教。此宗以《法华经》和《涅槃经》开三会一之意，将所有权乘归入实相一乘，故戒体虽是心法种子，但在戒的行为上是以菩萨的三聚净戒为依主。受戒者略有小小的妄心即为犯戒之业行。虽然持守最难，同时也最殊胜。

对戒体的不同阐述使制教判分为高下三宗。关于戒体，《资持记》说："凡欲考体，须识三宗造义浅深，两乘教相差别，纤毫无难，始可论体。"意思是说，如果要论及戒体，必须了知三宗的浅深教义和大小乘教相差别。道宣律师判此三宗的目的是取大乘圆实了义，将四分律开显为一乘圆顿的妙戒，因此在三宗当中，四分律宗也是圆教宗摄。

道宣律师又将戒律依性质分为止、作二持，使戒律不仅具有内心自制的作用，同时具备了利他的积极功用，这与儒家所谓："礼防于未然之前，而法禁于已然之后"的道理是一样的。佛陀之"化"和"制"的教义，除了具有自制内心，解脱证果的利益外，还具备了利他的积极作用，是入世度生的行动规范。《增一阿含经》

云：“诸恶莫作，众善奉行，自净其意，是诸佛教。”诸恶莫作即是"止持门"（止恶门），众善奉行是"作持门"（修善门）。从小乘的自修自度，扩大到修学大乘的慈悲精神，这是道宣律师对律教的卓越贡献，也是南山律宗在律学理论体系上的一大建树。

第四节　戒法四科，名义分类

戒律能防护诸根，增长善法，得无漏智，系世间诸学中的最上者，故有"无等学"之誉。戒律有多种名义和分类，都是为了促进戒的清净圆满。凡是佛弟子，尤其出家僧人最应当了知，不应以学教学禅为由，鄙弃戒律。元照律师曾感叹："出家之人，若禅若教，以至房居，所习虽殊，未有不登坛受戒者。世多偏学，见学律者薄为小乘，见持戒者斥为执相；而不观己身削发染衣，复不思自心登坛纳具。且受而不持，虽受何益？"意思是，无论学禅学教，都曾登坛受戒，不应以为持戒是着相或小乘行。这样做是忘本，修行也不可能有成就的。故应对戒律的基本名义和戒法四科通达无碍方能进修定慧。

一、戒律名相

（一）戒律常用三名

"戒律"是僧团规则和行事准则的总称。"戒"的范围稍窄，"律"则包含一切律仪，僧人的威仪也含摄其中；即就广义而言，"戒律"一语实有戒、律、律仪等义，常用的名义则有以下三种。

1.毗尼。梵语毗尼，华言"善治"，意为能治贪嗔痴等恶。又译为"调伏"，指能调练三业，制伏过非。又常译为"律"，律藏往往

称为"毗尼藏",指佛陀于僧人修道生活中,针对实际具体的需要而定的规范,此谓随犯随制(随缘制戒),故"律"必附有处罚之规定。《楞严经》所说的"严净毗尼,弘范三界"即是精持净戒之义。

2.尸罗。尸罗译为戒或清凉,意思是三业如火,焚烧行人,若受净戒,戒能防非,止息热恼,令得安定,故称清凉。尸罗是六波罗蜜中的"戒行",偏重于自律方面的清净守护。《修习止观坐禅法要》说:"尸罗清净,禅定开发",是由戒生定之义。

3.波罗提木叉。所有戒律均为佛陀亲自演说,其戒相总称为"波罗提木叉"。波罗提木叉,此翻"别解脱",若受持何种戒,即得何种解脱,亦名处处解脱,故称别解脱。如受持不妄语戒,无粗恶语等,即能生生世世"语善业"增上,善习相续,令口业清净得解脱,最后得广长舌的功德。

《遗教经》说:"汝等比丘,于我灭后,当尊重珍敬波罗提木叉。如暗遇明,贫人得宝,当知此则是汝大师。若我住世,无异此也。"这是佛陀入灭前的谆谆教诲,告诫弟子在失去依怙后,应将波罗提木叉视为导师,因为通过持戒才能远离惑业之系缚,得无漏清净智。

(二)戒的三种分类

戒依据轻重、受持者身份不同有许多分类,最基本的有三种:

1.在家戒与出家戒。在家戒有四种:一、三皈戒。二、五戒。三、八关斋戒。四、菩萨戒。三皈为皈依佛、皈依法、皈依僧,之后的三誓即具备戒的内涵。五戒是不杀生、不偷盗、不邪淫、不妄语、不饮酒。八关斋戒是五戒加上三条:(1)不着华鬘璎珞,不歌舞观听。(2)不坐卧高广华丽床座。(3)不非时食。在家菩萨戒有六重二十八轻戒,出家菩萨戒有十重四十八轻戒。

佛教八宗教理行果

出家戒有五种：一、沙弥及沙弥尼戒。二、式叉摩那戒。三、比丘戒。四、比丘尼戒。五、菩萨戒。

2.性戒与遮戒。以结罪的罪恶性而言，戒律分为性戒和遮戒。无论是否为戒律范畴，在道德本质上属于罪恶的，称为"性戒"；反之，若本质非罪恶，然易令世人诽谤，或诱发其他之性罪，而特别制定者，称为"遮戒"。犯遮戒的罪恶，亦称"遮罪"；犯性戒的罪恶又称为"性罪"。五戒中，淫杀盗妄是性戒，其罪极重。饮酒戒等，避世讥诮，名为遮戒，其罪尚轻。

3.止持与作持。戒以行为的积极性分为止持和作持二种。

止，制止。制止身、口不作诸恶，具体内容是五戒乃至具足戒等。由止护持戒体，曰"止持"，是消极的防非止恶。也即"诸恶莫作"之意。

作，造作，策励三业，造作诸善业和善的制度，以此来保持所受的戒体。如安居、说戒、忏悔、礼拜以及衣食坐卧等种种行持规则等，是积极的行善作福。也即"众善奉行"之意。

两者总摄佛陀所说的一切诸戒。《四分律》前半部解释僧尼二众别解脱戒为止持门；后半部解释受戒、说戒等二十犍度（意译为"聚"）为作持门。

二、戒律次第

（一）从声闻戒到菩萨戒

声闻戒与菩萨戒又称小乘戒与大乘戒，是由发心大小而作的区分。声闻，是听闻佛陀言教，依四谛教法修道的行者。菩萨，是观众生苦而不忍独自解脱，发愿上求佛道、下化众生的行者。声闻戒偏向止恶，比如五戒，告诉吾人不该行的恶行恶事，反之则是

犯戒。菩萨戒在声闻戒的基础上加了两条广阔无形相的戒,称三聚净戒,包括摄律仪戒、摄善法戒、饶益有情戒三部分,不仅要谨慎止恶,更要积极行善。其中,摄律仪戒偏于止恶行,摄善法戒强调修善行,饶益有情戒则是要利益一切众生。

从身口意三业的制犯来看,声闻戒所制主要为身语二业,在道业的成就仅是小乘声闻果。如果想得到进一步的成就,应当受持菩萨戒。菩萨戒所制为身语意三业,比声闻戒对心行的要求更为严格。不仅身口行为会犯戒,若怀有贪嗔之心待人接物,即使没有表现为不善行为,同样属于犯戒。

声闻戒是以出离心为基础,以证无余涅槃为目的,是不究竟的;要圆满佛果,必须受持菩萨戒。菩萨戒是以菩提心为基础,以成佛利生为目的。由戒律上的细微护持,成就万德庄严的佛身。

(二)从律仪戒到定共戒、道共戒

戒律中提到三种律仪,即别解脱律仪、静虑律仪、无漏律仪。别解脱律仪即是五戒、八关斋戒等戒法,后两种即是定共戒和道共戒。这是据戒的修行层次来分的,身断一切恶,名律仪戒;定心断一切恶,名定共戒;三乘圣者,见道修道,无漏智发,心中自然防非止恶,名道共戒。定共戒和道共戒是修行者个体依佛说戒律感悟而得的,没有一定的形相可得,却比律仪戒更殊胜。此二者与禅定、无漏智共生,故称定共戒和道共戒,道共戒即是证圣之义。

三、戒法四科

依道宣律师所著《行事钞》所说,一切戒都有戒法、戒体、戒行、戒相四科,是对戒之体相用的总括。宋代元照律师说:"圣人制教名法,纳法成业名体,依体起护名行,为行有仪名相。"

1.戒　法

戒法,是佛陀针对弟子制定的各戒律、法则,如五戒、八戒、十戒、二百五十戒、三百四十八戒等戒条名相。

2.戒　体

受戒的弟子在律师为他传授戒法时刻,以清净之心,万缘放下,一心精专禀受戒法。于此师师相承所取得的法体,称为戒体。戒体是领受"戒法"后,于行者身心发得戒的体性,以本性觉照,自然守护身心,产生防非止恶的本能。

3.戒　行

戒行是指受戒者得到戒体之后,能发挥出来不可思议力量,对于自己的身口意三业,严谨如法行持,纤毫不犯,足为人天之规范。并能任运进修,从有作意的受持功夫渐次增进,乃至达到无作妙戒的行持。

4.戒　相

戒相是因戒行坚固而表现于外的相状,持戒美德外彰,自然流露非凡禀性。相为气质之义,佛子受戒以后,在修持戒律、外身行动、语言讲话、意识形态等各个方面,处处如法清净,悲智之气足以摄持众生。如佛在世时马胜比丘,威仪济济,道貌堂堂,走在路上以"戒相"度化了舍利弗。

具足这四种戒法条件,足以成为真正的人天师表,令众生油然而生敬意和慕道之情。

四、戒体异说

律宗大部分内容为行事规则,主要的学说是戒体论,戒体具防非止恶之功能,其性通于大小乘。古来关于戒体的性质有三种异说,即色法、心法、非色非心法。

1.色 法

说一切有部认为戒体是依四大而生的无见无对的实色,摄于色蕴之中,称无表业或无表色。无表即不可表示的色法,以法处所摄色为体。如《俱舍论》卷十三所载:"毗婆沙师说有实物,名无表色,是我所宗。"东塔宗怀素律师依《俱舍论》,以"无表业"为色法,主张以戒行为宗,唱色法戒体论。

2.心 法

心法是经部、唯识宗的主张。指受戒时发动思的心所("思心所"为唯识所立五遍行心所之一,即触、作意、受、想、思),由思心所的种子相续而生防非止恶的功能是戒体。因此,戒体虽依受戒时的表色而生,附以色名,然实为心法。三种律仪中,别解脱戒是以思心所种子上的功能为体;道共戒与定共戒则以现行的思心所为体。

3.非色非心法

非色非心法是成实论的主张。谓戒体无形质,故非色;无缘虑,故非心。相部宗法砺律师依《成实论》,以"无作"戒体为非色非心的"不相应行法",唱非色非心戒体论。无作即不假身口意之动作而自然相续之法。

律宗三家的分歧也在于对戒体的异说。三家的论争,主要是由于对教义的解释不同,引发对戒体的看法不同。

对戒体的认识涉及修行和见地,因此不容易得出确凿答案。戒体实际上就是修行的法体,道宣在《四分律业疏》中说:"法体沉稳,非易言彰。经论所谈,深有远致。故诸戒论,盛显行途。至于业理,削而不述。"意思是说,"戒体"问题是很隐微难晓的,言语文字对它不太易阐明。戒体属于"理"的范畴,在经藏和论藏中已有精到的阐发,律藏则偏重于述"事",阐述实践性(行途)的道理,对

涉及戒体的理性问题，往往削去不谈。

尽管如此，中国人喜欢刨根探"理"，对戒体的种种探究即是此一理性使然。因此，道宣律师事理圆融，对戒体也略作阐析。一方面，站在《四分律》当分的立场，依准成实宗之所立，以非色非心的不相应行法为戒体。另一方面，由于道宣传综小大，以大乘圆义来会通四分律，故提出以心识为戒体之说。道宣律师所处的唐代八宗并弘，各宗皆以圆教为最崇高，故律宗撷取教下三宗（唯识、天台、华严）的圆教作为理论基础，依《楞伽经》《摄大乘论》所说，以阿赖耶识所藏的善种子为戒体，和色法戒体、非色非心法戒体说相对，称为心法戒体，亦称"种子戒体论"。

探究戒体，是由事到理的提升，也符合律宗作为大乘八宗之一的理论要求。因此，律宗认为，戒体是一种隐秘而强大的力量，一种发自内心的向善的本能，持守戒律使这种本能力量外显于身口意。修行人有了这种具有道德本体意义的无限力量，即可由戒体转为法身。

第五节　僧俗二众，常用律仪

一、僧团基本制仪

"僧"是一个共同生活的修行群体，并非指个体，僧人之间互相照顾、支援，彼此督导、勉励，表现出个人服从集体的团队精神。因此，僧事僧管，僧事僧断，个人没有决定权，处理或整治僧团必须依据戒律、正法做为判断的标准。律中关于集体行事规约以羯磨为主，修持规约则以布萨、安居等为主。

佛教八宗教理行果

（一）羯　磨

佛教僧团经常有定期聚在一起开会讨论修学及互相检讨的习惯，这种开会的习惯，在"律"中称为羯磨。

"羯磨"（karman）是梵文的音译，意译为业、仪规、仪式、作法等。在佛教僧团中的重大事情如授戒、忏悔等事均要通过羯磨的形式来进行。举行此羯磨有四个要素：法、事、人、界。"法"，即羯磨的作法，此有心念法、对首法、众僧法三种。"心念法"是对于轻微的犯戒之事，当事者可独自心想口念该事，以求忏悔；"对首法"是当事者对一至三位比丘进行申白说明；"众僧法"是向四位以上比丘申白。所谓"事"，即是举羯磨所行之事，如僧伽犯罪之事、忏悔之事等。"人"，指参加行羯磨的人数。"界"，是指行羯磨处的结界，即地方。

僧团中重大的事情须要在四位以上的羯磨师面前进行，并三次征求大众的意见，称为"白四羯磨"或"一白三羯磨"。如对于是否得戒的认可、重罪的判决、处罚等，即是通过"一白三羯磨"来进行的。"一白"，即是对大众宣告行授戒作法的表文或事件一次，"三羯磨"即是宣读"表白文"或就相关问题问僧众三次是与否，征得大众同意。因共有四次，故常称为"白四羯磨"。通过这种羯磨仪以及在这种仪式中所宣告诵持的羯磨文，而成就所作之业，称为做羯磨法，是僧团最如法的程序。

羯磨法的议事精神，与现代的议会程序比较，显得更为庄严和神圣。佛教的羯磨法，通常要求全体僧众一致通过才算合法，只要有一人异议，便是不如法，便是羯磨不成。

但在羯磨法中，也有规定：凡是如法、如律的羯磨法，不许无理取闹而故意破坏。如果有一人无理取闹而破坏如法如律的羯磨法的,僧团便可对其一人而作羯磨,予以制裁;如果有四人以上的小集团无理取闹而别作羯磨的,便是破羯磨罪,乃五逆大罪之一。

(二)布 萨

布萨是僧团的重要活动和仪式,意译为"长养",是集僧众讲说戒经、共诵戒本以对照检点自己身口意三业是否清净,或向众人诚心忏悔自己所犯之罪的制度,也称诵戒。依出家之法,僧团每半月要集众一次,一般于每月的十四日或十五日、二十九日或三十日共同诵戒。诵戒前若犯戒未被发觉,也不表白、忏悔,则障碍禅定与体证道果。违反戒律的僧侣,可以在此时向大众忏悔,接受僧团的处分,以忏悔戒罪。

僧团通过有则改之、无则加勉的布萨活动,使僧众清净戒住,增长功德,因此律中对布萨非常重视,诸律对布萨均有记述和说明。僧传中,曾记载一寺院住持想废除布萨而被护法神摄持抛弃在山谷加以警告的异事。

对于在家众,佛陀也劝说于六斋日(八、十四、十五、二十三、二十九、三十日)受持八斋戒,能长养功德,这也称作布萨。

(三)结夏安居

结夏亦称结制,每年四月十六日为结夏之始。印度雨季期间,佛陀为了避免由于乞食伤害到草木虫蚁,故模仿印度当时沙门夏季不游行的习惯,制定此一规定。僧团未结夏前,僧人往往是分批居住在聚落附近,或在森林中独居阿兰若修行。但在结夏时,僧团的成员要聚会在一起,定期诵戒,共同修行,故结夏又称安居,元照律师云:"形心摄静曰安,要期在住曰居",即指出家五

众各随住处三月安住,精进办道。

安居自四月十六日开始,经过三个月九十天,到七月十五日结束,称为"解夏"。参与结夏安居者,未到解夏之时,中途退出者,谓之"破夏"。

安居有前安居、中安居和后安居三种。四月十六日开始的安居称为"前安居",四月十七日至五月十五日之间开始的安居称为"中安居",五月十六日开始的安居称为"后安居"。寺院一般都以前安居为原则,中后安居只是一种对不能按时开始安居的补救。

在安居时,僧团会限定僧侣的活动范围,此范围称为"界"。除非有要事,受父母或施主请托,僧侣不得离开界外出乞食,或独自别居。若真有要事,可向僧团请求,以七日、十五日为离开的期限,暂时请假外出。安居请假,在律中称为"受日"。《四分律》中记载,为三宝及父母因缘可以作法受日离界外出。

受日法分两种。一、对首法,用于七日法是。二、白二羯磨法,用于半月、一月法是。其羯磨作法于南山律《羯磨疏》、《四分律比丘尼钞》和《毗尼作持要录》中均有明文。此中,比丘尼仅有对首法,因为尼众较少有外化的因缘,偶逢因缘一般受日七天便可往返,不须半月、一月法,故无羯磨受日。

安居缘起虽为避免世人讥诃及坏草木生种,但究其实益,是为了策修。若佛不制安居,钝根下智之人,必然终日身心弛散,荒废道业,空耗人身,故佛陀以大悲大智,制令出家五众于三月中精进办道,期证道果。

(四)自 恣

结夏九十日的最后一天,僧众必须举行自恣法。自恣,梵语音译为"钵利婆剌拏"、"钵和罗",新译为"随意",指随他人之意而举己所犯过失。自恣的作用是通过僧众自我反省和揭露自己于见、闻、疑等三事中所犯之罪，并对全体僧众进行忏悔，恢复清净戒。通过大众的规诫和检点可以增进道业，故自恣日又称佛欢喜日，因为此日比丘结夏安居完毕，众僧证道者多，十方诸佛欢喜。

自恣日时间是夏安居的最后一天。夏安居于四月十六日开始者，其自恣日为七月十五日；于五月十六日开始者，自恣日为八月十五日。佛制安居竟时为岁暮，即于自恣后增添一法岁，僧人所谓夏腊即源于此。因此自恣日对僧人而言，比世俗人过年还重要。若结夏五次以上，名为"下座"，可充任教授羯磨阿阇黎；结夏十次以上，名为"中座"，可充任戒和尚；结夏二十次，名为"上座"。五十夏已上，一切沙门国王所尊敬，是耆旧长老。

此外，于僧自恣日以饭食供养十方僧众，能得极大功德，藉十方众僧威神之力，令七世父母皆脱离三恶道，得生人天。

二、三坛大戒正授

依据中国佛教界的传承习惯，出家僧尼必须受三坛大戒，才能被公认为合格的大乘出家人，成为现声闻相的大乘菩萨比丘。佛赖僧传，培养真正的僧人必须将佛戒代代相传，使僧种不绝。

三坛大戒是中国特有的授戒仪式，近代三坛大戒的传戒规范是在明末清初古心如馨律师和见月读体律师定型的。三坛大戒分初坛正授、二坛正授、三坛正授三阶段。初坛授沙弥、沙弥尼戒，二坛授比丘、比丘尼戒，三坛授出家菩萨戒。

求受三坛大戒，须准备三衣、钵具、经律等寺院生活必需品，还要交纳一定的戒金。传戒寺院还需对求戒者进行出家资格的审查。其审查内容大致包括：小于七岁，七岁以上但生活不能自理者，不予传戒；年过七十，起卧需人照料者，不予传戒。奴隶、

贼、负债人，不予传戒。

传戒时间为三十日至四十日。主事者为十师和尚，即三师七证。"三师"指戒和尚、羯磨师、教授师；"七证"指七位莅临证明的戒师；合称为十师或十僧。律中规定，若不具备十师，羯磨法不成，不得传授戒法，因此戒子于受戒前，必先迎请十师。

通过登坛受戒，方得戒体。初坛传戒时，戒和尚手持戒尺，向新戒宣说沙弥的十戒戒相：

> 善男子，汝既舍邪归正，戒已周圆，若欲识相护持，应受十戒：
>
> 尽形寿不杀生，汝今能持否？
>
> 尽形寿不偷盗，汝今能持否？
>
> 尽形寿不淫欲，汝今能持否？
>
> 尽形寿不妄语，汝今能持否？
>
> 尽形寿不饮酒，汝今能持否？
>
> 尽形寿不涂饰香油，汝今能持否？
>
> 尽形寿不听视歌舞，汝今能持否？
>
> 尽形寿不坐高广大床，汝今能持否？
>
> 尽形寿不食非时食，汝今能持否？
>
> 尽形寿不蓄金银财宝，汝今能持否？

"尽形寿"即终生的意思。每当戒师宣读完一条戒相，新戒亦须应声回答"能持"。通过在佛菩萨和十师面前的庄严承诺，即得到戒体，成为正式僧人。

很多人误认为凡受了戒都要烧戒疤。其实，佛教戒律中，并没有在受戒人头顶上烧戒疤的规定。戒疤起源于元代。相传始于元世祖至元二十五年（1288），沙门志德住持金陵天禧寺时，与七众授戒，燃香于顶，指为终身之誓。此事逐渐演变成惯例。后世中国佛教徒往往以此表示自己的信心，然此并非佛制，且为中国所独有，并未见于其他国家。因此 1983 年，中国佛教协会予以废止。虽有少数人在受戒之后自发燃烧香疤，但它已经不再是区别僧尼受戒与否的标志了。

三、五戒开遮持犯

五戒是佛门四众弟子的基本戒，不论出家在家皆应遵守的戒。五戒是佛戒之中最简单的项目，但也是一切佛戒的根本，无论是八戒、十戒、具足戒，乃至菩萨戒，都是根据五戒引申的。

五戒的意义在于防非止恶，但佛法是灵活的，每一条戒都有开、遮、持、犯。受戒者要懂得开遮持犯，守持戒律才能得心应手，清凉自在。

开，许可之意，即开缘，每条戒都有开缘的条件，凡是利益众生的，可以开缘。

遮，禁止之意，决不可违犯。

持，受持之意。尽形寿受持戒法，欢喜安详，自利利他。

犯，违犯戒法。应了知怎样是犯戒，犯轻戒、重戒各有哪些过失果报。不能以不知者不罪为藉口，毫无惭愧，又增一层愚痴罪。

以下就五戒的犯戒情节轻重等方面略释五戒的开、遮、持、犯。

第一条，不杀生戒。断命曰杀，有情曰生。断有情命，是曰杀生。不杀生戒有逆罪、重罪、轻罪之分：一、杀父母、和尚、阿阇黎、阿罗汉为逆罪。二、杀人为重罪。三、杀畜生为轻罪。又就能杀心（痴重、嗔贪次之）、所杀生、所用杀法，罪报轻重不同。

开缘有三：一、为救多数之人。二、为救三乘圣贤，以慈悲心杀害凶徒，宁自犯戒堕入地狱，而不令此恶人犯五逆罪。三、狂乱

心（即严重的精神病）。精神病较轻者仍为非狂，犯戒则得重罪。

第二条，不偷盗戒。不与而取他物，名之为盗。类分多种：一、偷取。二、劫取。三、骗取。四、胁取。五、讹赖取。六、抵谩取。赌博、偷税皆犯盗戒。如印刷品邮件附信，在公司打印个人文件或打私人电话亦犯盗戒。

不偷盗戒有极重、重、轻之别：一、盗十方僧物、现前僧物者，其罪重于杀八万四千父母及五逆罪。二、盗三宝物，师长、父母、发菩提心人之物罪重。盗国营公有财物者罪重。盗物值八分银者犯重罪。三、八分银以下中罪、轻罪。又就被盗之人苦恼多少，罪分轻重。如被盗财物虽少，物主却因之气愤而死，则盗者罪过极大。

开缘有五：一、与想（以为别人已送给自己）。二、己有想。三、粪扫想（他人遗弃的垃圾物）。四、暂用想。五、亲厚想。开缘情况是：菩萨见恶官盗贼，夺他财物，以慈悲心，随力所能，罚治夺取，还所有主，不犯。

第三条，不邪淫戒。禁止与正式配偶之外人的交合，以及非时、非处的交合，也不得涉足有邪淫因缘的娼寮妓院、色情服务场所。就心、境、数三方面论罪报轻重不同。就心：贪心罪重，嗔痴次之。就境：与尊重之人，及亲人犯淫，罪重。就数有三：一、暂犯即止。二、数犯乃断。三、数犯数断。四、犯而久续。罪报前轻后重。若犯手淫，或调戏妇女，或故意摩触，皆犯淫戒中轻罪。

开缘有三：一、若睡眠无所知觉。二、若不受乐。三、无有淫意。在家居士为化众生，心净如佛，可开方便，否则不可。受八关斋戒日或菩萨戒居士，于六斋日应戒正淫。出家僧众唯遮无开。

第四条，不妄语戒。心口相违，言不称实，欺诳他人，名曰妄语。不妄语戒还包括禁止恶口（骂詈语）、两舌（离间语）、绮语（华美浮词,无义利语)。

不妄语戒有逆罪、大妄语罪、小妄语罪之分:一、法说非法,非法说法,及破羯磨僧,破转法轮僧,为逆罪。二、妄言证声闻菩萨果位,犯大妄语中重罪。三、妄言见鬼见神,持戒清净,能习禅定,善通三藏,证世间四禅八定,犯大妄语中轻罪。以上三种,淆乱正信,害正法眼故。四、没有见闻觉知说有见闻觉知,如生活中小谎言,皆犯小妄语罪。

大妄语开缘有三:一、增上慢人。二、若说果位,不言自证。三、若戏笑说。

小妄语开缘:为救护众生剧苦及性命,或为佛法而自无恶心。

绮语开缘有二:一、为解除他人忧愁、恼怒故。二、为摄护他人令信佛法故。

第五条,不饮酒戒。具酒色、酒香、酒味,饮之令人昏醉、放逸的饮料名酒,饮则犯戒。酒有二种:谷酒,用五谷所酿造者。木酒,用花、果、种、根、茎、叶或药草所酿造者。酒虽非众生性命,但饮酒会使人心神不清醒,意志薄弱,从而引发其他罪恶,触犯以上四戒,所以佛陀把这一条也列入戒律之一。自饮犯五戒中酒戒。酤酒酿酒,犯菩萨戒,罪重。

开缘有二:一、病时遍以诸药治之无效,非酒不愈,方始服之。二、若以酒涂疮(即外科用药酒无犯)。受酒戒者不得吸烟及食五辛。

以上是五戒的开遮持犯,凡受五戒者应当知晓。犯下品和中品的戒,便要通过忏悔来恢复戒体清净。

受戒不仅仅是仪式,更是庄重的承诺和迈开修行步伐的决心。如果明白戒律的开遮持犯,在面对现实生活中各种不同的境遇时,不会堕入无所适从的迷茫中,让持戒变成一种具德自在的

生活。

四、犯戒忏悔仪轨

生活在世间复杂的人事中，犯戒往往难免，时人常有"大戒不犯，小戒不断"的体会，这时需要通过忏悔来使戒体清净，忏悔则安乐，忏悔则清凉。

众生持戒的根机有三种不同，上等根机者对戒律专精不犯，甚至于吃饭穿衣等事情中的每一动作都能做到与法相应，即念念与法相应。中下根机者有时犯戒，但能发心忏悔，仍可恢复清净。圣严法师说："大乘戒不到佛果，不能绝对不犯，不能绝对清净；小乘戒不到阿罗汉果，不能绝对不犯，不能绝对清净。"末法时代，中下根者居多，犯戒在所难免，重要是犯罪之后应积极忏悔。

忏悔法起源于律典中的半月布萨，大众有罪过需要先忏悔，有罪不允许参加诵戒。忏，为梵"忏摩"之略译，其意为"忍"。谓悔谢罪过以请求谅解。悔，是自申罪状（说罪）之义。

受戒者一定要知道戒相是什么，才能进行忏悔。如不杀生戒，杀人是上品罪，不通忏悔；杀动物是中下品罪，可以忏悔。又如不妄语戒，主要针对大妄语而言，没有证到圣果，说证到圣果；没有得念佛三昧，说自己得念佛三昧，这是大妄语，不通忏悔，但平时的小妄语，是可以忏悔的。

杀、盗、淫、妄四条性戒不能随便犯，犯了其中一条，就失去戒体。失去戒体是断头罪，意思是头砍下来，就安不上去了，失去法身慧命，命终必堕三恶道。故受戒后要有这样的信念"宁可守戒而死，不可破戒而生"，天天发愿，宁舍生命，也不能去破这四条根本戒。

五戒中，饮酒戒为遮罪、可悔罪。对五戒中的酒戒及前四戒中下品罪,若有违犯,即须向人说悔其罪,以净戒根,恢复清净戒体。

居士忏罪仪式大致如下:

先礼敬佛菩萨三拜,然后找一位忏悔主。忏悔主最好是法师,或持守五戒清净者,在彼前顶礼一拜长跪合掌作如是说。

犯者:"大德一心念,我优婆塞(夷)某某,有故○○(犯戒行为名称),犯(中)下品可悔恶作罪,及此方便恶作罪。此所犯罪,我今于大德前,从清净来,并皆发露,不作覆藏,由发露已,便得安乐。"(三说)

忏悔主:"汝见罪否?"

犯者:"我见罪。"

忏悔主:"将来诸戒能善护否?"

犯者:"能护。"

忏悔主:"善。"

犯者:"尔。"

以上说罪法,在双方都明白意思的情况下三说即可忏悔清净。

末法时代,五戒持守不易,故受戒者也可以视情况舍戒。关于舍戒,《多论》云:"遇恶因缘,逼欲舍戒者,不必要从五众边舍,趣得一人即成。"意思是舍戒只要对一人说,对方明白舍戒的意思即可。可舍其中的任意一条或若干条难以持守的戒。舍戒时找一位法师(如果不方便,找一位居士也可),合掌说:"我舍某某戒(如:我舍不妄语戒、不饮酒戒)。"说一遍,对方听明白,即成舍戒。

当然应以惭愧心舍戒,并发心发愿,培福养慧,以争取逐渐具备持戒条件。如于舍戒后,再想受戒,亦不为难,《义钞》云:"若自染心,将欲犯戒,宁可舍戒已为之,后还忏悔,重受,亦得。"居士舍

戒后可以重新受戒。

第六节　三学圆融，大乘行果

一、四分律会通大乘

南山律宗能够在中国佛教界广泛流行，和道宣律师将四分律会通大乘，以适应中国所盛行的大乘佛法有重要的关系。

在律学方面，南北朝著名的僧佑律师所依承的萨婆多部《十诵律》，为江南一带尊崇，关中则多尚《僧祇律》。隋唐时期，道宣律师弘持昙无德部《四分律》，力主《四分律》通大乘，并逐渐取代了其他律的弘扬。道宣认为，《十诵》戒体是色法，不从心发，偏而不圆；《四分》以非色非心为戒体，从心而发，分通大乘。所谓"分通"指《四分律》既通小乘又通大乘。过去有人认为此律只是小乘之律，慧光律师对此曾予反驳，判四分律为大乘律。

道宣律师证明《四分律》能通于大乘，在《随机羯磨疏》中列举有五种理由，如卷三所说：

第一，"沓婆厌无学，知非坚固也"。沓婆是人名，四分僧残中无根谤戒说，沓婆得罗汉后，心念此身不坚固，即厌无学身，没有入无余涅槃，而是回小向大，求菩萨法。

第二，"施生成佛，知余非向也"。《四分律》戒本结尾的回向文中有"施一切众生，皆共成佛道"两句，不以其余二乘为归向处，而以一切众生成佛显归趣，这就是大乘华严、法华的一乘了义。

第三，"相召为佛子，知无异乘也"。律序中一再说："如是诸佛子"，"佛子亦如是"，这和大乘梵网戒中所称的"佛子"，同样有大乘意味；因为佛子的称呼往往出现在大乘经典中。

第四，"舍财用非重，知心虚通也"。舍堕罪是波逸提的一种，系警戒因贪心而集贮无用的物品，为警惕出家众而设。在忏悔舍堕罪时，先须舍财，如僧用不还，只犯突吉罗轻罪，这和大乘戒以心意划分犯戒轻重罪相通。

第五，"尘境非根晓，知识了义也"。如小妄语戒，解释见闻触知时说眼识能见，耳识能闻等，是以识为了义，这和大乘唯识重视以识为根境之主的义理相通。

由上可知，无论是发心、归趣和心识的分辨，《四分律》皆通于大乘。就能持戒的三业来说，身语二业皆可通于声闻、菩萨，但菩提心是大乘菩萨所发，所以意业与声闻不同，因此《四分》、《十诵》律相虽是小乘，但其行持因发大心之故可以会归到大乘，汇入菩萨三聚净戒。以此，基本的五戒、八戒、沙弥戒、具足戒等，都是圆满顿证的大乘戒。修习此大乘戒，证得佛果大圆镜智深妙的觉位，正是此宗之所期。

唯识义理是道宣律师将《四分律》从理解上提入大乘的主要论据，他肯定了以心识为戒体，从心识再提升为心性的修行思路，这正是大乘义理的重心。

因此在观法上以心性的大小区分大小乘之行持。《行事钞》卷八《六聚法篇》中所说理有三种："一者诸法性空无我，此理照心，名为小乘；二者诸法本相是空，唯情妄见，此理照用，属小菩萨；三者诸法外尘本无，实唯有识，此理深妙，唯意能知，是大菩萨佛果行故。"这是将化教的心性之理融入制教，并以之判别大小乘的依据。

道宣律师基于以上理解，提倡以大乘三聚净戒为律学的归宿。"三聚净戒"是戒相的总和，分别是：摄律仪戒、摄善法戒和摄众生戒（又名饶益有情戒）。摄，即总摄。一、摄律仪戒：菩萨修

行,以戒为本。总摄一切戒律、一切威仪。二、摄善法戒:总摄一切诸善功德,广植善根,深培德本。三、饶益有情戒:菩萨修行,广度无量无边一切众生,正如地藏菩萨所发的广大誓愿:"众生度尽,方证菩提,地狱未空,誓不成佛"。对于无量无边的众生,都施之以利益。三聚净戒在《华严经》、《梵网经》、《占察经》、《璎珞经》、《瑜伽》和《唯识》等大乘经论,都有论述;因为这是三者集聚,所以称为三聚。

三聚净戒是成就法、报、化三身之本。道宣律师说,律仪戒在断诸恶,即法身之因。因为法身本净,被恶所以不显,现在通过修行,功成德现;摄善法戒在修诸善,即报身之因,报身是众善成就故,相好巍巍;摄众生戒在慈济有情,即化身之因,大慈普济众生,随感便应。法报化三身成就是大乘之果,这正是修三聚净戒的因行而来。

道宣律师由《四分》通大乘的看法,进一步建立三学圆融无碍说。三学圆融互摄,指戒学含摄定学、慧学,每一戒也含三聚净戒,如杀生一种戒,就三聚具备:止息各种杀缘是摄律仪戒;经常从事生命的保护是摄善法戒;保护众生的生命是摄众生戒。杀生一种戒如此,不盗、不淫等无量的戒品,也都如此。所以一戒一行,就具足一切行,如此即成为大乘妙行,菩萨三无数劫的修行全在其中。故持戒如能具备圆融的观解,就具备一切行,众生和佛果平等,万法互相融遍,相即无尽。以三聚净戒来自利利他,自度度人,这正符合于中国佛教学人对于大乘佛教的爱好和机运,因而使道宣律师所倡导的南山律学盛行至今。

二、感圣境得上品戒

持律到极处,便是三学具备,定慧圆通,万德显彰,自然开悟证果成圣。中国有大乘气象,除了受持四分戒外,还有受持菩萨的传统。以律宗来看,受持戒法能直达菩萨乘,特别是大乘菩萨戒,一经受持,即可直登菩萨位。如果有了佛菩萨的亲自加持,就能得到上品殊胜戒体,略加修持,便可转为诸佛五分法身之一的戒法身。因此菩萨戒的受持和上品戒体的获得对修行具有特别重要的意义。

中国受菩萨戒,始于道融、道影等诸师,从姚秦罗什依《梵网经菩萨戒本》而受戒。其次,张掖沙门道进,从昙无谶依《地持经》受菩萨戒。《高僧传》记载:道进十分虔诚要求昙无谶法师给他传授大乘菩萨戒法。昙无谶要求他先进行忏悔,把多生以来所有罪障业障忏悔清净。道进依教奉行,一心一意努力礼忏,经过七天诚恳忏悔,昙无谶却不认可,愤怒指责他不够精进。道进生大惭愧心,且忏且禅,经过三年。有一次在修禅定之时,忽然看到释迦牟尼佛与诸大菩萨,显现目前,为他传授菩萨大戒。殊胜的感应圣境得到昙无谶的赞叹:"善哉!善哉!已感戒矣!"于是详细为道进法师等十余人正式宣说菩萨戒相。

按《璎珞经》说,佛子受菩萨戒有上、中、下三品戒法。一者诸佛菩萨住世时现前受,得真实上品戒。二者诸佛菩萨灭度后,千里内有先受菩萨戒者,请为法师,教授我戒,我先礼足。应如是语:诸大菩萨为师,授与我戒。其弟子得证法戒,是中品戒。三者诸佛菩萨灭度后,千里内无法师之时,应在诸佛菩萨形像前,胡跪合掌,自誓受戒,应如是言:我某甲,白十方佛及大地菩萨等,我受一切菩萨戒者。是下品戒。如果能得上品戒,所获戒体即兼具定慧之功,圆成三聚之德。道进所感为上品戒体,连振誉关西的沙门道朗也自卑戒腊,求为法弟,此后依道进律师求受菩萨戒者有千余人。道进律师传授戒法,续佛慧命,功莫大焉。

为了得到上品清净戒体,历代许多律师竭诚礼忏祈求佛菩萨感降传授戒法。

明末古心律师亲见文殊菩萨而得上品戒。古心律师(1541—1615),讳如馨,江苏溧水人。一生发愿弘律。求受大戒时,师父告诉他:"若得清净十僧,方可得戒。如不满数及不清净,难以授受。"如馨于是叩诸宗匠,辄究戒缘。后读《华严经》至《菩萨住处品》,知清凉山为文殊师利大士示迹应化之地,遂矢志步礼五台,誓求亲见文殊师利菩萨,从受大戒。

历经三载,如馨终于拜至五台宝峰,昼夜殷勤恳切祈求。一日傍晚,如馨于金刚窟畔徘徊瞻眺,忽见一位老婆婆,"形枯发白,冠敝衣鹑",手捧袈裟,自林间出,呼馨而告曰:"大德礼恳殷勤,不惮劳苦。我此法服,子昔受持,不意中违,今应赠汝。文殊难见,徒费劬劳。见仍不识,亦何所裨!"如馨正默然迟疑间,已相去数步的老婆婆忽出言:"大德比丘,我即文殊。"如馨疾趋攀挽,老婆婆已踪影全无,惟存僧伽黎袈裟。如馨泣礼返步,至妙德庵挂锡,"复感五顶放光,于宝光中见(文殊)大士手为摩顶"。于是心地顿开,豁悟五篇三聚心地法门,"视大小乘律恍自胸中流出"。文殊菩萨亲自授给他袈裟,这是得上品戒的感应。

古心如馨律师立志中兴南山律宗。他持戒严谨,皎若冰霜,受到五台山僧俗的尊敬,以致"声誉远播,闻于朝廷",曾奉诏在五台山连续三次举办"龙华大会",被誉为"优婆离尊者转世"。万历十二年(1584)古心律师自北还南,翻修大报恩寺琉璃宝塔时,于塔基处掘得《宝志说戒图》,于是仿图中戒坛式样于古林寺内建坛,大弘律宗,传授戒法。据传,古心登坛传戒之时,"感坛殿放光,五色霞彩直冲霄汉,众山群楼,三日不散,夜明如昼,莫不骇异赞钦"。这是弘戒的感应。此后,古心律师又受到邀请,赴灵谷、栖霞、甘露、灵隐、天宁、海会、香余等诸大寺院开坛授戒，戒弟子逾万人，远近驰名，弘律事业达到巅峰。南京古林寺成为公认的"中兴戒律第一祖庭"，形成了"律宗古林派"，寺内的戒坛被世人誉为"天下第一戒坛"，元、明以来一直湮没无闻的律宗因此而得以重兴。

三、弘范三界大自在

持律高僧往往是生前弘范三界，临终生死自在。宋代元照律师常对门徒说："生弘律范，死归安养，平生所得，唯此法门。"律师弘法，和其他各宗祖师大德一样，无非言传身教，以清净身语意业利益众生。其余弘化则以著疏戒本，编撰僧传，以及传授戒法等方式为主。

律师的戒德为世人所重，所言所行自然为后世信受。历史上重要的高僧传均为律师所撰，如慧皎律师撰《梁高僧传》、道宣律师撰《续高僧传》、赞宁律师撰《宋高僧传》等，"仰托周访，务尽搜扬"，颇为后世信受。

道宣律师的弘律功德事迹已如前述，他"博究群宗，独权戒学。稽极圣之洪范，追法密之遗踪"，一生精研律藏，阐发戒律幽深精微。他住世化导，不餐人间饮馔二十余年，常受天供。圆寂以后，享有皇帝令天下寺院图写其真容奉祀的尊荣。除了律宗著疏外，他所编撰的《续高僧传》三十卷，对前朝所遗留的佛教人物传记，作系统的整理编写，不致遗逸失传，对佛法的传播和弘扬起了正面引导作用；《广弘明集》三十卷，显扬圣教，弘护法纲；《集神州三宝感通录》、《释迦氏谱》和《释迦方志》等书讲述释迦一代应化事迹，佛法流布地的情况，佛教入华的传说和经像灵异等，是一部通体连贯的完整佛传。凡此均为佛教重要文史著作，对佛法的

传播起了很大作用。

道宣律师毕其一生精力，从事律学著作与僧传的撰述，以戒律提供修道者遵循的典范，并以僧传坚固道念。因为只有确实轨范修道者的威仪行止，才能提升僧格，并使佛教扎根，屹立不摇。道宣律师一生为学修道、护法卫教的行谊风范，奠定了中国丛林僧团典制的根基。

宋代律虎赞宁大师不但是律师，也是杰出的佛教史学家、文学家，并以具德之才学弘化一方。在中国佛教历史上，高僧大德能受到朝廷礼遇的不乏其人，赞宁大师却在当时以僧人的身份被破例授予翰林学士的称号，并参加史书的撰写和修订工作，确属凤毛麟角。

赞宁大师（919—1001），浙江德清人。年幼时在杭州祥符寺出家，后到天台山受具足戒。先学四分律，宗奉唐代南山律，时称"律虎"。在当时两浙佛教界，文章敏捷者被称为"文虎"；精熟佛理玄义者被称为"论虎"；在毗尼戒学方面著作丰厚者被称为"律虎"。赞宁大师因对南山律颇为精通，故被尊称为三虎之一的"律虎"，可见大师威望之高，非同寻常。吴越王钱俶封大师为两街僧统，赐号"明义宗文大师"。大师在任两浙僧统期间，致力于整顿僧团，广建寺院，严明戒律，促使两浙佛教广为流布，空前兴盛。他所撰的《宋高僧传》是继梁慧皎《高僧传》和唐道宣《续高僧传》之后，中国佛教史上第三部纪传体佛学历史专著。

宋初佛教界文化名人大都以吟诗和填词见长，独赞宁大师专力著述，潜心文章，终于立德立言，成就百世度生的功德。他到了八十二岁仍然视听不衰，耳聪目明，被学士王禹偁形容为"必得其寿必得其位者"。

律师弘法的另一专长是开辟律宗道场，传承清净戒法。明朝三昧寂光律师(1580—1645)是持戒冰霜的高僧,是古心如馨律师座下大弟子。他曾在金陵大报恩寺讲戒,感宝塔放光二十多夜。后受都人之请,振兴宝华山隆昌寺,开建律宗道场,使宝华山隆昌寺成为当时传戒之重镇。一生足迹遍海内,临坛说戒百余出,修建佛寺达十余所,其法系被称为"律宗千华派",从此与古心如馨律师创建的"古林派"并驾齐驱,成为明清时期最大的两个律宗派系。

三昧寂光律师道相清粹,丰骨凛然,慈蔼接物,孜孜不倦。清顺治二年乙酉(1645)六月初四日,律师圆寂于山寺。临终前三日,他让侍者拿来年历,定去世的日子。说:"吾忝大明律师,说法利生,以答四恩,垂四十载。吾愿毕矣。"取紫衣、戒本,当众将华山法席,传见月律师。三天以后,律师让大众集于方丈楼,取净水沐浴,告诉大众说水干即去。并命大众念佛,果然水干,跏趺微笑而逝,昭示了一代弘法律师的生死自在。

律宗高僧并不是不通经论,而是为了成就僧人的法身慧命,韬晦宗乘,隐其禅观功夫,专弘戒律,造就一方僧人的清净戒坛。因此,他们是真正禀持三聚净戒的菩萨,是戒法早已圆满的大士。特别是弘律往往比弘禅弘教要艰难许多,于末法弘律更是举步维艰,而仍能保持坚忍弘毅,以光大佛遗命为己任,苦心孤诣,弘律演戒,千载令人敬仰。

即身成佛的密宗

密宗是佛教诸宗中最后成立的一宗,以修习三密相应而获即生成就得名,也是支系最复杂的一宗。称为八宗之一的密宗是唐密,汉语系佛教的一个小分支;称为三大语系佛教之一的密宗是藏密,即藏传佛教,或称藏语系佛教,是指传入西藏的佛教分支,与汉传佛教、南传佛教并称佛教三大体系。

唐密在唐开元年间由三大士传入中国,不久法脉传至日本,形成了东密和台密,唐密在中国断了传承。

藏密始于 7 世纪中叶,藏王松赞干布迎娶尼泊尔尺尊公主和唐朝文成公主,两位公主分别带去了释迦牟尼八岁等身像和释迦牟尼十二岁等身像,以及大量佛经。随着藏传佛教在西藏的发展,上层僧侣逐步掌握地方政权,最后形成了独特的、政教合一的藏传佛教。

密宗分为杂密和纯密。杂密,意思为不纯或不系统的密法,多为仪轨、咒语,讲究神通与法术。纯密是指开元三大士所译的胎藏界与金刚界密续,提倡以大乘教义为主的修持方法。

密宗的基本思想是《大日经》中所说:"菩提心为因,大悲为根本,方便为究竟。"在法义方面,主张六大圆融无碍。以四种曼荼罗为坛城,或作为观想的对象,然后将自己置身其中,将"我"与"佛"融为一体,以达到即身成佛的境界。在修证时,将众生的身口意三业转为佛的三密妙用，身结手印，口诵真言，意念观想本尊功德性海，则众生当生亦可成为佛。这是即身成佛的法义。

在修行次第上，密教将佛法分为小乘、大乘、金刚乘。小乘为修道的基础，金刚乘是大乘的特殊法门，让行者即身成佛。金刚乘又称"秘密密续金刚乘"。宁玛派把小乘、大乘、金刚乘又进一步分成九乘，第九乘为无上瑜伽密，是即身成佛无上法门，是藏传佛教的不共法。

藏密四大教派以宁玛派兴起最早，弘传最盛。四大教派中，格鲁派是藏传佛教各大教派中最后兴起的一个，学修并重、讲行并重的学风使其成为藏传佛教中影响最大的派别，也是最受汉传佛教欢迎的一个密宗教派。

第一节　密宗传承，三大分支

印度佛教的历史是一千八百年，前六百年是原始佛教和部派佛教即小乘佛教，中六百年是大乘佛教，后六百年是密乘佛教。密教的发展主要有三个阶段：早期杂密、中期纯密、后期左道密。

善无畏、金刚智所传的密教是印度中期密教，以两部大法为准，叫做"纯密"，传入中国则称为唐密，以后又由中国传入了日本，被称为东密、台密。密教传入西藏地区，被称为藏密。

一、密宗密法传承

密宗最早传承自印度龙树菩萨。据传，毗卢遮那佛以金刚界、胎藏界两部的灌顶法传授给上首金刚萨埵，又让他受持并结集两部大经各十万颂，藏在南天竺的铁塔中，待人弘传。佛陀入灭七百年后，龙树施咒于七粒白芥子，开启铁塔之门，亲礼金刚萨

埵，受金刚界、胎藏界两部大法，因此成为后世密宗的开祖。

唐朝时，有开元三大士，即善无畏、金刚智和不空三人，从印度来到中国汉地，同时将印度密宗的南派传到中国汉地，共同奠定中国密教的基础，称为唐密。

善无畏（637—735）于唐玄宗开元四年（716），以八十高龄抵达中国长安。史载善无畏到中国来之前，唐玄宗在梦中与他相见，并亲自将梦中所见的善无畏形象绘在宫殿的墙壁上。善无畏到了汉地，玄宗与他相见后，果然就如梦中所见的一样，于是将善无畏礼为"国师"，尊为教主。翌年，奉诏于菩提寺译经。

开元八年（720），金刚智（671？—741）来到洛阳、长安，面谒玄宗，也同样受到唐王的尊崇，从事密教经典的翻译。金刚智走海路，善无畏走陆路，分别携带了"金刚部"和"胎藏部"二经的灌顶传授密法来到中国，同为开中国两部密法的始祖。

善无畏所传密法是胎藏界密法，金刚智所传之密法是金刚界法。这就是所谓的金胎两部大法。胎藏界法侧重色法，而金刚界法侧重心法。善无畏和金刚智不仅互学互授，又同时将大法传给不空和尚。不空（705—774）到了中国以后，以其过人才学受到唐肃宗的恩遇，"一生礼遇三朝，位列三公"。

当时，唐密的主要道场以大兴善寺、青龙寺和法门寺为中心。大兴善寺为护国修法道场，青龙寺为传法灌顶道场，法门寺为佛舍利供养道场。唐肃宗时期，更在宫殿内建立内道场，集数百密宗僧人，昼夜念诵密教真言，并迎请法门寺佛真身舍利到内道场供奉。不空晚年令弟子含光于五台山造金阁寺、玉华寺。由此，五台山成为密教的重镇，一直流传到清末。

不空传法给一行、惠果。

僧一行（683—727）不但是中国密宗祖师之一，也是一位出色的天文历学家,精通历象、阴阳、五行。开元十五年(727),完成《大衍历》五十二卷,乃呕心沥血之作。他与善无畏、金刚智共同译出《大日经》七卷,《苏婆呼童子经》、《苏悉地羯罗经》各三卷,《金刚顶瑜伽中略出念诵经》四卷等,因而得到善无畏与金刚智两家密宗大师的不同传承。并撰述《大日经疏》二十卷,将密宗的一切事相,融贯于"法界缘起"之中,发扬了菩萨行的精神。可惜积劳成疾,四十五岁便预知时至,端坐入寂。

惠果(746—805),长安人,因住长安青龙寺,世称"青龙阿阇黎"。惠果从不空学金刚顶五部大曼荼罗法,及大悲胎藏三密法门,得传法阿阇黎位;又从善无畏弟子玄超受胎藏界及诸尊瑜伽。故惠果之学,实兼善无畏、不空两人所传密教之长,并加以融会贯通,建立"金胎不二"的思想,为不空之后传播密宗最具影响力的人物。历任代宗、德宗、顺宗三朝国师,倍受崇敬。其付法弟子遍及海内外,但只有日本空海得到他全部的密法传承。惠果成了中国密宗最后的祖师。

惠果传法给日本学僧空海。空海带着金胎两部大法,回到日本,在高野山东寺建立了密宗根本道场,称为"东密"。由于空海对日本佛教的杰出贡献,后世称他为"弘法大师"。

比空海略晚一点的日本学僧最澄,跟惠果的另外一个弟子修持密宗,又到天台山学习天台宗,回日本后受到日本天皇的重视,并在日本比睿山建立台密,后人尊为"传教大师"。

自唐武宗会昌法难后,密宗在中国汉土也随之衰微,终至传承断流,或有零散传承,然弘传不见史册。又据传,唐武宗过逝后,宣宗即位复兴佛教。惠果之后有智慧轮集金胎两部之大成,唐宣宗大中年中,行大曼拏罗法,受灌顶,成为传法阿阇梨。大中九年(855)十一月,在长安大兴善寺,为日本入唐僧圆珍传授两部

大曼荼罗之秘旨及新译《持念经法》。唐密传承虽断流,但唐密中的许多法门,并没有完全失传,而与显教合流,如蒙山施食、瑜伽焰口等,带有显密共修的色彩。

二、密宗三分流派

(一)唐　密

唐密,又称真言宗、金刚顶宗,是发源于印度传至中国的密宗流派,在唐玄宗开元年间传入,主要以金刚界、胎藏界两部密法为主,称为二部纯密。

唐密来自印度正纯密教。印度正纯密教的产生在公元二三世纪之间,印度的龙猛菩萨(即龙树菩萨)以极则禅为基础持大日如来真言,入南天铁塔拜见大日如来,并得金刚萨埵灌顶,传出《金刚顶经》及《大日经》,他自己又写了《菩提心论》,唐时便以此两经一论,建立真言密宗。

开元三大士将密教传来中国,唐密成为正纯密教的唯一传承。纯密的特点是传承了印度大乘佛教一向被重视的"中观教派"和"瑜伽行派"思想。善无畏和金刚智只学得胎藏界(大日经)或金刚界(金刚顶经)各一部,两人学成后,皆于8世纪初来中国,传播正纯密教,两人在中国又互相传授,不空三藏得合两部而学之,成为两部的继承人。从此正纯密教乃全部传之于中国,时在唐开元年间,故被称为"唐密"。

正纯密教与中国固有文化相结合,成为与印度密教有别的具有中国特点的唐密体系。其特点为解行相应,显密交融,重视般若思想和大乘精神。现今佛教禅门日诵中的各种功课、祈福、超度法会仪轨,无不沿用着唐密内容,发挥利生作用。

唐密根源于南印度的如来藏学派，主张人人本有清净本性，强调大乘入世度生精神。如一行所著的《大日经疏》除了保存善无畏所传的图位，和注明许多事相的作法与意义之外，更重要的是发扬大乘佛教世出世间不二的积极精神，也以之利国利民，使密宗成为中国传统文化的一部分。

（二）日本密宗（东密和台密）

东密和台密是日本密宗的两大派系，这和日本祖师空海、最澄作为遣唐使在中国学习接受法脉的传承有关。

善无畏在中国有三大弟子：义林、玄超、一行。其中，义林传给顺晓，顺晓再传给最澄。玄超传给惠果，惠果再传给空海。这是善无畏胎藏界传承的系统。金刚界是金刚智传给不空。不空传给惠果、惠朗。

惠果把两部大法一起传给日僧空海，其余人仅得一部。空海回国后，在日本的高野山和东寺建立了根本道场，得到日本天皇的信仰和支持，高野山就变成了日本传密法的根本道场。空海被日本人尊称为"弘法大师"。明治维新后，日本政府下令空海的密宗以东寺为总本山，故称"东密"。

最澄在中国跟随天台祖师道邃、行满二师受持天台教仪，之后又跟顺晓大师修密宗，顺晓传给最澄的是胎藏界，没传金刚界。他回国以后，以比睿山延历寺、园城寺为中心建立道场，把天台宗和密宗融合一起，所以他传的密宗叫"台密"。最澄被尊称为"传教大师"。

民国初年，有多位佛教大德，前往日本学习东密，其大成者，如冯达庵、持松、王弘愿等阿阇黎，将东密传回中土，故东密一度于中土复兴。然仅如昙花一现，随复凋零。东密到后期受日本民

族性的影响,逐渐发生偏差和堕落。

东密认为大日如来法身说教为密教,以释迦应身说教为显教,认为二者个别。台密认为大日、释迦二者同体,主张"圆密一致"。

(三) 藏 密

藏密是西藏佛教密宗的简称,又称藏传佛教,俗称喇嘛教,成立于公元7世纪左右。西藏佛教在教义、教团组织及行仪上,皆自印度的大乘佛教末期发展而来。在戒律上传承说一切有部律,并发展出专属于密乘行人的戒律。

西藏在未传入佛教之前,原本盛行苯教。7世纪中叶,吐蕃王国赞普松赞干布娶尼泊尔尺尊公主与唐朝文成公主。因而传来印度、尼泊尔系佛教及中国佛教,乃使苯教势力受挫。

到赤松德赞王时,分别自尼泊尔、印度请寂护论师及莲华生大士入藏。寂护论师带来中观宗论书,宣扬中观佛教。莲华生大士带来陀罗尼与真言经轨,弘传密教,此为西藏密教的滥觞。莲华生大士创建显密经院及密宗道场,发展在家、出家两种僧团制,奠定了西藏佛教的基础。

西藏佛教以朗达玛王之灭法为界,分为前弘期(7世纪中叶至9世纪前半)与后弘期(10世纪至现在)二个阶段。信奉苯教的朗达玛王继位,镇压佛教,禁止译经,焚毁多数佛典,破坏寺院,令僧侣还俗。此时僧徒多避难国外,佛教一时衰微,史称"朗达玛灭法"。

10世纪末,佛教逐渐复兴。11世纪印度阿底峡尊者入藏后,佛教之盛达到巅峰。师通晓显密二教,强调独身与严格的戒律。大力弘扬大乘教法,培育众多弟子,组织成重视显教的噶当派,而与当时结合新旧密乘的宁玛派相抗衡。

在藏密中,与莲花生大士齐名的是新派创立者宗喀巴大师(1357—1419)。宗喀巴大师为 14—15 世纪西藏佛教改革者,学识渊博,通达显密各派教义。其时,固有的萨迦派已堕落为红帽派之咒法邪教,宗喀巴大感激愤,以噶当派教义为立说之本,综合大小乘各派显密教法,提倡严守独身主义的戒律佛教,创立兜率教派,后改称额尔德派,意即"德行派"。时人慨叹红帽派之颓败,遂转而欢迎宗喀巴的教团,终于形成一代宗风,正式创立格鲁派。他被公认为西藏佛教界的领袖,有"第二能仁"之称,格鲁派也成为西藏第一大教派。宗喀巴大师提倡的戒律、德行遍及西藏全土,势力亦逐渐传播,该派的达赖、班禅二大活佛转世系统,更主宰西藏的政教大权。藏密与中国历史发展,尤其与各朝代的皇室,一向有密切之关联。

三、藏密四大教派

藏区出现的佛教宗派虽然很多,但总的分为两大类,这就是宁玛(旧派)和萨玛(新派)。在此基础上形成了四大教派,即信守古老密宗教义为主的宁玛派和以遵循新的密宗教义为特征的萨迦、噶举、格鲁等四大教派。

(一)宁玛派(红教)

宁玛,意为"古旧",有别于后来其他祖师创立的"新译派"(白教、花教、黄教)。继承了从"前弘期"流传下来的密教思想以及相关仪轨,俗称"红教",因行者身穿红衣而得名。创立者为莲花生大士,代表性的最高大法为大圆满法门。

莲花生大士是 8 世纪时北印度乌苌那国人。于大众部出家

受具戒。遍参知识，广学显密教典，尽得显密佛法大成，在各地大转法轮，度化了无数众生。公元750年到尼泊尔，次年离尼泊尔来到西藏地区。752年，他和藏王赤松德赞见面，与菩提萨埵等共议建寺事。754年，桑耶寺建成。次年，他和菩提萨埵二人欲回印度，藏王挽留未成，即遣使送他返印（一说藏王逝世后始返印）。

莲花生在西藏培养造就人才很多，传说其中得到密宗悉地的，有藏王和臣民二十五人，如虚空藏、佛智、遍照、玉扎宁波、智童、柱德积等人均为当时有名的译师。他又从印度延请三藏法师，取来完整的显密经典，译注成藏文。为了保存教法，他还发明了"库藏"传承。莲师已成就的弟子，发愿转世为取库藏大师，适时取出预藏的教法，以利乐众生。

宁玛派佛法的理论与实践，以广博而言，从初发心到证虹身成佛，灿然完备；修持上注重实修，精简直接，直击心要，以瑜伽士即生取证为主。

（二）噶举派（白教）

噶举，意为"教诫"，或"佛语传承"，俗称"白教"，因行者身穿白衣而得名。创立者为玛尔巴祖师。宋仁宗宝元元年（1038），印度阿底峡尊者入藏，中兴佛教。当时玛尔巴翻译经典，师事阿底峡尊者。玛尔巴又赴印度师事那洛巴祖师，学得大手印归藏。

玛尔巴把这些教法传给弟子密勒日巴。

密勒日巴（1040—1123）是噶举派以苦行著称的第二祖师，出生于西藏后藏贡唐地方。青年时曾为报仇修习咒术杀人及降雹之法，造业甚重，玛尔巴为清净其罪业，故意给予无数大小苦行，终至罪业清净，受灌顶与修持口诀。成就后他一直在游化深山大泽，为弘扬噶举派教法做出了特殊贡献，成为藏传佛教史上的著名人物。

密勒日巴有三大弟子,以冈波巴为首。冈波巴(1077—1152或1079—1161)融合噶当派生起菩提心口诀,以及密宗大手印教授,显密融通,从他开始,噶举传承成为正式的传授,并有许多传承的分支出现,有"四大八小"之称,即四大派和八小派。

冈波巴所有的弟子中,最主要的人物是第一世嘉华噶玛巴——杜松钦巴大宝法王,至今已有十七世的大宝法王转世灵童。

噶举派奉月称派中观见,重视"大印"传承,不重文字,重在论理,即通达"大印"的智慧。大印有显有密,噶举派各支系中各有偏重。

(三)萨迦派(花教)

萨迦,意为"灰地"或"白土",因该派主寺坐落的山坡上,有一片灰白的岩石而得名。又因此派寺院围墙涂有象征文殊、观音和金刚手菩萨的红、白、黑三色花条,俗称花教。创立者为昆·贡却杰布,代表性最高大法为"大圆胜慧"。萨迦派僧人戴红色、莲花状僧冠,穿着红色袈裟。

萨迦派创立于11世纪,教主由昆氏(《元史·释老传》作款氏)家族世代相传。有血统、法统两支传承。昆·贡却杰布的子嗣中以白衣身份相承住持寺院弘法的,称为血统传承;其子嗣中,也有许多以严持戒律的比丘身份穿红衣住持弘法的,称为法统传承,如著名的后裔八思巴帝师为红衣第二祖,萨迦第五祖。

贡却杰布(1034—1102)是吐蕃贵族昆氏的后裔。初学旧派法门,后往莫古隆,依卓弥·释迦耶协大译师学法,不久又去往依桂·枯巴拉孜已得新译密乘法要的传授,尚不满足,又往莫古隆

请求卓弥传授《道果语教宝法》，卓弥为他分期传授。四十岁时，在奔波日山灰白土上建立萨迦寺，他住持该寺广传新派密法。

到公元 13 世纪元朝时，该派发展成为具有强大政治势力的教派。萨迦派的第四祖萨班·贡噶坚赞和第五祖八思巴(本名罗追坚赞)，分别为元帝国的巩固做出巨大贡献。八思巴被封为帝师，并奉命创制了"八思巴文"。这种蒙古新文字，在蒙古全境流通使用，为蒙古的社会、文化进步发挥了重大作用。

萨迦派在元代时颇为得势，族系分支又多，建立若干分院。后来由于互争权力渐渐衰微，法座嗣承无力，不能弘兴教法。后由其旁系法嗣继承住持萨迦教法。其中最有名的住持显教者有雅、绒二人，住持密乘者有鄂、宗二人。雅即雅处·桑吉贝。仁为仁达哇·宣奴罗追，此人学识丰富，宗喀巴及其弟子贾曹杰、克主杰，都曾从他学习。中观学说自他开始逐渐受到藏传佛教各宗派的重视，中观应成派，本来已渐衰微，经过他的努力，始得以重新发展，后为格鲁派奉为中观正见。

萨迦派的主寺是萨迦寺。其佛殿后的藏经库收藏有一万余种佛典，是八思巴时期集中了卫、藏、康三地区的缮写家，用金汁、银汁、朱砂、宝石和墨汁精心抄写的，堪称佛门珍宝。整个萨迦寺共藏佛教经藏四万多卷，其中包括大量贝叶经，曾被誉为"第二敦煌"。

（四）格鲁派（黄教）

格鲁，意为"善行"、"善规"，又名甘丹派，俗称黄教。依宗喀巴大师所创的甘丹寺立名。"甘丹寺"一词可略为"迦鲁"，一般人习惯称之为"格鲁"。宗喀巴出世弘化时，藏地戒法久衰，就依古代持律大德的密意，用黄颜色的帽子作为戒法重兴的象征，因为黄色象征着戒律与增长。由此成为一家的标帜，所以此派亦称黄帽派。

格鲁派传承的教法以印度大德阿底峡尊者及其弟子所传承的迦当派教授为基本骨架，深受迦当派清净学风影响，故常被称作"新迦当派"。在金刚乘方面，格鲁派依循后弘时期翻译的"新译密续"（佛所传授的金刚乘经典称作"续"Tantra）。其传承由宗喀巴大师开创。

宗喀巴（1357—1419）大师，七岁出家，十六岁前往西藏深造。二十五岁时，已深入研究了"弥勒五论"（藏传称《现观庄严论》、《大乘庄严经论》、《究竟一乘宝性论》、《辨法法性论》和《辨中边论》）、《俱舍论》、《释量论》、《入中论》及律藏、五明等。三十六岁开始讲经收徒，先后在各地讲《现观庄严论》、《因明》、《中论》、《俱舍论》等。同时系统研究萨迦派的"道果法"、噶举派的"大手印法"等；学习《菩提道灯论》等要籍，终于通达显密各派教义。

鉴于当时藏传佛教中占统治地位的各宗派道风日益衰落，宗喀巴为振兴佛教，力挽颓风，积极提倡僧人严守纪律，清净德行，注重"甘珠尔"，声望日高，因而此派得以最后建立。

格鲁派以真实成就莲华部的净洁光明为本旨，其教规以护持菩提心为主。其最高大法是大威德金刚法。格鲁派传承极为重视对佛法的如理闻思，为此建立了严密、系统的教育制度。每座格鲁派寺院几乎都是一座规模不等的佛教学校，修学制度继承了古印度那烂陀寺等佛教大学培养佛教最高级学者——班枳达（意为"善知识"，对应于西藏的"格西"）的教育传统。因而格鲁派传承以其卓越的学术水平培育了无数杰出的通材式学者和论师。

此教派是目前影响最为深远的一个教派。汉地的密教，也是以黄教为主。

此外,还有较著名的觉囊派。

觉囊派曾是藏传佛教的重要流派之一,始于宋代,形成于元初。在元代,该派寺院遍布卫藏,盛极一时。明末衰落。觉囊派最完整的传承则是"时轮金刚"。时轮金刚的渊薮,源自释迦牟尼佛应香巴拉国月贤王之请,在印度南部吉祥山聚米塔里的亲授。时轮金刚法由云登桑布上师(1928—2002)传承至今。

第二节　密宗经典,金胎两部

密宗依据经典为三经二论。三经是《大日经》、《金刚顶经》、《苏悉地经》,都在唐朝翻译的。传说《大日经》、《金刚顶经》是龙树菩萨用七粒白芥子打开南天铁塔才取出的,如同《华严经》是从龙宫取出的一样,是不可思议大乘经典。此二经对于印度密教的产生和发展,曾起到过重要的影响。传入中国后,直接促成了中国汉地密宗的建立。同时,通过日本等国佛教僧侣的中介,传入朝鲜和日本,尤其是对于日本真言宗的奠基和兴盛,产生过极重要的作用。

一、根本三经

(一)大日经

《大日经》七卷,全名为《大毗卢遮那成佛神变加持经》,毗卢遮那(Vairocana 遍照)译成为"日",故简称为"大日经"。唐代善无畏三藏、一行三藏等译。

《大日经》内容为是大日如来在金刚法界宫为金刚手秘密主等所说,此经开示一切众生本有的净菩提心所持无尽庄严藏的本有本觉的曼荼罗,并宣说能悟入这本有净菩提心的身、语、心三密方便。

《大日经》共计七卷三十六品,从第一品到第三十一品是《大日经》原型,是无行在印度获得而送回中国的梵本。从第三十二品到第三十六品称为供养次第法者,是善无畏三藏所持来而翻译,附加于《大日经》的后面。

全经以"阿字本不生"之心地为宗,以如实自知,悟无生智,获无相悉地为根本旨趣。其中,《入真言门住心品》为大日经之序品,阐述密教基本教相。经中"菩提心为因,大悲为根,方便为究竟"三句,统释《大日经》全经的根本宗旨。

(二)金刚顶经

《金刚顶经》,全称《金刚顶一切如来真实摄大乘现证大教王经》,又称《摄大乘现证经》、《金刚顶瑜伽真实大教王经》,唐代不空三藏译,三卷。

相传《金刚顶经》有四种:一为法尔恒说本,二为塔内安置本,三为十万颂广本,四为四千颂略本,即十八会中初会四大品。现译《金刚顶经》是梵文本十万颂十八会,是金刚界的本经。金刚是譬喻,表示一切如来法身如金刚一样坚固不坏,无有生灭,无始无终;由于此经在一切大乘法中最为尊上,以顶喻之,所以称为金刚顶。

此经广泛宣说金刚界佛部(以大日如来为部主)、金刚部(以不动如来为部主)、宝部(以宝生如来为部主)、莲华部(以阿弥陀如来为部主)、羯磨部(以不空成就如来为部主)五部和身口意三密以及大圆镜智、平等性智、妙观察智、法界体性智五智成佛等意,顿渐兼胜,理事并融,穷尽了诸佛的本意,因此被称作"大教王

经"。

(三)苏悉地经

《苏悉地经》，全称《苏悉地羯罗经》，凡三卷，收于《大正藏》第十八册。唐开元十四年(726)，善无畏三藏译。

"悉地"是"成就"之意，"苏悉地"即为妙成就，即"成就胜妙"之意，密教指修行密法而获至妙果。密教以住菩提心，完成正觉之位为"无上悉地"。《苏悉地经》主要内容是宣说有关佛部、莲华部、金刚部等三部悉地成就的仪则，内容包括持诵、灌顶、祈请、护摩、成就、时分等，以及根据此等密教仪轨而来的种种成就法。

由于本经主要内容是阐述密教修行者的威仪法则等，因此《开元释教录》将此经作为"咒毗奈耶"，禁止未受法者诵读，即如显教中未受具足戒者不能听诵戒律一样，违者即为犯戒。

胎藏界以《大日经》说为根本，代表理德；金刚界以《金刚顶经》为根本，代表智德。理德与智德虽分二部，实际并不相背离。二者之间二而不二的关系通过《苏悉地经》得以微妙彰显。

二、龙树二论

密宗除了三经还有二论：《释摩诃衍论》和《金刚顶宗发菩提心论》，均为龙树菩萨造。

《释摩诃衍论》，凡十卷。姚秦筏提摩多译。此论是对马鸣菩萨《大乘起信论》的注释，一般略称释论。论中说马鸣的本地为大光明佛，论其因则为第八地菩萨。本书就《起信论》的因缘分、立义分、解释分、修行信心分、劝修利益分等五分解释其意。于立义分，开立三十三种法门，大别为修行种因海与性德圆满海，以对辨其深浅。

《金刚顶宗发菩提心论》，全称《金刚顶瑜伽宗发阿耨多罗三藐三菩提心论》，全一卷。唐代不空译。

《金刚顶宗发菩提心论》阐述金刚界发菩提心之理，立行愿、胜义、三摩地等三门，记述菩提心之行相。以行愿菩提心利益安乐无余有情界；胜义菩提心观一切法无自性；而以三摩地观"行"之相，即指日月轮观及五相成身观等，并依之悟诸佛法身而证法界体性智。

此外，藏传佛教的典籍有经典传承和伏藏传承两部分。直接传授经典的，称为经典传承；发掘前贤埋藏的经典进而传播的，则称为伏藏传承。14世纪后，经典传承即不见史载，由伏藏传承取而代之。伏藏的来源是：前弘时期由连花生大师、无垢友、赤松德赞王、耶协措杰、鲁·南喀宁布、白若咱那、鲁·桑结耶协等人，先后将密乘经典法门埋藏于山岩土石之间。到后弘期时，逐渐有人将这些经典发掘出来，弘传于人，这些经典便称为伏藏法。藏传佛教各宗派都有伏藏，但以宁玛派最为重视，有南藏、北藏之分。《大圆满法》即为该派独有的特殊伏藏法。

第三节　显密二教，风格迥异

显密二教的判别，源于印度佛教大乘时期的三个阶段。三个阶段指大乘空宗、大乘有宗、大乘密教。大乘时期以佛灭后六百年出世的马鸣菩萨提倡大乘为始。此后，以龙树、提婆为代表的空宗，和以无著、世亲为代表的有宗，相继风行全印。空有二宗过后，有龙智菩萨，弘扬密咒，以密咒来融摄印度风习，因此密咒乃渐发达，此时大小乘佛法，皆依附密咒而流行。

印度佛教三个时期，前二期为瑜伽、中观，后期为密教，所以

将前期概为显教、显宗，后期对应称为密教、密乘。密乘将大乘显宗称为"波罗蜜多乘"，因为中观、瑜伽二系都提倡波罗密多之故。而密乘则为"密咒乘"、"金刚乘"，为不落空有的中道实相教，超越于显教之上。

一、显教应身说，密教法身说

密宗没有严密的判教理论，只是将佛法作了显教和密教的划分。显教又称显宗，其教义被说成是释迦牟尼应身佛公开宣说（即"显"）之教，故称。密教受法身佛大日如来深奥教旨秘密传授（即"密"），故名。

在密教，毗卢遮那佛与大日如来同体，或为大日如来之别名，乃理法身、智法身不二之体，有除暗遍明之义。密宗认为法身佛高于应身佛，法身佛所说的密法乃"真实"言教。也因此，密宗视显教为渐次，主张密教可以即身成佛。

还有更具特色的称呼，将显宗称为"因显乘"，密乘则为"果密乘"。谓显乘所修，唯成佛之因，而修密乘则可得成佛之果。

密乘主张以定为因，以慧为果。密教所入的定，直是如来的最上定。显教只求入因地的定，而密教却径入果地的定，自然即身成佛。

定不同，慧也不一样。显教转八识而成就四智，四智所成之佛为报身如来。密教于此加第九识所转的法界体性智而为五智，所成之佛为法身大日如来。

值得注意的是，密宗所说显密之别的"显"非指汉地佛教，这是多数人的误区，密教所说的显教经论是指从印度传译过去的中观派和唯识派的基本经论。但中观派、唯识派到了汉地演变为三论宗和唯识宗，只是八宗中的两宗而已。由于地域和语言（尤其是古文）的阻隔,在汉地占据主流佛教的台、贤、禅、净等诸宗的高深理念和不共的修持方法,藏传佛教并未涉猎。

二、显教三皈依,密宗四皈依

皈依被称为一切解脱道根本,是入道之门的开始。无皈依则得不到三世诸佛的法体,没有皈依体,不能成就法身。汉传佛教重视三皈依为入佛门之初步,并由此提升为三自性归,证一体三宝,特别是六祖慧能将三皈依改为重视自性回归的"皈依觉、正、净",意在破除众生的一切功德外相执着。

与之不同特色的是,密宗重视四皈依,在皈依三宝之前,要皈依自己的上师,而且是要以身、口、意三业作完全的皈依和供养。据达照法师《密教"四皈依"渊源初探》,"四皈依"并不是密教产生时就有,而是后来慢慢地从"三皈依"发展起来的。密教注重"师承",宋代之后,把"皈依三宝"发展为"皈依上师三宝",原来的"三自归"到后来就成为"四皈依"了。

《大日经》中三处讲到"皈依"的问题,全都是以"佛、法、僧"这三宝为所归境的,如皈依偈云:"南无十方三世佛(佛),三种常身正法藏(法),胜愿菩提大心者(僧),我今皆悉正皈依。"可知在《大日经》流行的中期密教时期,并没有出现"四皈依"的修法。但在《大日经》的"真言乘"时期中,有视师如佛的记载,因此出现四皈依。

藏传佛教认为,上师代表三宝,但是在修行的实践上,上师又比三宝更为重要。因此,在"四皈依"中就把上师放到了首位。一般在进行修法之前,都要观想自己的上师、三宝,并且要念:"南无咕噜呗,南无布达耶,南无达尔嘛耶,南无桑噶耶。"然后,再发愿、修法。

密宗特别注重皈依金刚上师,是因为上师承担传法灌顶的重要责任。密宗的一切密法,都用密语写在法本上,其中最秘密法口诀,依照传承密戒的规定,不得刊载于书上,必须由金刚上师代代口传承,外人不得而知。所以学密宗的法本,一定要从上师那里字字求来,由金刚上师亲口传承,然后按规矩修持才能成就。经云:"一切密法,若不从上师亲口传承,所修不得成就。"其修学人犯盗法罪。

而且因为密宗主张即生成佛,成就越大,风险也越大。如果没有正确的上师来传法灌顶与指导,犹如盲人骑瞎马,夜半临深池,随时都会有失足堕落的危险。对弟子来说,金刚上师就是金刚佛。在密宗里面,金刚佛是所有一切本尊的总佛。所以金刚上师是佛法的根本,弟子如果没有上师加持指导,就没有办法得到内外成就。

相比而言,汉传佛教的三自性归重视内在佛性的开显,是由理及事;藏传佛教的四皈依是将个己身心完全托付三宝,是由事彰理。全理即事,全事即理,只要做到极致,并无二致。

三、三乘佛法,九乘判释

佛法通常分为三乘:声闻乘、缘觉乘、菩萨乘,三者也可以三乘归一,为一佛乘。密宗为了突显自宗的殊胜,将佛法也分三乘:小乘、大乘、金刚乘。金刚乘是大乘的特殊法门,让行者即身成佛。金刚乘又称"秘密密续金刚乘",并不是离开大乘另有一个金刚乘,而是指大乘之中具有殊胜方便的法门。

宁玛派把小乘、大乘、金刚乘又进一步分成九乘,以"九乘"判释一切佛法,分三个层次:

(一)声闻乘、缘觉乘、菩萨乘,此三为显教三乘。被认为是化身佛释迦牟尼所说，宁玛派称之为"共三乘"；意指显、密二宗所共有的修习内容。

（二）事乘、行乘、瑜伽乘，此三为外密三乘。被认为是报身佛金刚萨埵所说，宁玛派称之为"外密乘"或"无上外三乘"。这三乘相当于西藏其他教派所说的作部（事续）、行部（行续）、瑜伽部（瑜伽续）。

（三）玛哈瑜伽乘、阿努瑜伽乘、阿底瑜伽乘，此三为内密三乘。被认为是法身佛普贤王如来（即大日如来）所说，宁玛派称之为"内密乘"或"无上内三乘"；此三乘相当于西藏其他教派所说的无上瑜伽部（无上密）。而第九乘无上瑜伽密又分为心部、自在部、教授部，即宁玛派所说的"三部"，后皆包含在大圆满法中。

关于九乘的修习次第，宁玛派认为"共三乘"是人人皆可领受的；"外密三乘"则须受过秘密灌顶者方可修习；"内密三乘"更须经大师授予各部大灌顶者始可修习，获得即生成佛。

显教成佛与密宗成佛的不同是"外相成佛"与"内心成佛"。显教以三十二相，八十随形好，在此世界示现"八相成佛"，使一切众生得见如来庄严法相，是为外相成佛。密宗的即身成佛是内心成佛，没有具备三十二相，八十随形好，但修三密妙行，现生可成佛，相当于禅宗的明心见性。

第四节　基本法义，教理见地

密宗为求加快证入佛、菩萨的境地，强调独特的秘密修行仪轨，密教金胎两界的教理也是为即生修行成佛服务的。

一、金胎两部理智二门

"金胎两部"，是"金刚界曼荼罗"和"胎藏界曼荼罗"两部曼荼

罗合起来的简称。胎藏以莲花为体,即表众生八叶肉团心,在此处建立坛场,故曰"胎藏界"。金刚界以五股金刚杵为体,五股金刚杵表五智,即大日如来的三昧耶形,在五股金刚杵上建立坛场,故曰"金刚界"。

又,金胎两部显示毗卢遮那如来的"理"、"智"两德,显示理德的一部分称为"胎藏界曼荼罗",显示智德的一部分称为"金刚界曼荼罗"。

曼荼罗旧译为"坛",新译"轮圆具足",一般指在壁上或绢上,图绘佛菩萨的式样。如来的理智两德幽深玄远,不容易用语言文字表达,假借彩绘丹青的图画、形像略加表现,可使初学者从这些图画形像的标帜里觉悟到自己本有的理(身)智(心)两部功德。故金胎两部就修行内涵而言,又称色心两部或理智两部。理是本有,属因位;智是修生,属果位,故又称因果两部。胎藏为发心之始,包含万行,如东方为生长万物之首;金刚为证得之位,显现万德,如西方成熟万物之终,故又称东西两部。真言宗就在这两幅图画曼荼罗表现出殊胜不共的特色。

金刚界是内证自利,有九会曼荼罗:

第一会——成身会——根本会

第二会——三昧耶会

第三会——羯摩会——微细会

第四会——供养会

第五会——四印地——五智会

第六会——一印会

第七会——理趣会——普贤会

第八会——降三世羯摩会

第九会——降三世三昧耶会

前五会是以大日如来为中台,表示显因即果,第六会表示大日如来的自性轮身。第八、九两会是大日如来的教令轮身。全部九会共有1461尊,即佛体1036尊、菩萨297尊、忿怒身4尊、执金刚神4尊、外金刚部12尊,这是金刚界的曼荼罗。

胎藏界是化他,立了三部:莲花部、金刚部、佛部。莲花部表示大悲,金刚部表示大智,佛部表示大定。这三个部类表示胎藏界为本觉下转的化他门,所以就大日如来的大定、大悲、大智三德而分三部。

佛部——中台八叶院及上下诸院——属大定德。

莲花部——右方观音院、地藏院等——属大悲德。

金刚部——左方金刚手院、除盖障院——属大智德。

胎藏法曼荼罗建立十三大院。现图曼荼罗中的四大护院,乃四门相向的守护天,故实十二大院。

中央的八叶院画八叶莲花,最中央的莲台上是大日如来;八叶上面画四佛、四菩萨,表示大日如来的四智四行,总称八叶九尊,为毗卢遮那全体,又为胎藏界曼荼罗的根本总体。

东方宝幢佛——表菩提心义

南方开敷华王佛——表大悲万行开敷义

北方天鼓雷音佛——表如来涅槃说法智

西方无量寿佛——表如来方便智

东南普贤——表菩提心

西南文殊——表大智慧

西北弥勒——表大悲

东北观音——表行愿成满

胎藏界曼荼罗的具足名称是"大悲胎藏生曼荼罗",据《大日经》所图绘。《大日经》的中心教义,是"菩提心为因,大悲为根,方

便为究竟"三句,因此胎藏界曼荼罗的组织也就是标志这三句的意旨,而绘出三重现图的曼荼罗。

金刚、胎藏两部图绘所表现的曼荼罗,真言密宗最为尊重,对两部曼荼罗广施礼拜。

二、六大四曼三密加持

佛教各宗都说到体相用三大,体是诸法的本体,相是本体的性能,用是性能的作用。以此三者判别众生心或宇宙法界时,其体相用无限广大,故得"三大"之名。

真言宗将体相用三大法义,引申为"六大体大"、"四曼相大"、"三密用大"。地水火风空识六大,体性遍于有情、非情,故称体大。大曼荼罗、三昧耶曼荼罗、法曼荼罗、羯摩曼荼罗等四曼相状历历,故称相大。身语意三密作用深密相应,故称用大。

所谓"六大体大",指地、水、火、风、空、识六大乃诸法之体性,为构成有情无情一切世间万法的要素。其中,前五大为色法,后一大为心法。地大,指一切坚性的东西;水大,指一切湿性的东西;火大,指一切暖性的东西;风大,指一切动性的东西;空大,指一切无碍之物;识大,指一切诸法的了别特性。六大遍满一切法界,虽一尘一毛亦必具有六大,无一不为六大所造。换言之,地、水、火、风、空、识六大互具其他,互遍无碍,即六大无碍之义。

所谓"四曼相大",即四种曼荼罗周遍于万法,摄尽万法之相状。曼荼罗有轮圆具足、养育佛种、聚集圣众之义。密宗行者在修法时,将曼荼罗作为观想的对象,然后将自己置身其中,将"我"与"佛"融为一体,以达到即身成佛的境界。故曼荼罗也是密宗修行的坛场、道场。四种曼荼罗,即:

(1)大曼荼罗,指诸尊相好具足之身。表示宇宙全体的形相,是万事万物的普遍之相,相当于大日如来的相好具足身。

(2)三昧耶曼荼罗,指诸尊所持刀剑、轮宝、金刚、莲花等表示本誓的标帜;相当于大日如来的意密。

(3)法曼荼罗,指诸尊的种子及真言;相当于大日如来的语密。

(4)羯磨曼荼罗,指诸尊的威仪事业;相当于大日如来的身密。

所谓"三密用大",指众生的身口意三业可以转为佛的三密妙用。三密即身、口、意。在佛云三密,在众生则言三业。佛能起无量无边的三密妙用;且以其三密来开展众生的三业,令能契入自性,证悟自性菩提。佛以其三密转众生三业,令疾速开展本有佛性,显秘密庄严藏。故佛之三密与众生之三业,唯只差在一念间。一念悟即佛,一念迷即众生。如能身结手印,口诵真言,意念观想本尊功德性海,则众生当生亦可成为佛。

后人将以上法义编成一个偈颂:"六大无碍常瑜伽,四曼相即各不离。三密加持速疾显,重重帝网名即身。"意思是生佛平等、事事无碍的佛果境界可以通过修持三密相应法获得即生成就。

三、三士道次第三心要

三士道是任何一种根基的人,从初发心乃至证得无上佛果必须经历的过程。密宗以阿底峡所著的《菩提道灯论》为基础,把学佛的次第分为三士道:下士道、中士道及上士道。

下士道:具有人天乘属性,厌三恶趣苦而深信因果,以人天乘的利乐为目的。

中士道:具有声闻、缘觉属性,厌离轮回,但求个人生死解脱,思惟四谛、十二因缘之理。

上士道：具有大乘属性，于此又可分为两种，即显教修法和密教修法。

三士道的次第是，从依止善知识及思维暇满人身的入道前行开始，至念死无常、思恶趣苦、思维业果等基本人天乘（下士道），再经小乘之四谛（中士道），依次第直达大乘菩提心与止观（上士道）。

阿底峡尊者的菩提道次第教法，总摄一切佛教经论，后来的各宗各派都受其影响。格鲁派宗喀巴大师的《菩提道次第广论》，在此基础上，将三士道概括成三层意思：出离心、菩提心和清净见（空性），并对这些过程的次第、体性和思维修学的方法加以如理阐述。此论涵盖佛法三藏十二部，开显自文殊、弥勒，经龙树、无著所传的深观、广行二门修习要旨，并特标出出离心、菩提心及清净正见三心要。

出离心，就是厌离三有，希求涅槃之心，也名"求解脱心"。若没有深切的出离心，所做的一切功德，只能成为感人天善趣之因，若以出离心为动机，所做不论大小何种功德，都成为解脱生死的资粮。

菩提心，就是总观三界一切有情沉溺生死苦海，无有出期，为度一切有情出生死苦，志求证得无上菩提。在上士道中，修菩提心最重要。

清净见，也称为离增益、损减二边的"中道正见"，是修行所获得的正确知见。万法依因缘而生，本来没有独立的实性，众生由于无始以来的妄执习气，把无实性执为实有，这就是"增益执"。一切法虽无实性，但依一定的因缘，决定当生，并非全无。如果认为万法既无实性，就该什么都没有，一灭永灭，这就是"损减执"。清净见就是离此"断"、"常"二边的中道正见。

道次第是密宗非常尊崇的修学次第,后人对道次第也有些补充性质的著述。如华智仁波切《普贤上师言教》一书,显密圆融,深入浅出地讲解了从显宗修心,到密宗基础,再到大圆满,概括了宁玛派最基本的修行之路。该书除了思惟法义、修六念、十念等基本修行教义,还有断十恶、修十善等具体的止恶向善的内容,非常适合修密者在进行专修观想、结手印、持咒等实修之前,圆满人格,具足福慧,再向佛格迈进。

四、中观见地指导修行

　　藏传佛教的教派很多,每个教派都有自己的特色,修习法门众多,令人眼花缭乱,但都需要高深的见地来贯穿修行,才不致偏离方向。学修的过程往往也是建立与深化正见的过程,修行能使见地越来越圆满,直至变为佛知佛见。

　　密宗的见地以中观见为主,藏传的中观传承皆禀自善解佛陀密意的龙树菩萨,龙树菩萨的中观六论一直都在被各大教派广泛弘扬,并按照月称论师等诸大菩萨的发挥、阐扬而一路承续下来。

　　藏传佛教的中观见分自空的中观和他空的中观,他空中观强调如来藏。各种见地中,以红教和黄教的见地最具代表性。红教宁玛派认为声闻见和唯识见都不究竟,超越此上的见地有中观见、俱生智见、大圆满见。其中,大圆满见又称大中观见。

　　中观见认为一切法由因缘集聚,无自性。真正的究竟虽不离言说,却为言说所不能尽,须明自本心之后方可能契入,红教称之为"见宗",颇似禅宗"见地"。见宗不是思想逻辑,借禅宗的话,叫"见见之时,见非是见"。只有俱生智见与大圆满见,红教许为"见宗",二者之间尚有细微差别。

　　"大圆满"实证"诸法实相",本无次第。然而为修习方便,于

是降而为诸次第修习，由是有唯识、他空、自空种种建立。由此种种建立，于般若义便有种种差别。但是诸差别不宜视为般若思想的先后发展，仅宜视为道次第的次第传播。传播次第有参差，主要是为适应当时根器之故。

黄教格鲁派奉龙树《中论》，持缘起性空之见，即一切法俱是待缘而起，又俱是空无自性。亦即主张一切法世俗谛有、胜义谛无。此派将缘起性空作为全部佛教的心要。修习兼重止观，使之互为补充而不偏执一端，尤重戒学。以"空性见"为"出离心"、"菩提心"之目，以目导行。

见地需要通过学习经论来竖立，再通过实修来加固。格鲁派重视僧人学经，有系统的学经制度。僧人须学显宗五部大论：《量释论》、《现观庄严论》、《入中论》、《戒律本论》、《俱舍论》。若能真实闻思这些论典，且依而实修，必定会对中观正见树立起稳固定解。

第五节 修学次第，师承灌顶

佛教各宗派的修持都注重师承传授，但汉传各宗主张饱学久参，到各大师座下问道，如"赵州八十犹行脚"就是描述访道的热切。

相比而言，密教主张依止金刚上师，终身不背离。其修学仪礼较繁复，从最初皈依、灌顶到依止金刚上师都有一定的程序，不可越次。

一、重视师承视师如佛

密宗重视师承，凡真心修学密宗的人，先要礼请根本上师，根本上师由大阿阇黎担任。有资格担任传法、灌顶的大阿阇黎,必须具备十三德,如菩提心、他心智、善解真实意等。

作为根本修持内容的密宗四灌层次是凭上师教给弟子,所以藏密重视上师法,超过重佛菩萨法。因为对上师的极其尊敬,所以出现了法王、活佛、上师等的尊贵称呼。事实上,活佛意为"转生",有出家、在家,不坐床、坐床的各类等级。法王大多是指西藏受过皇帝册封的宗教领袖。另外,公认的一宗领袖,虽未受到皇帝册封,也被称为法王。

在金刚乘中,法王、活佛并不重要,重要的是"喇嘛",即上师。上师分为结缘上师和根本上师。根本上师有三种,即灌顶上师、传法上师、窍诀上师。所谓"根本",是在灌顶、传法、传授窍诀时能令弟子生起觉受,明了法性的师父,得法意义非同一般。

密宗四皈依以皈依上师为首,是因为上师的加持力是修法成就的根本。加持力是一种无形的力量,最大的加持力是自己上师的加持力,而不是佛像的加持力。密宗里说:要想得到真正的加持,你必须对上师忠诚不二。

藏传佛教,尤其是宁玛派特别强调上师瑜伽。因为宁玛派特有的修法是大圆满法,是即身成佛的法,完全要靠上师的窍诀,没有上师的窍诀不可能证悟大圆满法的智慧和境界。即便其他的什么都不修,只修上师瑜伽也能获得成就。

二、灌顶印契密咒修持

(一)灌 顶

灌顶是"赐权"的意思。古代印度国王要立太子为王时,用宝瓶取水灌沐太子顶,表示赐权与太子,承认他是未来的国王。密

宗取此灌顶的意义，承认教徒（弟子）为未来佛，相当于显教的摩顶授记。

灌顶有大灌顶与小灌顶两种。加持灌顶、许可灌顶、消灾灌顶、长寿灌顶、求财灌顶等，称为小灌顶。大灌顶是指作为修法的四灌顶全部以及预备法完成的灌顶。

灌顶作法的种类繁多，主要为结缘灌顶、学法灌顶、传法灌顶三种。

1.结缘灌顶。不论僧俗、根机等条件，为广结佛缘之灌顶。受者投花于坛上诸尊佛像，选定有缘之佛（投华得佛）为本尊，而后唱佛名号，由上师三度灌以瓶水，授一印（印契）、一明（陀罗尼）。

2.学法灌顶，又称受明灌顶、许可灌顶。对于欲学密教的弟子，先选定人、时、处，并准备作法，再授以有缘一尊的仪轨明法。

3.传法灌顶，又称阿阇梨灌顶。如法修行之人，欲为人师，或欲得阿阇梨位者，则授以大日如来之仪轨明法。

那么，灌顶后是否一定每天要坚持修法？答案是，结缘灌顶则未必，传法灌顶一定要修。所以自己衡量一下，如果没有时间修法，那就不要接受灌顶。

灌顶方法上有一次性灌顶和阶段性灌顶。前者是对一般弟子的加持性灌顶；后者是对学修弟子，按修炼进度分段传授灌顶。想获得殊胜成就的弟子，必须要得到后一类灌顶。

（二）印　契

手印，是念咒时配合咒语使用的手势，又称为"印契"，指密教在修法时，行者双手与手指所结的各种姿势。实际上手印是法界的标志性符号。每一个不同的手印，都表示不同的法门，其中代表本尊内证法门的手印,叫根本印。胎藏界大日如来代表佛的整体,故其根本印是法界定印。金刚界是智拳印。

在密教中,手印是曼荼罗海会诸尊为标示其内证的三昧境界,或修行者为了表达同于诸尊本誓,而于其手指上所结的密印,属于本尊身、语、意三密中的身密。由于佛陀的三密作用极为微细甚深,非思惟所及,连十地菩萨也不能完全了知,故称三密,与众生的三业相应,能生起不可思议之大用。

修法结手印时,有以下的注意事项。在环境上要选择清洁的静室,沐浴净身,端正仪容,结跏趺坐,方可结印。若无法沐浴,也要先净手、漱口,以香涂手,以此表示恭敬慎重之意。

此外,经中也说,结契印时,不应于显露处,如《陀罗尼集经》卷一中说:"露处作印咒法者,为恶鬼神之所得便。"于本尊像前作印,应以袈裟或净巾覆盖。

(三)诵持密咒

真言就是咒语。密咒有五种:佛的真言、菩萨金刚的真言、二乘的真言、诸天的真言和地居天部的真言。

真言本身有大咒、中咒、小咒。大咒叫根本咒。中咒就是心咒。小咒就是心中心咒。如果用梵文字表示真言,分为种子的真言、名号真言和本誓愿的真言。

藏传佛教特别强调求法的来源要具有传承,而下载来路不明的咒语、法本(没经上师开许)就乱修,即犯下盗法之重罪,如此不如法修下去,非但不能成就,也得不到该法本传承祖师的加持,且更可能死后堕入三恶道或沦落为邪魔。在密法中,有些咒语必须要灌顶才能念诵的,比如无上密中大威德、空行母等;有些没有灌顶也可以念,主要是下三部的,比如六字真言等。但即使下三部,

最好也要得到灌顶传承。即使因各方面的原因，没有得到传承和开许，它的作用也是有的，持诵不会犯特别大的过失。

观世音菩萨的六字大明咒为一般人常持。"嗡嘛呢叭咪吽"是诸佛的悲智在声音上的显现，它包含了佛法中八万四千法门的精髓。持诵此咒的巨大益处是，如同如意宝珠般能满众生一切心愿，这在显密经典中都多次反复详述过。持诵六字大明咒可圆满六波罗蜜，并关闭一切转生六道轮回之门，是一种简便易行的修行方法。

三、本尊护法闭关修持

（一）本　尊

专心修学密宗的人，要选择一位与自己有缘的佛菩萨，作为固定的根本本尊。根本的本尊可以由自己选择，但大部分是请上师来决定根本的本尊。

修习本尊的意义在于：（1）能在短时期内得到本尊的保护。（2）能清除许多业障。（3）能免除堕入三恶道之苦。所有大成就者都接受过许多本尊的灌顶，但他们都有自己的根本本尊。只要将根本本尊修持成就，就能接受许多本尊的加持。

修习所有的本尊法要经过灌顶。金刚上师是弟子与本尊之间的桥梁，金刚上师传法灌顶给弟子，如同弟子得到本尊的加持。弟子通过上师所传的法，可快速得到本尊的殊胜成就。弟子若未受本尊的灌顶，是不允许修本尊法的。若违背此禁而修该本尊法，得到的利益将很小。

本尊一经选择，永不变动，正见摄持，作为终身修持的中心。如奉绿度母为本尊，则口不离其十字咒，身不异其绿色少女慈祥之貌，意不离其大悲三昧地。其他上师如莲华生，本尊如喜金刚，空行如金刚亥母，护法如出世麻哈嘎拉，皆可为本尊。密教认为佛与自己互相涉入（入我我入），成为一体之极致。故在修法上，本尊之加被力与行者之功德力互为一体，其所行之加持，称为本尊加持。

各种本尊都有二项佛法事业：一、息、增、怀、诛的世间事业。二、究竟成佛的事业。

息、增、怀、诛四种事业是以饶益与制伏的差别分类。

1.息业：即息灭疾病、外魔、罪障、怨敌、违缘、诅咒等。

2.增业：即增上寿命、福德、智慧、光色、眷属、财富、权势、威德、安适，以及圣法等。

3.诛业：有勾招、释放、捆绑、压制、回遮、弑杀、驱逐，以及解缚等。

4.怀业：能将人与非人、衣食资具、戒定慧功德、验相证相等自在摄受的事业。

每位本尊都有这些相同的佛法事业，在相同的佛法事业当中，每一本尊另有它特殊的佛法事业。例如，绿度母特殊的佛法事业是解脱现世烦恼及增长智慧为主；大白伞盖佛母的佛法事业专重于息灾，回遮一切憎嫌恶梦或冤仇；财神专重于增加财富，所以各本尊都有它自己特殊的功德。

修持本尊法，要注意二点事项：

1.永远保持平常心，平等心，即永远保持本尊的心，平等对待现实生活中一切众生，不应该仅仅停留在观想层面。只是观想，而不落实平等心，那只是假想。

2.修持本尊法到一定程度，会出现本尊的法身影像，要控制住自己的欢喜心，一欢喜就容易着相。有时候，内外的魔会变成

本尊形相,以魔的力量,令你看见本尊形要。因此,密宗特别注重内心的成就与法性的开发。除了上师指导外,深研教理获得胜解力也能够辨别真伪,获得正确的判断。

（二）护　法

正式修行密宗要具三根本,即上师是加持之源,本尊是成就之源,护法空行是事业之源。护法在密法中称为护摩,也是非常重要的修法之一,几乎每一本尊修法皆有护摩仪规为辅。

护摩是梵语音译,其意为"焚烧",即以火烧除不净,以智慧火烧烦恼薪,以真如之性火焚尽内外魔害,即是转烦恼为菩提也。

护摩法,是择地作坛,中央备炉,设种种供物及器具。于护摩修法中,召请本尊等众,安置于护摩坛上。于护摩炉中燃火,顺次投供物、乳木等于火中供养之。此一行法,皆于心外行事作法,故称外护摩。

外护摩法约分四种:息灾、增益、敬爱、调伏。

1.息灾法。有灾害来时,做法息灾。

2.增益法。想增加财富、威势等,可修此法。

3.敬爱法。比如父母不和,夫妻、家庭不和,修此法可化解。

4.调伏法。有不善的人、固执恶人,令他悔改。

护法能使学密法的人,消除现世的灾难,得到外成就。但是护法又分为两种:一、上级护法。是内证本尊菩萨位,外现护法相,如嘛哈嘎拉护法等。二、下级护法,如白财神等。有的鬼神发心进入佛门,拥护佛教,保护众生。这种护法很多,并未证圣,故称为下级护法。

此外,学密宗者还需要一些法器,如金刚杵、金刚铃、宝瓶以及宝瓶的材料。如果是学无上密宗的人,还要加上小鼓、嘎巴拉,以及密法材料。特别的密法材料，均由上师传授。

（三）闭　关

专心修学密宗的人，一定要守密关。闭关依照梵文的解释是坐断，意思是单独一人，断绝外面的一切来往，自己进行长时间的静坐和入定。密宗闭关是把自己观想成本尊大威德，在一个清净的坛城里修行，自心不能往外跑。

正式闭关，所规定的地点是很严格的。密勒日巴祖师规定只有尸陀林（陈尸场）、坟场、岩洞与高山三种地方可以闭关。

密宗闭关类型分三种：

1.白关：关房可开门窗，见天日，一般密宗闭关，皆为此类。

2.红关：关房通气，但不见天日，房内只点一盏灯。行者已得普贤王如来灌顶，能于白关中得见金刚链，则可进修此关。金刚链是修习大圆满的光相。

3.黑关：关房能通气，但丝毫不见光，目的是使在红关中能见金刚链的行者，在全黑中亦能见到，并能见佛像、坛城等。行者在黑关中须能将空色引入自身内，如果不能引入自身，则不必闭黑关。

密宗闭关的重要条件是四根本，即：一、上师为加持根本。二、本尊为成就根本。三、空行为空乐根本。四、护法为事业根本。闭关以前，要将闭关的办法，以及本尊的修持仪规，请上师详细指导，一切必须要清楚了解。既入关以后，不能再问。主要有三：一、知道过去成就者闭关的情形（此由传记中可以得知），从中得到教训，作为借鉴。二、得四种根本的先决条件要明白，要注重。三、自己思忖平时修行是否有护法之感应；若无，则闭关时易遭魔障。

闭关修持时，每天要做四堂功课，不可缺少，其时间如下：一、早晨三点半起床，四点修持至七点。二、早上八点修持至中午十二点。三、午后一点修持至下午五点。四、晚上六点修持至晚间十点。不论任何闭关，一定要依照这四堂功课修持。

如修行者为居士，闭关前应受持一段时间的八关斋戒，然后进入正式修持。以修大威德金刚法为例，日夜修大威德金刚仪轨，早、中、下、晚各一次。其余时间念文殊心咒、大威德根本咒、事业咒、心咒。晚上睡觉时，观想自己在大威德金刚坛城中睡觉，受上师本尊空行护法的保护。将闭关房内所见到的蚂蚁、蟑螂等众生视为佛菩萨所化现，要修平等心；闭关时还会听到、看到、梦到很多境相，不能着相，要修清净见。总之，闭关能否成就，最主要的是否发了普度众生的大菩提心，和本尊相应的慈悲心。

第六节　四大教派，修证法要

四大教派都主张必须显密兼修，以显教为教理基础，密乘为修行究竟。认为全依显乘要历劫修行，欲得即身成就，只有修密法。四大教派修持法门广博，利钝全收。对于渐根弟子，主张从小乘起修，而后修大乘、密乘。对利根弟子，因其自身根器和往昔宿缘，可以直接修正行。因此也有诸多不同的传授方式。

一、共同修习四加行法

修学密宗的人，先学四加行法。"加行"的意思就是对于密宗"正行"而言的。加行法是以消业障、增福慧为主，密宗无上瑜伽各派，皆以四加行为一般初入密宗之门者必先修习的课目。每个教派都有修正行前修加行的传统。四加行的内容为：

（一）诵"四皈依"。表示誓愿皈依上师及佛、法、僧三宝、并念诵发菩提心（发上求佛道下度众生的誓愿）的偈颂，诵满十万遍，植菩提之因。

（二）修诵金刚萨埵真言。想生起证悟无我的智慧，必须要先将罪业忏悔清净，堪为法器，承受妙法。专精修习诵满"百字明咒"十万遍，不但能涤净障垢罪业，而且能涤清身中诸脉。

（三）供"曼扎"十万遍。资粮不足也无法获得证悟的因缘。供曼扎主要为积集资粮，以三千世界供养三宝，积集资粮。可息除违缘，增长福报，法财速集，顺缘成就。其法是于盘中贮七宝或大米等，观想为大千世界及其中所生树、稻、象马、玉米等诸宝，结印诵咒，用以供养上师、本尊、空行、护法神众。

（四）修上师瑜伽法十万遍。密法的修持中，没有上师的加持是无法证悟的。上师瑜伽法又称上师相应法，通过这个修法就能得到上师的加持。观想上师，诵"上师即佛上师法，上师具德金刚持"等礼赞偈，磕大头礼拜，满十万遍，磕大头时要观想嗡啊吽三字总持咒在中脉中升降。

以上四加行，加上思惟人身难得、寿命无常、轮回过患、因果不虚等，称为五加行。五加行修完以后，就有资格修密宗正行的修法了。虽然这个加行本来是大圆满的前行，但也可以作为其他密乘修法的加行。

二、宁玛派大圆满法

大圆满法是密乘宁玛派（红教）的即身成佛法门。宁玛派的教法主要为九乘三部。九乘即声闻、独觉、菩萨等显教三乘，事续、行续、瑜伽续等外密三乘，摩诃瑜伽（大瑜伽）、阿鲁瑜伽（随类瑜伽）、阿底瑜伽（最极瑜伽）等内密无上三乘。其中最高的阿底

瑜伽即"大圆满法"。

"大圆满"是指众生身中现前离垢的"空明觉了",这"空明觉了"中本来就具足生死涅槃一切法,故称"圆满"。名为"大",是指大圆满乃自性当体流露,立地了悟,是最高超速成圆满的法门,一切如来所说法,无不流入大圆满海中,犹如登高山顶远眺十方,得此法其他九乘教法都能了然。

大圆满法在实修正行方面有"彻却"与"脱噶"。"脱噶"即是人们常说的修成就时肉身化成彩虹光身的不可思议法门。

(一)彻　却

彻却是藏文"Khregs-Chod"的音译,意思就是"立断",即立即斩断妄念之流,使真心显露出来,而获得顿悟。

彻却的修行方法很简单,重在顿悟。对于一切妄念,全不理它,住于不取不舍的境地。然后保持这种状态,勿令间断。于当体明空不二的第一刹那,无休无整无散乱的定住,明明了了觉照认识当下即是自己的本心,就在这定住的当下,明体随即显现。

为了加强顿悟的效果,上师也往往采取类似禅宗的当头棒喝。上师先让弟子如如而住,然后猛呼一声"呸",在弟子受惊的当下,无明妄念之流被斩断,就在这前念已灭、后念未生的时候,明朗赤裸的明体就当下显现。如果弟子能抓住机会认识明体,则能当下开悟。这种开悟的境界,就好像无云晴空,是一种没有方向、没有内外、没有增减,没有时间的空明觉朗的境界。

彻却的修习就是抛开迷妄,直见心性的本来面貌,并让这种见性的觉悟巩固,从而获得证悟成佛。

(二)脱噶修法

脱噶"Thod-Rgal"也是音译,其意思是顿超或超越,意谓本法殊胜,超过其他。脱噶是以彻却的定功为基础修习观光,通过光明的修习可以使肉身化为虹光,不舍肉身成佛。

本法以观明点为主,脱噶即明点,所以又称为"观脱噶"。修法递进共分三步:

第一步,晴天观明点。面对太阳方向,错开三十度角左右(左、右、上、下均可),不能直视太阳,以免伤眼。凝眸观看天空,即可先观看到微明点、上下移动明点和小明点,以后观大明点、不动明点。所观明点还有大明点套小明点,闪光似璎珞,似宝石项链,最后可观空中由五彩虹组成的光环,大放光明。此即宇宙能量辐射场。第二步:阴天观明点。第三步:夜晚观烛光、灯光下的明点,或在黑夜观宇宙明点,或在月夜观月亮旁的明点。

此外,有一种黑关修法是在毫无光线关房中,不靠日月星和灯光的坐关法,更易于激发人体的智慧光芒和潜能来打通气脉明点。身坐法不动,则气脉自缓;眼看法不动,则光相易增易见。心无着不动,则光明与自心易于融合无二。如此,自性明体容易显现增长。以上观法须有中观见的基础,否则修光明观易流入气功法门。

三、噶举派大手印法

"大手印"法和"那洛六法"是噶举派独具的重要教法。噶举派认为,大手印法门是解脱道,那洛六法是方便道。

(一)大手印

"大手印"并非密教身、语、意三密中的身密之"手印"。印者,是表记和象征之意;大者,为无所不包、至高无上之意。"大印"实指心灵妙明之境。在"大印"两字中间加入"手"字,特指佛的手,

表示佛祖亲手印定。大手印为修持密法取得最高成就、证悟和智慧的象征,是在甚深入定的境界中呈现出的光明性体、圆明自性。

大手印内容丰富、种类很多,诸如恒河大手印、大手印瑜伽法、大手印技法、大手印心法、开顶大手印等。其中最为著名者有两种,即恒河大手印和大手印瑜伽法。

恒河大手印属于顿法,是极其高深的一种法门,通过上师加持和激发,机缘成熟的弟子会在刹那悟道。修习恒河大手印就要具备两个条件:其一是上上根器的弟子才能学;其二是有大成就的上师才能教。所以,修持恒河大手印的人很少。

大手印瑜伽法是一种循序渐进由浅入深的法门。此法分为专一、离戏、一味、无修四种层次,称为大手印四瑜伽。

1.专一瑜伽:收摄心念专注于一,或专注呼吸修宝瓶气;或专注某一小物体;或专注佛像;旨在令心专一而渐达寂定。

2.离戏瑜伽:修专一瑜伽达心寂念定后,反观内心;在禅定中观察对待法,对一切误认为实在者,在思想中消除无余,了知一切皆幻,视如魔术师所表演的幻术。

3.一味瑜伽:在日常生活中保持前所得定心不乱,观所见一切如梦如幻,渐达动静不二、心境不二的境界;以水与冰为喻,认知幻象就是本体,本体与幻象为一元。

4.无修瑜伽:到动静不二地步,则不须观想、摄心,不起任何摄心之念,任运而作。以俱生无染的无上菩提(大手印),化一切为法身。至此修炼者大功告成,已证得了俱生大手印。

大手印四瑜伽法,层次分明,修行者可循序以进,拾阶而上,得到心性的大相应。

(二)那洛巴六法

修大手印是在心上用功夫,修那洛巴六法则重在身之风、脉、明点的转变上，即在身脉上用功夫，修法比较简单，学者可以根据不同情况，选修其中一法或数法。那洛巴六法包括：拙火定、幻观成就法、净光（光明大手印）成就法、中阴成就法、及迁识（颇瓦）法。六法虽然简单，但修证获得成就也非易事，密勒日巴也是经过长期苦修，才获得成就的。

"那洛六法"在密乘中属于无上瑜伽部密法，必须修本尊，经过灌顶，经过上师传授，方可修习，否则容易出偏差。六法中以拙火定为基础，以下略作介绍。

拙火定是密宗高级功法，历来都是师徒之间口耳相传，如果没有人指导独自盲修，易发生精神错乱和四肢瘫痪的危险。所谓拙火，是由脐下生起的内热。由观修拙火而入的禅定，称为"拙火定"。一般是通过修宝瓶气，金刚诵等气功来引发拙火的。

欲修拙火先将三脉打通。人体内有无数的精细神经脉，皆是一种能量运输的通道。其中最重要的有三条：中脉、左脉、右脉，中脉尤其重要，修持者非经此不能得到大成就。中脉在脊髓内，由脊柱尾部海底轮（会阴穴）直升至顶轮。左右二脉通于人体的左右两个鼻孔，上行入脑，夹中脉下行，至平行于脐下四指处的生法宫位置，与中脉汇合。左脉为水脉，属阴；右脉为火脉，属阳。所以，左脉又称太阴脉，右脉又称太阳脉。

拙火生起后，观想此火充满脐轮，然后渐次上升，烧遍脐轮以上其他各脉轮，再烧至四肢及全身各处以至每一毛孔。继而观想，此火如电火灼热，从毛孔向外放光，涤净自身内中脉、气、明点中一切不净，最后将此火收回于脐下。

左、中、右三脉的最低交会点均在脊柱骨尾端海底轮处，它是宇宙能量之源或称之为灵热的储存库。一般人的这股能量未经修炼，终其一生都会处于潜伏或休眠的状态，这股能量一旦被唤

醒,就会产生一种特殊的热源,沿中脉上升经过各脉轮,最后与顶轮的大自在结合产生神秘而巨大的能量。据说,修拙火定有所成就的人,冬天可以赤身御寒,甚至可以熔化积雪。

四、萨迦派道果密法

"道果"是萨迦派最高且最特殊的法门。道果法门又名"甚深亲口语教宝",是印度大成就者毗瓦巴依《喜金刚密续》造《道果金刚偈句》《续经讲解略义》和《道果教言》等著作而得名的。所谓"道",指的是密教四层灌顶(瓶、密、慧、圆)、五道、十三地、三十七菩提分等的道法。所谓"果",修行佛法之后,得到自利、利他、自他两利三种果德。其包括的佛法修持,自起初阶段至果熟证悟,故称为"道果"。

道果法分为前行和正行两部分。

前行部分称为基道果,内容为"三现观",是对大小乘修行法义的总结。三观指不净之见、觉受之见与清净之见。不净之见是为了发起出离心,思维轮回是苦;觉受之见是通过修行胜义菩提心,断除我执;清净之见是通过内在智慧与方便消除无明证得清净实相。

正行部分为三密续,包括《喜金刚密续》的前行与正行灌顶以加持行者之证悟过程的转化,为金刚乘修持之集要。正行持"明空无执"或"生死涅槃无别"之见,此见即亲证内心实相。修证心行是体认本元俱生智慧之心,不为迷乱走失,使一切迷相悉现为智相,一切所现皆能转成生死涅槃不二之妙用。得此真实觉受,即能达道果密法究竟。道果法密乘修习次第,仪轨复杂,须由金刚阿阇黎举行入密灌顶,然后才能依次如理修习。

五、黄教大威德金刚法

格鲁派是藏传佛教各大教派中最后兴起的一个，吸取了以前诸藏传佛教各个教派的各种教法。其修学次第是依《密宗道次第广论》修学，规定先学显教后学密乘，学显教大乘中首先注重发菩提心，学密是为利益众生急速成佛。

格鲁派强调受灌顶后，必须守持三昧耶戒及别解脱律仪，须严谨守护，若不持戒连人天善趣亦不能得，遑云成佛。其次则须精研密教教理，学习作、行、瑜伽、无上瑜伽四部的续经讲解，结合实修教授导引以便求证。

黄教最重要的法是大威德金刚法。大威德金刚法为藏密五大金刚法之一。五大金刚法包括了喜金刚法、胜乐金刚法、密集金刚法、时轮金刚法，以及大威德金刚法。五大金刚法各有特点，喜金刚的殊胜在于甚深的吉祥甘露，胜乐金刚的殊胜在于秘密中取最深秘密，密集金刚深广如天空，时轮金刚的殊胜是解脱光明心，大威德金刚的殊胜在于最胜的方便。具有摧魔除障，断除烦恼业障，消灾解厄，调伏小人怨敌的大威德。

大威德是格鲁派无上密续主要本尊，因其能降服恶魔，故称大威；又有护善之功，故又称大德。大威德梵名"阎魔德迦"，藏语为"多吉久谢"，意为"怖畏金刚"，汉译大威德明王，俗称牛头明王，是文殊菩萨的忿怒化现相。

欲修大威德金刚法门，必须先修文殊菩萨法。具体修法以观想咒轮、种子字相和持诵真言为主，并生起殊胜意乐。修此法成就者，在文字般若上会达到较高的造诣，舌根甚利，辩才无碍。

行者通过文殊菩萨法的修习后，即可修习大威德金刚法，具体修法简介如下：

　　仍然先从文殊菩萨观想修起，现庄严相。观想文殊菩萨从顶门放出一道黑光，在黑光中出现一尊大威德金刚，其最上仍是文殊菩萨，再下是鬼王。大威德金刚四面八臂，上身为黄色，下身黑色，全身佩备骷髅，穿虎皮衣裙，正面是牛头忿怒相，牙外露，舌如闪电，有二大牛角，三牛眼。十八只手，右边第一手执利剑，第二手执金刚杆，第三手执箭。左边第一手执索和印，第二手执《般若经》，第三手执弓。二大足踏住二兽。行者观想时结大威德金刚根本印。观想成相后，要观想大威德金刚之法身开始旋转，成为一股大法力的紫色光明，而后从顶门入行者身中，即观想自己成为大威德金刚，无二无别。随着静坐入三摩地。出定后再念大威德金刚根本心咒 108 遍。

　　以上四个教派虽然各有传承，除了时间与传法的上师不同以外，四派修法一律平等，没有一先二后与好坏的差别。修法最后唯一的共同目标，就是证悟自然光明，也就是明心见性。